工业革命书系
工业革命4.0

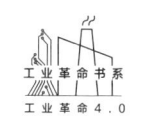

技术·主权

第四次工业革命时代的大国博弈

[俄罗斯] 格伦·迪森（Glenn Diesen） 著
丁宁 李红澄 帖明 译

GREAT POWER POLITICS
IN THE FOURTH INDUSTRIAL REVOLUTION
THE GEOECONOMICS OF TECHNOLOGICAL SOVEREIGNTY

中国科学技术出版社
·北京·

Great Power Politics in the Fourth Industrial Revolution: The Geoeconomics of Technological Sovereignty by Glenn Diesen, ISBN: 9780755607006
© Glenn Diesen, 2021
This translation of Great Power Politics in the Fourth Industrial Revolution is published by arrangement with Bloomsbury Publishing Plc and Rightol Media.
Simplified Chinese translation copyright © 2023 by China Science and Technology Press Co., Ltd.
All rights reserved.

北京市版权局著作权合同登记　图字：01-2022-1522

图书在版编目（CIP）数据

技术主权：第四次工业革命时代的大国博弈 /（俄罗斯）格伦·迪森（Glenn Diesen）著；丁宁，李红澄，帖明译 . — 北京：中国科学技术出版社，2023.11
书名原文：Great Power Politics in the Fourth Industrial Revolution：The Geoeconomics of Technological Sovereignty
ISBN 978-7-5236-0272-0

Ⅰ.①技… Ⅱ.①格…②丁…③李…④帖… Ⅲ.①产业革命—研究—世界—现代②地缘政治学—研究—世界—现代 Ⅳ.① F419 ② D5

中国国家版本馆 CIP 数据核字（2023）第 108069 号

总 策 划	秦德继		
策划编辑	申永刚　刘颖洁	责任编辑	申永刚
封面设计	仙境设计	版式设计	蚂蚁设计
责任校对	焦　宁	责任印制	李晓霖

出　　版	中国科学技术出版社
发　　行	中国科学技术出版社有限公司发行部
地　　址	北京市海淀区中关村南大街 16 号
邮　　编	100081
发行电话	010-62173865
传　　真	010-62173081
网　　址	http://www.cspbooks.com.cn

开　　本	880mm × 1230mm　1/32
字　　数	220 千字
印　　张	12
版　　次	2023 年 11 月第 1 版
印　　次	2023 年 11 月第 1 次印刷
印　　刷	河北鹏润印刷有限公司
书　　号	ISBN 978-7-5236-0272-0/F·1162
定　　价	118.00 元

（凡购买本社图书，如有缺页、倒页、脱页者，本社发行部负责调换）

献给我的妻子埃琳娜（Elena）和我们的孩子

——康斯坦丁（Konstantin）、安德烈（Andre）和 玛利亚（Maria）

序言

　　科技进步是决定社会、民族、国家和文明福祉的关键因素之一。在人类历史相对较短的时间内，科技在许多领域取得了前所未有的进步。从18世纪开始，人类社会加速发展，经历了几次工业革命。在这个科技发展的繁荣时期，人类在两次世界大战中幸存下来，代价分别是全人类1300万和7400万人的生命。这些全球性灾难的发生是因为世界大国之间的对抗，其动机是它们的排他性思想，及其基于军事实力和赢者通吃制度决定当今世界秩序形态的权利。

　　未来世界将面临什么？所谓"历史的终结"是真的吗？最近的科技进步将如何推进人类和全球社会的发展？新的社会经济模式是否应该更加以人为本，或者更确切地说，基于伦理道德？在先进技术有可能在很短的时间内摧毁地球上的一切之时，这些都是人类需要面对的关键问题。

　　本书的一个主要优势在于，与其他书写关于第四次工业革命、IT和AI的作者不同，迪森博士不仅研究不同国家科技进步的客观与明显的成效，而且对技术突破背景下可能出现的风险进行了复杂分析。

　　本书提出了我们这个时代最具挑战性的话题之一，即发达国家之间的科技竞争。在这方面，迪森博士精辟地提出技术主权（technological sovereignty）的概念。此外，发达国家和发展中国家之间日益加剧的科技不平等问题仍然是一个亟待深入探讨的广阔领域。

本书的另一个重要优势在于，作者全面系统地阐述了科技成果对人类生活各个领域的影响，从日常劳动和休闲的转变，到网络战的出现，以及杀手机器人投入使用。

关于美中两国在开发新技术方面展开竞争的前景和威胁，以及俄罗斯作为全球大国的长期发展轨迹，本书的结论有着非常充分的基础和深入的研究。

本书不仅值得学术界关注，也值得东西方专业政治机构关注。本书让我们从根源上思考和理解即将到来的革命性变革，重点关注新兴世界秩序面临的威胁，不可否认，新秩序是由技术的可用性及其在实践中的应用方式所决定的。

弗拉基米尔·雅库宁（Vladimir Yakunin）博士
文明对话研究所监事会主席，莫斯科罗蒙诺索夫国立大学
政治学院政治系主任，政治学博士

目录

001 绪论
工业革命的地缘经济

031 第一章
第四次工业革命中的技术：走向国家战略

065 第二章
技术主权下的地缘经济：控制扩散

093 第三章
技术民族主义与回流：国际分工的碎片化

125 第四章
科技巨头与威权主义国家的崛起：夺取生产资料

161 第五章
政治传播：国家、个人与外国势力

197 第六章
没有资本主义的地缘经济学：资本与劳动力脱钩

229 | 第七章
伟大的社会转型：没有礼俗社会的地缘经济学？

267 | 第八章
杀手机器人与大国战争的回归

291 | 第九章
全球治理：权力、合法性与难以控制的现代技术

335 | 结语
走向技术主权

345 | 参考文献

绪论 工业革命的地缘经济

第四次工业革命改变了权力来源以及国家在国际体系中的交流方式。逐渐演变的技术受到的关注较少，因为增量变化是可预测和可管理的。相比之下，颠覆性技术（disruptive technologies）是革命性的，因为它们使早期技术变得过时，而它们引起的变化往往是不可预测和混乱的。颠覆性技术使先前的技术和产业过时，也会重构社会、经济、军事、意识形态的组织形式，以及大国合作和竞争的方式。

技术主权的概念认为，工业生产能力与国家主权密切相关。由于自足性和多样化的能力有限，高科技产业具有战略意义，因此形成了非对称性相互依赖（asymmetrical interdependence）。对国外技术的过度依赖降低了大国的自主性和影响力。国家可以通过提高技术自足性和多样化合作关系来管理技术的传播，从而增强其技术主权。

随着支撑其主导地位的技术变得过时，无法巩固和扩大其技术领先地位的主导国家可能会变得无关紧要。正如将军们经常遵循更适用于过去战争的战略一样，政府通常不承认工业革命所造成的结构性变化和转型。然而，由于科技进步几乎总是超越政治思维和政府政策，社会必须评估这些技术内在的机会、挑战和局限，以及对于这些技术的误解。

绪论　工业革命的地缘经济

令人费解的是，当科技可以说是大国政治和地缘经济中最重要的变量时，国际关系为何对科技创新的关注如此之少。科技通常被视为给世界带来重大变化的"黑匣子"，但很少有人试图撬开它，并了解它是如何工作的。科技影响着经济制度、军事武器、社会结构、政治交流、意识形态以及人类交流的方方面面。

科技推动着经济发展，而经济发展已成为大国合作和竞争的核心。在军事领域，利于防御的新技术推动了和平的长期持续，而提供进攻优势的军事技术则引发了工业规模的杀戮战争。传播技术——从印刷机到互联网——赋予并限制了推行主导叙事、构建身份和组织社会的国家能力。随着新技术带来的效率和繁荣，能够在国际事务中竞争的强社会已经出现，尽管同样的技术已经破坏了社会，通过使人类远离自然和传统社区，消除了整个行业，并造成了一定意义上的危机。

向过去学习

第一次工业革命通过重构人类生活的方方面面塑造了现代世界，并且打破了权力的国际平衡。各国政府积极尝试利用新技术的力量发展经济实力、军事实力和对政治交流的控制。英国在工业革命中处于领先地位，为其生产制成品攫取了丰富的自然资源及广阔的出口市场，建立了世界上最大的帝国。由过度依赖英国制造业所导致的对核心与外围关系的担忧，刺激了其他大国努力追求技术主权。

法国通过构建大陆封锁系统（Continental System）对抗英国新获得的制造和工业力量，导致拿破仑随后为了强制实施该系统而灾难性地入侵俄国。美国体系与德国和法国体系相同，将工业化和生产基地，以及当时的技术主权视为国家建构的核心组成部分。随后，经济民族主义被视为一种发展战略，使用临时关税和补贴来支持摆脱英国经济垄断的新兴工业、交通网络和国家银行。

曾经的经济大国中国在工业革命中落伍，在19世纪50年代的鸦片战争中被英国打败，随后是"百年国耻"（Century of Humiliation）。俄国工业化的失败同样导致了1856年克里米亚战争（Crimean War）的耻辱性失败，这场战争推动了迅速工业化的大规模、颠覆性的社会经济变革。19世纪末，俄国的工业化模仿了美国和德国的发展战略，使其成为大国中发展最快的经济体。然而，俄国政府无法缓解社会动荡造成的不稳定。

国际事务中的竞争要求各国实现工业化，并管理工业化对国内社会经济和政治的影响。自祖先开始在小社区居住了几个世纪的自力更生的农民被迫迁离并改变他们的农村生活方式,变身成为一名以煤为燃料的中央集权社会中的城市工人。哲学关注人类在工业社会中生存的斗争。自由市场资本主义的意识形态成为组织资本、劳动力和国家之间关系的支配性手段。工人从过时的封建制度中寻求自由的解放运动引发了革命。然而,资本和劳动力之间的不平衡催生了大胆但有缺陷的意识形态竞争对手,其形式是共产主义,后来又是法西斯主义。国家与个人之间的关系变得越来越不定,因为赋予个体权力的技术也可以加强国家权威。

第四次工业革命刚刚拉开帷幕,但世界秩序的主要支柱已经在开始动摇。近年来的科技发展和地缘经济分裂打破了冷战后看似稳定的时代。中国的地缘经济崛起可能会在未来几年塑造大国政治,西方人认为它将挑战美国的科技领军地位和长达5个世纪的西方主导地位。俄国旨在摆脱对西方的技术依赖,并寻求与中国进行更广泛的地缘经济合作。俄国正在结束长达3个世纪的西方时代,在那个时代,俄国将自己与西方进行比较,并对西方产生了认同。在美国,向高科技经济的转型以及随之而来的制造业岗位的流失导致了社会经济动荡。美国正趋向经济民族主义,因为权力已经集中在科技巨头手中,以至于自由市场无法充分发挥作用。在国际上,与美国数字平台的脱钩成为瓦解美国在全球影响力的一个关键原因。通过成功利用选民对政治媒体机构日益增长的不满情绪，一位拥有推特（Twitter）的真人秀电视明星进入白宫。被认为在20世纪末已经解决的意识形态对抗很可能会再次出现。

不可预知的明日世界

第四次工业革命正在人工智能、自动化、机器人技术、增材制造（3D打印）、分布式账本（区块链）、物联网、大数据、量子计算、纳米技术、神经技术、生物技术、基因工程等相关技术领域产生了快速而同步的进步，而且有着不可预测的未来应用方向。

由于这些技术的发展进度和影响范围与功能的不确定性，预测这些革命性技术的应用潜力和局限性是有问题的。1903年，密歇根州储蓄银行（Michigan Savings Bank）总裁贺拉斯·拉克姆（Horace Rackham）向亨利·福特（Henry Ford）的律师提出了这样的建议："马匹永远不会过时，而汽车只是流行一时的新奇事物。"阿尔伯特·爱因斯坦（Albert Einstein）在1932年得出的结论是："没有任何迹象表明核能将永远可以得到。"1939年，温斯顿·丘吉尔（Winston Churchill）认为"原子能可能和我们现在的炸药一样好，但制造出比这更危险的东西的可能性不大"。同样，计算机的潜在影响一直并将继续被低估，因为它们的潜力还远未实现。在1943年计算机时代到来之际，IBM公司总裁断言："我认为全球市场可能只需要5台计算机。"仅10年后，计算机技术的发展要求（人们）重新评估以前的预测。尽管如此，数字设备公司（Digital Equipment Corp）总裁肯·奥尔森（Ken Olson）在1977年深信"我找不到谁想在家里放一台计算机的理由"。

20世纪70年代和80年代，计算机的速度不断提高，成本不断下降，需求不断增长。在20世纪90年代，微软软件的爆炸式发展和互联网在全世界的快速普及导致了个人电脑使用的繁荣。此后，数字化重塑了社会、政治、经济、军事等方面。我们现在已经习惯了计算机突如其来的侵入性存在，并在人与机器的关系上形成了一种稳定和持久的错觉。

著名物理学家和未来学家［《星际迷航》（*Star Trek*）的粉丝］加来道雄（Michio Kaku）教授认为，新的工业革命最终将使人类成为神，让他们能够简单地思考某件事情，从而使其出现。加来道雄提及未来开发分子装配机（molecular assemblers）的可能性，这种装配机能够重组分子，例如将一块木头改造成玻璃。尽管在可预见的未来，这些未来科技将属于科幻小说的范畴，但使我们能够只须思考某事就可以让其实现的技术已经被开发出来。神经技术的进步使检测脑电波成为可能，并可以将其作为指令以数字方式传输。在2008年的一次实验中，一只猴子用它的想法来控制其假肢机械臂。2017年，一辆赛车首次由脑电波操控驾驶。人类"比肩上帝"（God analogy）的下一步是将脑电波数字化，并将其传输到3D打印机——也称为增材制造。3D打印技术的成功发展包括用生物物质打印小物体（比如老鼠的正常子宫），使用先进纳米材料打印复杂设备，甚至包括像整个房屋这样的大型物件。一种新型的3D打印机甚至被其发明者昵称为"复制器"（replicator），其前身是《星际迷航》中的一种设备，该设备可以用新材料增强现有物体，例如将糊状液体转化为复杂的固态物体。

长期以来，流行文化和科幻小说关于新技术的故事让人应接不暇，许多故事现在看来遥远且不现实。然而，第四次工业革命的技术要么已经出现，要么将在近期到中期的未来出现。美国波士顿的一家餐厅目前完全由机器人厨师经营，深圳昔日繁忙的装配线现在已经完全自动化，自动驾驶汽车正在莫斯科的街道上行驶，布鲁塞尔正在计划3D打印月球基地。技术变革的指数速率已经使人们难以跟随并适应新的现实。这些变化将如何影响大国政治？许多年前，数学家兼哲学家诺伯特·维纳（Norbert Wiener）在其关于社会中的机器的著名著作中警告说:"除非我们提出正确的问题,否则我们永远得不到正确答案……天色已晚,善与恶的选择已敲响了我们的大门。"

哪种对话方式现在对人类最重要——这一问题仍然处于公共讨论的边缘。大国之间的冲突通常发生在国际权力分配出现结构性变化的时期,因为政治领导人没有准确地识别新的挑战,并且越来越愿意冒更大的风险。国际权力分配将越来越多地根据科技能力进行重构。无法了解不断变化的格局的大型企业和国家可能会走渡渡鸟(dodo bird)①之路。与此同时,谷歌、Yandex(俄罗斯的一家搜索引擎公司)和阿里巴巴等初创企业已经从默默无闻上升到商业主导地位,并具有巨大的社会影响力。明天的赢家将由需要资金、技能、时间和战略思维的技术决定。具有更强数据提取能力和对政治交流及经济活动有更强控制权的国家可能拥有竞争优势。工业革命对地缘经济的广泛影响也值得对其社会政治影响进行分析。施瓦布(Schwab)认为:

---

① 渡渡鸟,或作嘟嘟鸟(Dodo),是仅产于印度洋毛里求斯岛上一种不会飞的鸟。这种鸟在被人类发现后仅200年的时间里,便由于捕杀和人类活动的影响而彻底绝灭。——译者注

我们站在一场技术革命的边缘，这场革命将从根本上改变我们的生活、工作和相互关系。就其规模、范围和复杂性而言，这场变革将不同于人类以往经历的任何变革。我们还不知道它将如何展开，但有一点很清楚：对其反应必须是综合和全面的，涉及全球政体的所有利益相关者，从公共和私营部门到学术界和民间社会。

试图预测第四次工业革命对大国政治和地缘经济的影响使我们不得不回答一系列问题：大国是否需要以自给自足的技术生态系统的形式实现"技术主权"？曾经定义全球化的劳动力、全球价值链和开放市场的国际市场是否会被打破，并变成国家或区域自治？当发达国家的自动化和机器人变得更具竞争力时，低工资制造业国家将采取哪些发展战略作为比较优势？数字现金、区块链和P2P网络金融平台是否会通过创建"非银行机构的银行业务"（banking without banks）和限制货币政策的范围扰乱整个国际金融业？在生物技术、神经技术和基因技术迅猛发展的背景下，我们还可以继续信任自由市场吗？资本主义能否继续发挥技术创新的作用、瓦解精英政治、集中财富、打破资本和劳动力之间的平衡？我们是否正在走向一个不再需要劳作的乌托邦——它为休闲、艺术、家庭和重新认识我们自己的人性提供更多时间？抑或是我们正在建立一个大规模失业的反乌托邦，剥夺人们的经济安全、人性尊严和生存意义？新技术将主要赋予个体、公司或国家权力吗？当前的核威慑会瓦解并引发大国之间的战争吗？我们的国际体系——自1648年的《威斯特伐利亚和约》（the Peace of Westphalia）[①]以来没有发生根本变化——准备好应对这些变化和迫在眉睫的风险了吗？

通过挑战支撑个体、公司和国家之间关系的经济和政治哲学，新技术正在重塑国内社会。全球治理同样是碎片化的，而不是准备管理即将重构世界的技术。一方面，工业革命是一个受欢迎的现象，因为它们为从经济到环境议题的方方面面提供了机遇和解决方案。另一方面，之前的工业革命引发了极端不稳定的时期，在社会能正确规划新的时代之前，它们摧毁了旧时代，引发了混乱。世界是正在走向大规模失业和网络战争，还是走向发展与和平的共存？通过用更

[①]《威斯特伐利亚和约》是指1648年5月至10月间在威斯特伐利亚地区的奥斯纳布吕克市和明斯特签订的一系列条约，标志着欧洲一系列宗教战争的结束。《威斯特伐利亚和约》结束了欧洲历史上有近八百万人丧生的动荡时期。学者普遍认为，《威斯特伐利亚和约》的签订标志着基于威斯特伐利亚主权概念的现代国际体系的开始。——译者注

少的钱做更多的事来提高效率可以提高生活质量和安全性,但也提高了人类战斗和自我毁灭的能力。核技术可以照亮也可以摧毁整座城市。科技可以使数百万人摆脱贫困,弥补制度的缺陷,但也可以通过将生产力与劳动脱钩来集中财富,引发政治动荡。俄罗斯前外交部长伊戈尔·伊万诺夫(Igor Ivanov)提出告诫:

> 历史告诉我们,人类从一个世界秩序向另一个世界秩序的转变总是由新的生产技术的积累所推动,战争和革命通常起着催化剂的作用。时至今日,又一次文明突破所需要的大量新技术已经积累,但新一轮的战争和革命不仅对个别国家,而是对人类都是致命的。打破这一既定的世界历史循环极其重要,唯此才能在不发生另一场全球灾难的情况下过渡到一个新的文明发展水平。

研究设计

工业革命是由使之前技术过时的颠覆性技术所定义的,这不可避免地影响大国之间的行为和关系。科技创新不可能总是融入现有的国内和国际政治体系。颠覆性技术往往会改变政治的根本基础，使之前的秩序变得过时。国际权力分配正在重组，必须重新界定权力本身的概念、起源和实践。权力被定义为"A对B拥有权力，在一定程度上，A可以让B做B不会做的事情"。尽管本书试图阐明未来的挑战并做出预测，但没有人能完全预见新的工业革命将如何影响大国政治。因此，本书基于以往工业革命的历史先例，探讨了颠覆性技术影响的变量或因素。诸多对新的技术的研究都是基于未来可能的情景来探讨这种影响，而没有评估国家在获取和实施技术时面临的激励和约束，以及技术造成的破坏。

本书要回答的研究问题是：第四次工业革命将在多大程度上影响大国之间的地缘经济竞争？本书的假设是，第四次工业革命将增加技术主权的重要性，并改变权力工具。权力工具是指国家在国际体系中捍卫其自主权和施加影响力的手段，包括经济实力、军事实力、软实力和对通信的控制。

地缘经济学在此被用作探究大国竞争的出发点和主要变量。冷战后的大国政治已经从地缘政治转向地缘经济，因为权力越来越多地来自对国际市场的控制，而不仅是军事硬件和领土。新技术是地缘经济的核心，因为它们为战略产业奠定了基础，这些所谓的产业创造了可以转化为政治资本的经济依赖。高科技产业具有战略意义，因为它们通过增强自主权和影响力来促进非对称性相互依赖。

然而，从军事化地缘政治到地缘经济的转变在很大程度上是第三次工业革命中数字技术和核能利用的结果。这些新技术提高了武器的破坏性，以至于改变了大国之间使用军事手段进行权力竞争的成本效益考量。由于国家间经济联系的增强，新技术也加强了市场力量的作用。如果新技术有助于打破国际供应链，增强能够解除核威慑的武器的进攻优势，那么第四次工业革命可以扭转地缘经济的走向。

国内社会经济稳定这一议题也进入了地缘经济学的研究范畴，因为社会凝聚力对作为单一行为体（unitary actor）的国家至关重要。组织社会的失败逐渐削弱了国家在国际体系中调动资源和拓展战略利益的能力。由于无法管理转型中的工业社会而导致的社会经济混乱造成了一种政治真空，而这种真空往往被激进和破坏性的政治选择所填补。波兰尼（Polanyi）在《大转型》（*The Great Transformation*）中指出，工业革命和引入资本主义来组织资本与劳动之间关系，导致了人性的分裂。对工业社会管理失败的反应促使意识形态上的对手向资本主义发起挑战。因此，国际政治经济体制与组织工业社会和缓解人类社会的分裂密切相关。以波兰尼的社会理论为基础，鲁杰（Ruggie）在政治经济学中引入"内嵌式自由主义"（embedded liberalism）的概念，用以描述市场效率和国家社会责任之间的平衡。爱德华·卢特瓦克（Edward Luttwak）关于美国地缘经济的著作同样将社会学与政治经济学相结合，例如，他认为美国努力控制作为一种比较优势的高科技行业意味着放弃制造业，这导致了社会分裂和政治不稳定。

演绎法检验了一种新古典主义理论，该理论认为国际权力分配将越来越依赖大国的技术主权。新技术使权力更加集中、国家更加参与市场，这使得科技在维护自主性和影响力方面变得愈加重要。此外，新古典主义将决策者定位为国际权力分配与外交政策之间的干预变量。技术主权增强了决策者管理社会经济和政治的能力，这对成功调动资源追求大国利益至关重要。

过去的三次工业革命为第四次工业革命的意义提供了理论依据，并确定了要探索的变量。该研究课题的范畴和复杂性对研究设计提出了挑战。分析工业革命对大国政治的影响是一个非常广泛的研究课题，因为各种技术影响着用于权力竞争的各种权力工具。这种复杂性使研究设计面临两难境地，要么追求一种具体而狭义的方法，要么追求一种更广泛和更具包容性的方法。对大国冲突的经济、意识形态或军事等方面进行更集中的研究，可以更详细地衡量具体变量。尽管如此，在国际体系日益复杂的情况下，忽视受技术创新影响的更大范围的变量会破坏这些理论的预测效应。政治学的一个关键问题是学者和实践者之间的分歧越来越大,因为前者更注重严谨性,而不是实用性。这导致了对结合各种理论来构建复杂理论的需求不断增加。西尔(Sil)和卡赞斯坦(Katzenstein)将分析折中主义(analytic eclecticism)称为一种通过构建复杂论点解决复杂问题的知识分子立场。结合各种理论结构和研究传统来解决复杂的研究问题,旨在为学者和实践者提供有价值的知识。同样,瓦尔特(Walt)认为"没有一种单一的方法能捕捉当代世界政治的所有复杂性"。

本研究采用了一种比较方法来评估因果关系,其中工业革命是自变量,大国的地缘经济政策是因变量。第四次工业革命与前三次工业革命的不同之处在于它使认知过程自动化。该理论认为,自变量中的这种差异会影响因变量。随着各国越来越依赖吸收并整合大多数经济活动的技术生态系统,地缘经济力量将会有很大不同。由于新技术而导致的集权化和权力集中激励着大国将全球供应链迁回国内,并打破基于比较优势的国际分工。与此同时,在应对新技术造成的社会经济和政治混乱方面,国家有强烈的动机扮演更为强势的角色。

新古典现实主义地缘经济理论

工业革命通过重组个人、行业、国家和外国势力之间的关系影响大国政治。首先，权力竞争的工具包括地缘经济学、军事和政治交流。其次，从地缘经济学的角度来看，各国必须确保社会经济和政治稳定，这是在国际体系中采取合理行动的先决条件。社会经济和政治稳定性影响国家作为理性和单一行为体调动其资源来推进其外交政策目标的能力。最后，全球治理对管理国际体系中的根本性变化至关重要，但技术变革会扰乱国际制度、法律和规范。

新古典现实主义（Neoclassical Realism）将决策者的凝聚力作为国际权力分配和外交政策之间的干预变量进行探讨。政治极化、对抗性寡头政治、政治合法性缺失或其他阻碍国家作为单一行为体运转的分裂性问题导致了国内竞争，这将削弱决策者追求安全最大化的外交政策的能力。内部权力角逐拖垮了苏联，挑战着欧盟的团结，美国当前的政治极化正在影响其外交政策。新现实主义理论没有充分解决国内问题，因为该理论仅仅假定国际权力分配给国家造成了系统性压力（约束与激励）。同样，地缘经济学可能过于关注经济权力的国际分配，忽视了削弱国家行使经济治国能力的国内问题，比如对于自由资本主义的非理性信仰，或其经济利益与国家利益不一致甚至相违背的企业精英的影响。

新古典现实主义弥补了新现实主义和地缘经济理论的不足。新古典现实主义建立在新现实主义的基础之上，假定相对权力是理解国家为何如此行动的主要变量。国际权力分配会产生系统性压力，以及影响各国如何最大限度提高安全性的激励与约束。根据现实主义理论，理性行为——旨在实现安全最大化——被定义为按照权力平衡的逻辑行事。然而，华尔兹（Waltz）认为，新现实主义不是一种外交政策理论，因为决策者并不总是按照权力平衡逻辑行动。华尔兹随后挑战了新现实主义关于国家总是根据理性做出行为的假设。超越现实主义是不可能的，但未能对由权力平衡造成的系统性压力做出反应会破坏安全性，因为"制度惩罚"了这些参与者。新古典主义现实主义通过探索决策者按照权力平衡逻辑行事的"理性"程度来解决新现实主义中的理性差距。决策者并不总是对系统性压力做出反应，因为理性取决于"决策者的认知和国家结构"。在任何战略中，决策者必须有能力根据准确界定的安全利益进行深思熟虑的计算。

机器人技术和自动化可能会以前所未有的规模造成创造性破坏。创造性破坏的概念承认技术的革命性方面，因为创新不断扫除旧事物，使整个行业和产业过时。创造是"产业突变的过程，它不断地从内部彻底改变经济结构，不断地摧毁旧的经济结构，不断地创造新的经济结构"。随着资本和劳动力之间的联系破裂，机器人技术和自动化可能会导致永久性大规模失业。如果国家未能解决日益严重的经济不平等以及传统社会结构和制度的分裂，就可能催生对新的、往往是激进的意识形态的需求，这些意识形态渴望重组社会。与此同时，用于政治传播和组织的新技术表明，政府将与社交网络和外国势力竞争，以建立能够吸引、说服和统一的叙事。技术的发展使个人、公司、非政府组织和外国势力能够施加以前只有国家才能施加的影响。与自由主义理论不同，新古典现实主义理论认为这会危及国家为实现其外交政策目标而调动资源的能力。

大国案例研究

大国的特点是它们有能力在全球范围内施加影响，甚至在对抗霸权的情况下独立行动。实现大国影响力的五个决定性评判标准是人口与领土、经济实力、资源、政治稳定以及军事实力。科技会影响这些指标。

本书将主要关注美国、中国和俄罗斯这三个主要大国。它们被视为是现任者、挑战者和"未知量"（unknown quantity）。大国能独立行动，在全球范围内施加军事、经济和外交影响，并有能力保护这种影响不受国际体系中其他大国的影响。美国是现任者：其科技领先地位使其成为主要的地缘经济和军事强国，并在文化和交流方面占据重要地位。其他西方国家不能完全独立于美国采取行动，因此在本书中受到的关注较少。尽管大国之间天生相互猜疑，但西方大国之间的团结是由美国主导的等级权力结构促成的。然而，由于不结盟的印度的崛起，以及德国正在欧盟中建立领导地位，努力实现更大的自治和技术主权，大国的数量可能会增加。

中国之所以被美国视为主要挑战者，是因为中国有能力和意图保持科技领先地位，控制着地缘经济权力的杠杆，以及发展军事力量的动力。几个世纪以来，中国一直是世界上最大的国家，直到19世纪鸦片战争中被英国击败而告终。近几十年来，中国迅速复苏，似乎决心重新建立其全球地位。中国的经济民族主义类似于将国家建设与生产基地、运输走廊和国家银行联系起来的美国三支柱体系（the three-pillared American System）。雄心勃勃的《中国制造2025》行动纲领是一项产业战略，旨在到2025年在世界创新产业中建立技术领先地位。"一带一路"倡议（BRI）是一项涉及数万亿美元的项目，旨在从根本建设上连接中国与世界的交通和能源走廊。中国将"数字丝绸之路"（Digital Silk Road）作为

"一带一路"倡议的补充,这是一个传播中国标准和法规的项目。在世界上越来越多的国家中,贸易和新基础设施项目由以中国为首的投资银行以人民币为国际货币提供资金。

俄罗斯是一个特例,也是一个不确定量。尽管已经失去了苏联所拥有的超级大国地位,但在过去十多年中,俄罗斯已经证明,它仍然是一个有能力独立行动甚至对抗霸权的大国。然而,关于俄罗斯是一个崛起的大国还是一个衰落的大国的争论仍在继续。20世纪90年代,西方未能发展出一个容纳俄罗斯的大欧洲(Greater Europe),这迫使俄罗斯重新确立其大国地位——独立行动,并制约(它所认为的)不断扩张且充满敌意的西方。通过用大欧亚倡议(Greater Eurasia Initiative)取代大欧洲,俄罗斯已经成为中国通过为多极化奠定地缘经济基础的主要支持者。俄罗斯历史上就在科技发展方面落后,以牺牲其经济和军事成就为代价,只是为了后来迅速赶上。俄罗斯在第四次工业革命中的潜力在于其自主的数字生态系统。俄罗斯拥有"技术准备"(technological preparedness)的资源,有能力复制外国创新和开发国内衍生产品。此外,俄罗斯可以在其已经很强大的市场上占据领先地位,充分利用其目前作为农业超级大国的地位,从苏联继承的高端军事技术、太空和其他技术基础设施方面的专门技术,以及现在已经达到领先标准的各种数字平台。因此,俄罗斯要么掉队，失去其大国地位；要么实现技术跨越，保持其世界领先强国之一的位置。

第四次工业革命的地缘经济

本书第一章概述了颠覆性技术如何影响大国政治。人工智能、机器人技术、自动化、自动驾驶汽车、物联网、区块链、3D打印、纳米技术、神经技术和生物技术正以令人难以置信的速度并肩发展。战略意义尤为重要，因为各国必须平衡为获取国际领域中经济、社会和伦理方面的竞争优势而进行的斗争。然而，科技的发展速度超过了政治官僚机构的适应能力。国家战略的出现让我们得以窥见大国将如何适应未来会成为地缘经济和军事领导力基础的创新技术。

第二章提出了关于技术主权的地缘经济学理论。地缘经济学主张通过减少自身对他者的经济依赖并增加对他者的信赖来改变"依赖平衡"，而后续的经济关系不对称则被用来对政治权力发挥杠杆作用。高科技战略产业建立了这种依赖关系，对最大限度提高国内事务的自主权，以及对其他国家的影响力至关重要。随着高科技产业在经济活动中占据越来越大的份额，大国必须增强技术能力和基础设施。因此，地缘经济学主要侧重于对技术获取和传播的支持。政府支持通过创新或效仿获得技术，并支持这些技术的工业应用。此外，政府可以通过各种方式减缓技术的传播，以扩大其先发优势。创新者和追随者在追求技术主权和主导地位方面优势和劣势并存。

第三章评估了技术民族主义为何会破坏以国家间合作与竞争为特征的国际分工。自由资本主义理论正确地认识到，在特定行业发展比较优势并参与国际贸易可以最大限度地提高效率和绝对收益。然而，政府也会干预市场，以攀登全球价值链的阶梯，发展具有高附加值并建立依赖关系的战略产业或高科技活动。如果一个管理公平和开放的国际经济体系得到霸权国家的支持，明确划分的分工往往会产生稳定性。从英国1843年废除《谷物法》（Corn Laws），到美国在数字革命期间主导全球价值链的构建，技术领导者利用贸易协定巩固其主导地位，并使核心-外围的非对称性相互依赖正式化。简单来说，美国发明了诸如智能手机这样的新技术，中国则进行组装。自动化的巨大范围将使全球供应链支离破碎。随着自动化劳动在同低工资制造业国家的竞争中胜出，主要技术大国的制造业可以回流。此外，随着大国之间竞争的加剧，重要的供应链在国内控制下重新迁回本国。中国和俄罗斯正在采取自下而上的战略，开发第四次工业革命的领先技术，而美国则在寻求自上而下的战略，借助自动化将制造业回流。那些确定以出口为基础的发展战略的发展中国家必须适应这些新的现实。

第四章探讨了科技巨头时代谁将控制生产资料。由于提供了有利条件和建立垄断的激励，市场力量正日益集中在科技巨头手中。新的技术平台产生了范围经济，因为一个行业的领导地位在看似不相关的行业中提供了竞争优势。大卫·李嘉图（David Ricardo）提倡比较优势，尽管第四次工业革命的市场优势在于"无所不能"。例如，先进的搜索引擎在使用自动驾驶汽车接管交通运输业方面具有优势；交通运输业在电子商务、自动化物流和配送方面具有竞争优势，为主导支付系统、制造和自动化食品制备提供了技术平台。与技术垄断企业竞争所需的资本密集型投资使竞争对手望而却步。政府面临着一个两难境地：有能力在国际市场上竞争的强大科技巨头掌握着足够的市场力量，在国内政治中也将具有广泛的影响力。如果国家不坚持对产业的控制，产业将越来越多地扩展和加深对国家的影响。这一困境通过利用监管将科技巨头转变为符合国家利益的国家领军企业可以得到解决。

第五章探讨了政治沟通的中断。大国竞争包括构建叙事、建立身份和赋予权威合法性的能力。从印刷机到互联网，政治传播技术对人民与国家之间关系的影响显而易见。最初，人们期待通过传播的去中心化来加强个体与国家的关系,并开创一个民主和自由的时代。然而,不受监管的社交网络和外国势力对国内话语的入侵促使国家重新确立其对通信技术的控制。恢复控制的反作用往往是过度的,助长了国家的威权主义冲动。从斯诺登(Snowden)到阿桑奇(Assange),个体都在新的技术环境中努力恢复与国家的权力平衡。第四次工业革命进一步打乱了政治沟通,因为提取数据的能力对地缘经济竞争力至关重要,而且越来越需要控制公共叙事。大国通过将互联网国有化和辖域化以及创建"主权互联网"(sovereign Internet)来应对国际领域的竞争。

第六章讨论了在当代资本主义即将走向终结之时地缘经济的未来。自动化和机器人技术使资本与劳动力脱钩,挑战资本主义的生存力。"创造性破坏"指的是新技术消除工作岗位和整个职业。从历史上看,创造性破坏导致了"技能提升"(up-skilling),因为重复性和危险的工作被需要更高技能、提供更高薪水的工作所取代。然而,20世纪80年代以来,资本和劳动力一直处于脱钩状态,因为资本所有者主要是从机器生产率提高所带来的利润增长中获利。在20世纪90年代制造业工作岗位减少期间,工人们转向了低技能和低工资的工作。第四次工业革命加剧了这一现象,因为自动化的发展在速度和范围方面飞速增长,使高技能专业人士的地位岌岌可危。此外，新工作岗位的创造并不能充分抵消旧工作岗位的流失。卡尔·马克思（Karl Marx）正确地认识到，自由市场资本主义是人类发展的过渡阶段，因为技术进步将财富集中在垄断者手中。资本主义必须进行改革，将税收负担从劳动者转移到资本所有者身上，并重新分配财富。此外，对经济自由主义的破坏将产生更广泛的影响，因为它为政治自由主义提供了基础。

第七章评估了即将到来的巨大社会变革。创造性破坏最初由弗里德里希·尼采（Friedrich Nietzsche）提出，作为一种更新价值的社会过程，为人类提供意义。当过去的结构和制度不再能传递价值和目标时，破坏性虚无主义就会出现，社会就会衰落。第一次工业革命产生了大量关于人类在工业化社会中挣扎求生的哲学思想。处于原始冲动和理性决策之间的人类处境被技术创新所破坏。自第一次工业革命以来，人们就知道人的二元性表现在矛盾的冲动中，一方面为了效率而接受自由放任经济，另一方面又抵制市场力量及其对传统社区造成的破坏。第四次工业革命带来了新的挑战和机遇。在一个所有价值都以金钱衡量的经济决定论社会中，当人类变得缺乏竞争力时，他们的价值会发生什么变化？新技术应该仅仅减少劳动力、提高效率、迎合享乐主义欲望，还是应该被用来加强我们的人性？第四次工业革命可能拥有连接礼俗社会（Gemeinschaft）和法理社会（Gesellschaft）所需的工具——自第一次工业革命以来，这两者之间的距离越来越远。新技术的使用需要一种指导哲学的引导，从而防止手段凌驾于目的之上。

第八章探讨了军用杀手机器人对大国政治的破坏。颠覆性技术是军事化地缘政治向地缘经济转变的诱因，但第四次工业革命的武器技术可以让军事力量重返大国政治的前沿。第四次工业革命有可能破坏核威慑，将原本的防御性核武器转变为进攻性武器。随着数字世界与物质世界的融合，网络空间变得武器化，并成为一个有争议和军事化的领域，无人机技术彻底改变了战争——例如，卫星通信初创公司Swarm Technologies可以使用集中式数字大脑来控制数百万小型自杀式无人机。各国政府面临两难境地：是否要为了提高速度和效率而牺牲人工控制，进而将武器、目标确定以及命中目标的决定自动化。世界军事强国的挑战者们面临的压力是为了建立权力平衡而将更多的战场功能自动化。随着战争和威慑规则变得模糊，误判也会增加——例如，对于何时可以攻击无人机以及反击应该是什么，观点就各不相同。开发越来越"聪明"机器人的竞赛可能会产生削弱无法清楚区分目标的"愚蠢"机器人潜能的风险。

第九章探讨了第四次工业革命中的全球治理。头两次工业革命提高了不属于民族国家文化和政治范畴的工业社会的生产力和经济增长。对资本扩张和相互竞争的地缘经济基础设施进行管理的全球治理失败导致了两次世界大战。由于世界秩序从单极向多极的对立性转变，第四次工业革命变得复杂。我们当前面临的挑战与19世纪晚期走向第一次世界大战的世界极为相似。彼时英国工业霸权的先发优势正在减弱，也缺乏对生产力不断增长的工业欧洲的治理。如今，美国的相对衰落和多极秩序的出现也带来了类似的挑战。一个确保战略稳定的全球治理体系尚未实现，因为西方巩固其单极主导地位的努力将中国和俄罗斯边缘化，两国由此都已开始与美国主导的霸权秩序脱钩。因此，全球治理正在分化为区域组织，区域间主义（inter-regionalism）成为构建未来全球治理体系的新希望。在俄罗斯寻求在"大欧亚伙伴关系倡议"下整合各种区域形式并协调利益的同时，西方主导的机构志在将这些替代性组织结构边缘化，以扩大其霸权地位。旧制度开始消亡，新体制尚未诞生，混乱的状态愈演愈烈。在新技术扰乱大国之间的经济、政治和军事关系之际，全球治理体系正在瓦解。

　　本书将得出的结论是，第四次工业革命使技术主权成为大国竞争的核心要求，国家需要在经济中扮演更为干预性的角色。新技术具有克服人类经济、社会和环境问题的变革潜力。然而，它们也会加剧大国政治中的冲突。现状将难以维持，随着世界不确定性的增加，大国可能主要通过最大限度地增加实力来追求安全。尽管美国视中国为挑战其技术领先地位的主要竞争对手，但俄罗斯历史上那种强势收官的能力似乎在重演。俄罗斯正在利用技术主权打造自己的大国地位，欧盟同样需要发展技术主权，以保持其内部的凝聚力。

第一章 第四次工业革命中的技术：走向国家战略

引言

科技向来为那些能够为实现经济、军事和政治目的而掌握技术的国家赋予权力。科技创新创造了改变国际权力分配的新工具,导致国际体系的现状不断被打破。本章探讨了第四次工业革命中的技术,以及各个大国如何以新的国家战略逐步适应这种现状。

西方社会在第一次工业革命期间有了一项重大发现——机器像合作博弈[①]一样能够提高生产力和繁荣,这使在没有战争、掠夺和勒索的情况下获得财富成为可能。纵观此前的人类历史,几乎全世界的人口都生活在贫困之中。这种情况在18世纪中叶发生了变化,第一次工业革命释放了人类历史上前所未有的生产力和财富创造力。此外,运用自由主义经济思想来组织新经济形式的诱因转化为政治层面的自由主义,并带来了人类自由的提升。

[①] 合作博弈(positive-sum game)也称为正和博弈,是指博弈双方的利益都有所增加,或者至少是一方的利益增加,而另一方的利益不受损害,因而整个社会的利益有所增加的。——译者注

工业革命带来的第二项发现是，创新的进步和生产力的提升遵循的是一条指数增长曲线，而不是渐进增长曲线。每一项新技术所带来的效率扩增都缩短了下一项技术突破所需的路径，技术演进的曲线变得越来越陡峭，且没有放缓的迹象。因此，各国必须为即将到来的科技和智能爆炸（intelligence explosion）做好准备。数字技术的指数级增长开启了更为多样化的新技术。比如，仅在几年前，制造一辆自动驾驶汽车所需的技术被认为是一项对机器管理而言过于复杂的认知任务，但在今天，这项技术已经通过测试并且投入商用。然而，关于这些技术对社会政治的影响以及对大国之间的经济和军事竞争的影响仍不明晰。

本章首先将评估大国的特征如何随着历次工业革命而改变。其次，本章认为，人工智能的发展可能是第四次工业革命中最重要的组成部分，若有国家希望保持其大国地位，就必须发展人工智能。虽然先前的技术创造了使体力劳动得以自动化进行的工具，但人工智能在自动化处理认知任务方面的优势是独一无二的。人工智能改进了其他所有技术，在某些研究和开发领域，其表现已经远超人类。再次，本章将探讨那些能够颠覆现有工业能力的技术，包括机器人科学、自动化技术、自动驾驶汽车、3D打印技术、纳米技术、物联网技术、区块链、加密货币、神经技术及生物技术。最后，本章将对第四次工业革命中大国的新兴战略进行评价。本章的结论是，随着传统意义上支撑工业社会运行的产业逐渐过时，曾经用以定义大国地位的变量正在发生根本性的变化。当下各国的国家战略表明，大国间的竞争将被置于其他考虑因素之上。

大国与工业革命

一个国家能否被称作大国，是由其是否具备独立行动的能力，以及以经济、军事和外交实力在全球范围内施加其影响力的能力所决定的。米尔斯海默（Mearsheimer）将全球体系中的"一极"（pole）定义为一个"有足够能力通过自身努力抵御这一体系中的主导国家的政治实体"。照此定义，在世界格局正从单极转型之际，国际体系中能够被称作大国的国家寥寥无几。那些定义了冷战的军事和意识形态斗争的结束，以及向全球资本主义体系的转向，标志着大国政治的转变。在地缘政治时代，大国实力几乎完全以军事力量和领土范围来衡量，而在如今的地缘经济时代，大国实力则更多地以对全球市场的影响力来衡量。

第一次工业革命发生于18世纪中叶，其特点之一是农业机械化，以及人类体力劳动被以蒸汽为动力的机器所取代。

由于种种原因，英国在这方面走在了前列。作为一个岛国，英国的地理环境为其议会立法确立土地所有权以及开展圈地运动提供了有利条件，这同时还引发了一场农业革命。除此之外，英国拥有丰富廉价且易开采的煤矿资源，它们取代木材成为以蒸汽为动力的机器的燃料。第一次工业革命本身就是大国政治的产物，因为对武器装备不断增长的需求迫使人们尽可能提升生产效率，由此带来的大规模武器生产改变了战争的战略及战术。英国从其与殖民地的贸易获利中积累了大量财富，这提高了富人对高端产品的需求。但为了与来自印度的纺织品竞争，英国自身也承受着提高其纺织业效率的压力。

发生在19世纪中叶的第二次工业革命在很大程度上是由大规模生产所带动的。电力取代了蒸汽动力，内燃机的发展造成了对石油和天然气的需求。贝塞麦转炉炼钢法（The Bessemer Process）让迅速且廉价地制造钢铁成为可能，从而加速了铁路和工厂的大规模扩张。工厂生产效率的提高、铁路运输和电报通讯的发展带来了人类历史上前所未有的经济增长。这发生在19世纪70年代到90年代，通常也被认为是全球化的第一波浪潮。钢铁作为战略产业的出现也引发了美国、英国、德国、法国和日本之间对钢铁生产领导地位的争夺。美国抓住了第二次工业革命的机会，为此后一直持续的科技崛起奠定了基础。美国内战期间推广使用的电报和铁路后来被转化为服务于商业的工具。因其庞大的规模、覆盖全国、就业人数多及高度发达的组织方式，铁路公司也成为美国第一种现代公司。大型企业和相关支撑性官僚机构的出现，催生出了一个消费社会，也引发国家与企业之间更复杂关系的产生。

德国利用铁路整合其领土，通过提高派往西线和东线部队的机动性，增强了其整体作战能力。俄罗斯使用和欧洲不同的轨距，减少同欧洲各国铁路的连接，为军队入侵制造了障碍。俄罗斯位于太平洋地区的铁路同样是为军事目的而设计的，远离前线，从而降低其促进经济连通性的能力。英国工业的发展推动了现代银行和金融体系发展，随着国际贸易激增，这一体系在世界上逐渐占据了主导地位，并在外国发展起了相应的金融依赖体系。此外，利用金融优势，英国得以建设世界上最强大的海军，以主宰海洋并建立起对海洋贸易的控制。

纵观19世纪，海上强国英国和陆地强国俄国之间的全球竞争很快让位于实现工业化而迅速崛起的新强国——主要是美国、德国和日本。经济的发展、社会的动荡加之强大新式武器的发明引发了毁灭性的战争，一举结束了西欧列强自16世纪初以来享有的主导地位。在两次世界大战期间，中东欧各国试图通过进口替代实现工业化的举措纷纷失败，究其原因，这些国家关注的几乎都是那些在较发达国家已走向衰落的旧技术和旧产业。

20世纪中期的第三次工业革命是一场数字革命。微处理器和晶体管革命性地改变了工业，核技术在这一时期变得至关重要。核武器成为获得大国地位的一个关键条件，联合国安理会（UN Security Council）的所有常任理事国——美国、苏联（俄罗斯）、英国、法国和中国都获得了这一条件。美国的全球领导地位在这一时期跃升，科技的快速进步巩固了其地缘经济上的主导地位及军事优势。太空竞赛使得各种技术之间产生了意想不到的协同效应，比如美国的GPS卫星通信和苏联的格洛纳斯（GLONASS）[①]。苏联利用了核能和其他技术，但其在数字革命中的竞争力受到限制，因为数字技术的去中心化功能无法在苏联中央集权的统制系统中得到最佳应用。此外，苏联与国际市场的脱离意味着这些技术难以转化为经济战略与地缘经济力量。

---

① 格洛纳斯（GLONASS），是俄语"全球卫星导航系统"的缩写。格洛纳斯卫星导航系统的作用类似于美国的GPS、欧洲的伽利略卫星定位系统和中国的北斗卫星导航系统。该系统最早开发于苏联时期，后由俄罗斯继续该计划。——译者注

在逐渐降低的运输成本、自由经济、明确的国际分工以及独特的国际权力分配等因素的共同作用下，日益庞大、复杂的全球价值链和新一轮的全球化浪潮随之出现。20世纪90年代，随着个人电脑、微软的操作系统和互联网的迅速扩张，数字技术实现了指数级增长的重大飞跃。数字革命的重点是通信技术，这加剧了国家与国内人民和外国参与者之间在信息传播方面的竞争。造成环境和生物多样性退化的化石燃料也逐渐被可再生绿色能源所取代。数字革命将信息和技术变成了市场上的无形商品，与其他商品不同，它们的价值在消费时不会贬值。

定义第四次工业革命

第四次工业革命——由德国经济学家克劳斯·施瓦布于2016年提出的一个术语——正在进行之中，其概念从与通信技术相关的简单数字创新转变而来。第四次工业革命代表着重大进步，并建立在第三次工业革命引入的计算机芯片和超导体技术的基础之上。

第四次工业革命与上一次数字革命的主要区别以及突破在于其"速度、范围和系统影响"。由于第四次工业革命建立在数字革命的基础之上，它引发了一些合理的批评，认为其仅是第三次工业革命的延续。不过，本书将第四次工业革命称为正在淘汰先前技术的新颠覆性技术的组合，其与第三次工业革命的一个关键区别在于，当下的数字世界正在与物质世界融合。比尔·盖茨（Bill Gates）将其简洁地比作人类历史上一个独一无二的新时期的到来，他认为："我们可能正处于一个新时代的边缘，届时个人电脑将离开桌面，允许我们即使不在场时也能够看到、听到、触摸甚至操作物体。"实际上，新的时代似乎正在出现，同时，新技术也扰乱了劳动力市场、资本主义、政治自由主义、军事竞争、社会结构，并因此扰乱了大国政治。

不过矛盾的是，第四次工业革命或许标志着持续了两个多世纪的工业时代的结束。今天，为大规模劳动力、自由经济和工业思维创造条件的技术革新仍然存在，但可能很快就会被淘汰。第四次工业革命也可能是第一次从化石燃料的使用过渡到环境可持续的革命。工业革命不仅涉及技术的获取和实施，还需要管理由这些技术造成的破坏。施瓦布认为：

> 最终，政府系统和公共机构的适应能力将决定其能否继续生存下去。如果它们被证明有能力去拥抱一个颠覆性变革的世界，让其结构达到能够保持竞争优势的透明度和效率水平，它们将继续生

存下去。如果不能发展的话，它们面临越来越多的麻烦。

随着技术的快速同步发展，第四次工业革命将大大加快国际体系变革和崩坏的速度。随着数字技术积累了史无前例的信息量并对其进行了快速处理，指数级增长会加速——这有助于推动其他所有技术的发展。机器学习，或者说计算机去学习并改进自身算法以变得更加智能的能力，正走在认知自动化的智能爆炸式发展的道路上。人工智能开启并强化了自动化技术、机器人技术、纳米技术、神经技术、生物技术和数字系统（如物联网、数字账本技术、云计算等）领域的技术进步。

随着人类与机器的关系在知识获取方面发生逆转，一个全新的时代豁然显现。过去的工业革命是由科学家开发技术或产品，然后由机器复制和自动化完成这一过程。但第四次工业革命使机器成为创新者。人工智能通过发现模式和假设因果关系进行自我学习，让人类科学家能够理解生成的算法，并尝试复制机器生成的最佳解决方案。

技术发展的不可预测性在很大程度上源于其指数式增长，也被称为加速度。对数字技术的一个普遍误解是认为其随着现有技术的逐步发展而沿着线性轨迹发展。实则不然，计算机技术的发展和后续应用的速度呈指数级增长。摩尔定律（Moore's Law）指出，计算机芯片上的晶体管数量大约每18至24个月翻一番，这一定律在过去40年里一直有效。例如，英特尔在1971年推出的计算机芯片包含2300个晶体管，1978年含有2.9万个晶体管，1988年有25万个，1999年有950万个，2011年有11.6亿个，2016年有80亿个，最近这一数字已经达到了500亿个。随着芯片组件现在接近原子大小，我们正在接近摩尔定律的物理极限。然而，量子计算机的发展似乎将成为信息技术发展的下一步，并将从根本上提高计算速度。

各国在开发最强超级计算机的竞赛中走了类似的道路，并将对未来的国际权力分配产生重大影响。开发超级计算机主要是为了实现科技进步，并确保经济竞争力和军事安全。2009年，美国制造的"克雷"（Cray）超级计算机拥有当时世界上最强大的处理能力，达到每秒1.76亿亿次的浮点运算速度（petaflops）。到了2016年，中国的神威·太湖之光（Sunway TaihuLight）超级计算机以每秒9.3亿亿次的浮点运算速度位居榜首，而美国直到2018年年中才推出了拥有12.2亿亿次的浮点运算速度"顶点"（Summit）超级计算机，重新确立了其领先地位。然而，美国最近的胜利可能只是昙花一现，因为中国在2020年之前部署的天河3号

（Tianhe-3）——一种全新的超级计算机，可以以百亿亿次浮点运算为单位测量处理速度。虽然中国和美国拥有硅谷和深圳这样的科技中心区域，但其他科技大国，如俄罗斯、日本、韩国、印度、德国、法国及英国，也在开发超级计算机，这无疑是出现了新的国际权力分配体系所导致的结果。

人工智能

2018年，世界上最大的六家公司都是科技公司，同时也是人工智能的主要开发者——苹果、亚马逊、谷歌、微软、脸书（元宇宙）和阿里巴巴。人工智能指的是具备智能的机器。更具体地说，人工智能特指机器的认知功能，包括其识别模式、解决问题的能力，甚至有朝一日或许可以具有自我意识。人工智能几乎可以与电力相媲美，因为它几乎适用于任何领域，并且还是推进其他技术发展的工具——这使人工智能技术成为第四次工业革命最重要的特征。

在机器学习的范畴中，算法是由计算机自己设计的。在人工智能技术出现之前，人类程序员设计开发了算法，计算机通过这些算法来计算、解决问题。相比之下，神经网络系统并不教授计算机游戏规则以及模仿人类获胜的策略。相反，神经网络系统是自我学习的，通过在经验间建立联系来模仿人脑。这就要求必须将大量的数据输入计算机，并给计算机提供关于日期的具体输入。这一切使计算机能够探索数据的模式，并将其表示为算法。例如，向计算机输入100万张乳房的X光照片，然后告诉它哪些部分显示出了乳腺癌的特征，哪些部分没有，通过人工智能技术，计算机就能识别出连科学家都可能没有发现的模式，并将其记录归纳为识别乳腺癌的算法。同样，通过向计算机输入关于借贷人的数据，然后告知计算机哪些人有能力或无能力偿还贷款，用于发放信贷的人工智能软件就可能被开发出来。此类人工智能程序的优势和效用在于，它们能持续开发和训练新的软件，以超人的速度和准确性来识别乳腺癌或评估贷款申请。数据通常被称为"新的石油"，然而，这个比喻具有一定的误导性，因为并非所有数据都是相同的。人工智能的主要局限性在于它只在单一领域内工作，为检测乳腺癌而开发的人工智能软件无法用于汽车驾驶。

人工智能研究广泛关注棋类竞技和电子游戏，它们是受控环境中的狭义任务，所有可能的变量和结果都可以被观察和测量。在经过多年都未能达到过高的期望之后，现在，人工智能的表现终于超出了预期，在各项日益复杂的技能竞赛中击败了那些最强的人类大脑。1979年，西洋双陆棋世界冠军第一个输给了人工智能。近20年后的1997年，国际象棋世界冠军加里·卡斯帕罗夫（Gary Kasparov）输给了IBM公司的"深蓝"（Deep Blue）。其后，IBM开发的Watson程序又向前迈进了一大步，成功赢得了老牌电视游戏节目《危险》（Jeopardy!）的冠军。这无疑是一项艰巨的成就，因为机器必须获取各个领域的海量知识，并破译错综复杂且往往不透明的短语和语句。Watson令人印象深刻的成就随后被谷歌的AlphaGo程序所取代，该程序是为围棋而开发的。围棋比国际象棋更为复杂，被认为超出了机器的认知功能。2015年10月，AlphaGo击败了第一位职业围棋选手，并通过自我学习，紧接着在2017年击败了一位围棋世界冠军。在此之前，业界知名的人工智能专家曾认为，AlphaGo距离取得胜利还需要10年。这一历史性时刻标志着机器对人的胜利，并引起了中国公众对人工智能的兴趣。人工智能的认知发展还可以用Libratus的例子来说明。Libratus是一款扑克游戏程序，在一场扑克比赛中它击败了一流的人类扑克玩家。这一胜利尤其令人震惊，因为扑克涉及重要的心理因素，比如，选择何时虚张声势并确定其他玩家何时虚张声势，以及决定何时加注、加多少、何时弃牌等。

人工智能由两个关键部分组成——处理能力和数据。在人工智能时代，数量就是质量，因为机器学习依赖更强大的计算能力来分析飞速增多的数据。这两个标准现在都得到了满足。摩尔定律的应用从根本上提升了超级计算机的处理能力，而且最近已经有可能捕获超大量级的数据。不过，尽管人工智能具有显著的先发优势，但仍然是一种组合技术，应用场景有限。从这个意义上来讲，摩尔定律可能也适用于人工智能，即具备自我学习能力的智能计算机将以加速的速度逐渐变得更加智能。由于"智能爆炸"的潜力赋予了人工智能解开"已知的未知"（known unknowns）和"未知的未知"（unknown unknowns）的能力，其发展速度和未来路径仍然是不可预测的。人工智能能力的这种指数式增长使我们很难预测计算机是否会在2025年或2050年全盘复制人类智能。不过一旦人类智能被复制，我们将在很短的时间内被机器远远地甩在身后。拥有自我意识的机器也可以开始相互交流，并确立它们自己的目标。

人工智能的一项明显风险在于开发出我们无法理解、预测或控制的东西，这将遮蔽人类作为变革驱动力的光环。亨利·基辛格（Henry Kissinger）之所以对人工智能感兴趣，是因为人工智能将对大国政治产生不可预测的影响。基辛格告诫说，人工智能可能会使数据高于人类的认知。这将意味着启蒙运动的结束，因为组织社会的将不再是人类理性。AlphaGo的胜利对于人工智能来说意义重大，机器制定的那些战略行动是人类从未尝试过的，甚至是无法理解的。人和机器之间的关系已经从计算机复制人类行为转变为人类试图去理解计算机的超常逻辑。同样，我们也在优化细菌发酵工艺的问题上从人工智能那里获取到了有效的建议，尽管科学家们无法理论化或理解它们为什么起作用。

这样下去，未来可能会产生"人工智能对齐问题"（AI alignment problem），即超级智能机器开始独立地、并以损害人类利益的方式行事。斯蒂芬·霍金（Stephen Hawking）警告说："人工智能可能意味着人类的终结。它将自行起飞，并以不断增加的速度重新设计自己。人类受限于缓慢的生物进化，无法与之竞争，终将被取代"。埃隆·马斯克（Elon Musk）担心人工智能的发展几乎达到了指数级增长，并对宣称"相信它们可以塑造和控制数字超级智能，并防止坏的智能逃逸到互联网上"的人工智能公司表示怀疑。

人工智能不断创造并重写自身的算法，其创造出的解决方案往往超出人类程序员的控制。一项关于人工智能机器玩"赛船冠军赛"游戏（Coast Runners Boat）的实验表明，数字智能的内部逻辑可能难以预测。计算机并没有像游戏规则倡导的那样与对手比赛，而是开始让其操控的角色绕圈旋转，试图将对手挤去，从而将其清除出游戏，使机器操控的角色能够第一个冲过终点线。一个目标被预先程式化为赢得国际象棋比赛的机器人可能会认为，最简单的胜利方式是杀死对手。尽管如此，任何限制人工智能的论点都要将企业和国家为获得先发优势而进行的竞赛纳入考量。必须将人工智能脱离（人类）自身控制的风险与没有类似限制的对手开发出更强大的人工智能能力的风险进行权衡。

机器人、自动化与自动驾驶汽车

无人驾驶汽车和无人机可以说是一个独立的产业，因为这部分产品坐拥巨大的市场，而且交通运输作为第四次工业革命的催化剂在其中发挥着重要作用。无人驾驶汽车将改变交通运输业，并可能引发快递、餐饮、支付、电子商务、可再生能源甚至其他与交通运输业关联甚微行业的重组。

对于什么是机器人，人们有着不同的定义，但都提到了"三种功能"。一是数据信息流、摄像头、激光器或传感器接收信息的能力；二是处理和分析这些信息的能力；三是做出能够对物理世界产生一定影响的决定的能力。罗素（Russel）和诺维格（Norvig）将机器人定义为"一个活跃的、人工的代理，其所处环境是物理世界……包括计算机文件系统、数据库和网络"。第一批工业机器人Unimate系列开发于1961年，包含一个机械臂，用以在汽车制造行业中执行各种功能。然而这项技术花了半个世纪才成熟：直到21世纪头10年，即所谓的"工业机器人10年"，机器人才走出工厂。

　　人工智能在自动化和机器人技术方面有着巨大潜力，这可能会对全球供应链产生难以预知的影响。一方面，随着低薪劳动力的相对优势降低，拥有更先进基础设施的发达国家逐渐将制造业迁回国内，自动化和机器人技术将缩短并简化作为全球商业特征的复杂供应链。这其中的风险很高，因为那些拥有最先进机器人劳动力的国家——而不是拥有最廉价劳动力成本的国家——将拥有最为强大的制造能力。制造业和分销业的未来已经被亚马逊等创新者所示范，亚马逊已经实现了仓库自动化。此外，随着自动化机器逐步接管对仓库、港口和运输的控制，机器人技术可以降低运输基础设施的成本。大多数机器人技术的创新都有着工业上的应用，但自动割草机和吸尘器的发明预示着个人机器人技术也拥有未来市场。

　　市面上工业机器人的数量正在迅速增长，取代了效率较低的人力，并改变了全球价值链。2008年共有11.5万台工业机器人被售出，2020年这一数字超过了50万。机器人密度（robot density），即制造业中每10万名员工所拥有的机器人数量，正在成为衡量经济竞争力的一个标准。韩国在这方面领先世界，其次是新加坡、德国和其余的欧洲国家。日本借鉴韩国的经验，在2015年成立了"机器人革命行动委员会"（Robot Revolution Council），以支持日本工业的技术开发和实施。在欧洲，德国在机器人技术方面处于领先地位，瑞士被誉为"机器人硅谷"。尽管如此，中国仍是世界上最大的工业机器人潜在市场。随着雇员薪资的提高，以及自身日益成为促进全球消费的主要驱动力量，中国必须实现制造业自动化，以保持其世界工厂的地位。

3D打印与纳米技术

3D打印是一种通过构建金属或塑料材料层以制造相应成品的技术。与普通的打印机很相似，3D打印机从软件中接收有关制造物的信息。不同的是，3D打印机并非在纸上涂抹油墨，而是连续添加材料层来制作三维的产品。这样一来，价值链就被简化了，因为客户和制造商只需要支付用于3D打印的原材料和目标产品的知识产权费用（其中许多设计是免费共享的）。就像音乐和电影的数字化改变了娱乐业一样，由于3D打印的设计文件可以在线上共享（无论合法还是非法），从足球到自行车的所有产品设计共享也可以改变每个消费行业。

需要复杂材料或移动部件的高级产品可以在当地生产厂

家打印，而那些使用相对简单的材料的小型3D打印机也已经可以家用，价格通常在几百美元左右。随着技术的成熟，可以预见3D打印机将被越来越多地运用，这取决于质量和效率的提高以及价格的降低。虽然3D打印机最初在运行速度上受到了限制，但新的算法正在使它们的速度不断提高。与复杂且劳动密集型的传统制造业相比，3D打印更便宜、更清洁、更简单、更有效。传统制造业需要庞大的供应链和广泛的物流，将需要切割、焊接、铸模和其他专业技能来把大批量生产的组件整合在一起。生产过程之后是检查和测试，然后是包装、运输和储存，最后才到达消费者手中，而3D打印几乎绕过了所有的这些步骤。

随着技术进步和价格下降，越来越多的行业将吸收3D打印技术，并将从根本上改变全球市场。3D打印最初的竞争优势在于其定制能力，这是该技术首先被用于构建原型和复杂的高价值产品的原因。它还为小批量产品提供了竞争优势，因为3D打印可以抵消规模经济这一关键经济原则。大公司之所以往往更具竞争力，是因为通过大批量生产降低了单位成本，导致资本主义趋向财富集中和形成垄断。相比之下，3D打印可以生产出质量相同、单位成本相同的每件商品，无论数量如何。在摆脱大规模生产的过程中，3D打印提供的可能性表明，未来的市场将由无限的定制和创造力来定义，使人们能够按需设计和生产几乎任何东西。

3D打印通常与服装、玩具和家用设备等消费品相联系。然而3D打印也可用于大型产品制作，例如整个房屋和带有运动部件的复杂部件，甚至是喷气发动机和火箭发动机。生物打印（Bioprinting）涉及生物物质的生产，例如食物甚至身体部位。美国西北大学（Northwestern University）为不育小鼠打印了卵巢。一个明显的问题是，这种权力下放也适用于犯罪活动。可打印手枪的免费模型设计已经通过分散的网络在互联网上扩散，创作者经常根据自由主义的政治信念行事。

3D打印的一个关键竞争优势是减少了对运输和存储的需求。随着制造业越来越接近消费端，复杂的供应链管理、昂贵的物流成本以及数十亿美元的运输和仓储费用可能会大幅减少。通过最大限度地减少劳动材料浪费，还可以在生产的其他方面实现成本节约。传统制造业留下了环境足迹——在切割材料、包装和运输过程中产生了更多的废物，仅从环境角度来看，政府为鼓励采用3D打印而提供补贴是合理的。对原材料而不是制成品的需求也可能使海洋中的废弃塑料变得有价值。更短的交付时间也是UPS等几家美国快递公司已经将3D打印整合到其服务中的原因。削减复杂的供应链可以以更快、更靠近终端消费者的方式生产商品。

归根结底，3D打印的未来取决于其与大规模生产的商品竞争的能力。尽管越来越有效的算法和技术使3D打印在大规模生产中更具竞争力，但它仍将与受益于自动化和机器人技术的现代制造设施竞争。同样，使用3D打印技术制造食品的公司已经出现，这些公司可能会成为自动化食品制备厂的竞争对手。能使用的材料范围和可以制作的物品规模仍是3D打印技术的两大掣肘。

纳米技术正在与3D打印技术融合，以生产先进的材料。纳米技术在原子和分子水平上操纵材料，以创造新材料来推动技术发展。因此，纳米技术可用于发展计算能力、医学、生物技术、能源以及其他行业。例如，电池的限制是由制造电池的材料决定的，而改变材料可以提高电池的性能。通过使用纳米颗粒，科学家以更快的速度打印三维结构，解决了三维打印分辨率低和速度慢的问题。

物联网

物联网（IoT）指的是利用互联网将电脑和日常用品连接起来。这项技术的常见应用包括使用手机操作咖啡机、恒温器、自动割草机，或者在特定产品电量不足时通过冰箱等物品接收信息。物联网市场即将迎来快速增长。常见的案例研究对象是电梯维护场景：在电梯需要维修时，定期的维护检查被数字消息通知取代。物联网市场规模预计从2017年到2021年将增长一倍以上。5G技术的推出从根本上提高了互联网的速度和提取数据的能力。5G将成为物联网、人工智能、自动驾驶汽车、区块链等新兴技术的神经系统，改变全球经济和世界格局。此外，这些技术还得到了云计算的进一步支持——通过互联网访问大型数据中心——这也是第四次工业革命的重要组成部分。云计算提供了简单、廉价的数字基础设施，同时也是数据的来源。

智能手表等智能可穿戴设备可以提取有关身体的数据，并为改善健康状况提供指导。其功能可以扩展到关于疾病的血液检测，从而彻底改变医疗保健行业。再如，智能家居可以提取有关供暖、空调、通风和照明的数据，从而提高能源消耗效率。类似的AI节能举措也适用于办公和工业领域。例如，谷歌利用DeepMind的计算，将其服务器散热所需的能源消耗减少了40%，并将其数据中心的总能源消耗减少了15%。智能汽车可以与智能家居连接并协作，例如，当汽车靠近时，可以自动打开暖气。智能汽车之间还可互相通信，通过各自的传感器传输附近的信息，以便从拐角处驶来的汽车知道预期的环境和活动。军事方面的应用也很显著，蜂群技术（swarm technology）可以让一个"集中的大脑"同时操作和协调多达数万架无人机。智能城市在桥梁和其他重要的物理基础设施上安装传感器，能够在发生危险衰变时发出警报。停车场被监控，以确保空间的有效利用；智能废弃物管理系统检测负载；智能电梯评估维护需求；智能照明降低能源消耗。智能农业和智能温室通过传感器提取温度、湿度、光照和其他影响土壤肥力的重要变量的数据，赋予人们精确耕作的能力。机器可以通过自动化灌溉系统和地面传感器及空中无人机来播种、喷洒和监测作物，从而提高生产率和减少浪费。类似的系统也用于收集农场动物的信息及自动挤奶。

区块链与加密货币

分布式账本技术，俗称区块链，通过创建没有银行的银行业务，有可能彻底改变支撑整个国际经济的货币和金融体系。使用虚拟货币的数字银行预计将产生一个物联网银行（Bank of Things，BoT），使人与人之间能够进行直接的金融互动，而无须银行作为中介。

随着使用数字点对点借贷平台为贷款人和借款人提供更高利率的技术的成熟，"没有银行的银行业务"正变得越来越有吸引力。由于银行自第一次工业革命以来一直扮演着核心角色，其在国内和国际上产生的影响难以预测。为了提高服务质量和降低成本，银行已经走在了数字化的最前沿。然而，数字化银行的下一步可能是彻底取消银行作为不必要的中间人的地位。

银行业和货币是地缘经济竞争的核心，美国在投资银行领域的领军地位以及美元作为贸易和储备货币的主导地位，对中国和俄罗斯影响很大。2008—2009年席卷全球的金融危机极大地损害了部分银行业的声誉，因为它鼓励了放债，并通过放出超过银行账面上资本的贷款给银行业的危机埋下了伏笔。然而，这场重大金融危机的根本问题从未得到解决。西方的主要经济体非但没有恢复财政纪律，反而累积了更多的债务。

麻省理工学院（Massachusetts Institute of Technology）的一份报告认为，在中国，微信或蚂蚁科技等平台正在改变金融服务，并有可能改变传统银行的经营模式。美国的银行有理由担心：虽然这项技术尚未应用于银行业和金融业，但已在社会上得到了广泛应用。

作为政府控制下的货币的去中心化替代品，加密货币正吸引着投资者和政治势力。或者，政府可以使用同样的技术来实施财政纪律，从而恢复人们对本国货币的信任。随着西方主要发达国家持续积累不可持续的债务，美元面临更大压力，试验新技术的意愿可能会增强。加密货币的广泛采用将削弱美国所享有的经济杠杆——其优势在于能够运行巨额赤字，并将美元用作经济武器。由于缺乏监管，各国政府一直对加密货币持批评态度，但加密货币也被视为"去美元化"的潜在工具，削弱了戴高乐（Charles de Gaulle）所说的"过度特权"。克鲁格曼（Krugman）对加密货币的潜力持更加怀疑的态度。他指出，由于加密货币没有任何具有真正价值的东西支持，因此它们具有极端的法定货币特征，必须通过挖掘来获得流动性。

神经技术与生物技术：改善人类

神经技术与生物技术的进步使人类的进步成为可能。消除疾病的利他目标将在技术发展的早期阶段占主导地位。然而，就像其他技术一样，它们会逐渐找到其他的应用和市场。操纵人类进化的技术将对经济、军事、社会以及政府和个人之间的关系产生不可预测的后果。这些技术也可以为基于"升级"个人或群体的经济能力的新的阶级结构奠定基础。

神经技术建立在对人类大脑的新认识之上。其中包括在探测大脑活动和操纵大脑的化学和电活动以提高认知能力方面的进展。以前只在科幻小说中出现的能力，比如读心术，现在已经成为现实，而且可能有广泛的应用。2008年，猴子利用脑电波控制其机械臂的实验取得了成功；2017年，罗德里戈·哈伯纳·门德斯（Rodrigo Hubner Mendes）成为只用大脑便能驾驶赛车的第一人。记录梦境的技术离成为现实可能只需要几年的时间，这一进步可能会带来各种各样的应用。格拉斯哥大学（University of Glasgow）的神经科学家已经能够从人脑中提取人脸记忆，然后将其3D打印成物理面部模型。神经技术是一个价值超过1500亿美元的产业，由于其在从医学到军事的各个领域的应用，其产业价值正以每年10%的速度快速增长。据报道，苹果、谷歌和元宇宙等科技公司正在"突袭"动物研究实验室和大学，寻找能够将大脑与人工智能连接起来的神经科学家，以推进自动驾驶汽车等技术的发展。大脑的数字化——也就是说，将大脑与数字信息源连接起来——可以使人们以比社交媒体更个人化的方式与他人分享经验。将大脑与数字空间连接起来也可以以另一种方式发挥作用：使用计算机操纵大脑可能会开启对人类进行前所未有的控制的前景。

生物技术利用生命系统来开发产品。迄今为止，它主要应用于简单的领域，如操纵和生产细菌，以改善发酵过程。由于巨大的商业潜力，转基因技术将在未来几年变得越来先进。绘制人类基因组图谱是一项相对较新的成就，在治疗疾病和改变人类特征方面可能对健康行业带来深远的影响。动物实验也取得了重大进展，比如2017年成功在人工子宫中培育出一只小绵羊。操纵DNA和改变基因的能力已经引发了伦理问题，以及应该和可以在哪里划定界限的问题。虽然可以预见到公众和政治领域对消除遗传性疾病的支持，但在达到创造"设计婴儿"①和"超级人类"的程度之前，改善人类的道路将在哪里结束尚不清楚。

  人类寿命的进步使得减缓甚至逆转衰老过程成为可能。1900年，全世界的平均预期寿命为31岁。到1950年，这个数字是48岁，到2010年已经达到70岁。尽管有望减缓衰老症状甚至延长寿命的方法已经成为一个价值数十亿美元的产业，但大多数产品几乎没有取得任何成就。大多数行业都是由虚荣心所驱动，只是提供了看起来会使人们更年轻的机会。然而，人工智能通过发现减缓甚至逆转衰老等生物过程的方法，在药物研究中取得了巨大的飞跃。美容行业已经从肤浅和低效的产品中获得了巨大的利润，这让我们看到了延长人类寿命的更大潜在市场。为延长寿命的"圣杯"定价无疑将

---

  ① 设计婴儿（designer babies），是指通过基因工程剔除缺陷基因而诞生的婴儿。——译者注

第一章　第四次工业革命中的技术：走向国家战略

使制药行业达到前所未有的重要程度。

新技术也可以用来改善人类，以确保他们能跟上机器的发展。人类在历史上一直与机器并肩工作，而不是被机器打败。然而，人工智能代表着另一种挑战：它超越了依赖生物进化的相对停滞的人类智能。通过将生物智能与数字智能联系起来，人工智能将通过处理和发现大脑复杂性中的模式而迅速发展。此外，允许人工智能学习和复制人类的思维模式，将会使人类大脑数字化。在更遥远的未来，人类可以在不同程度上与机器融合。布林约夫森（Brynjolfsson）和麦克菲（McAfee）认为，我们需要利用新技术来提升人类能力，从而"与机器赛跑"，而不是试图与机器进行一场无法获胜的竞赛。埃隆·马斯克呼吁"生物智能和数字智能的融合……让人类与机器实现共生"。马斯克的目标是通过开发人脑和机器之间的连接来实现这一目标，从而上传和下载思想。马斯克成立了神经链接公司（Neuralink Corporation），开发大脑和计算机之间的直接皮层接口，使人类智能达到更高的认知水平。

形成中的大国战略

现在出现的大量颠覆性技术将不可避免地对大国政治

关系造成重大影响。新的国际权力分配将由拥有最大技术能力的国家决定。由于中国和美国已经拥有强大的领先优势，这场竞赛的结果可能会受到中美两国国际权力分配的巨大影响。与此同时，俄罗斯、英国、德国和其他落后于领头羊的国家要么迎头赶上，要么进一步落后。支撑人工智能和大数据的数字技术将为与第四次工业革命相关的大多数技术奠定基础。人工智能本身不是地缘经济工具或军事武器，而是一种使其他技术变革成为可能的技术。人工智能可以与第二次工业革命中的电力或内燃机相提并论，后者催生了无数其他技术，由此改变了社会和国际军事经济竞争。

美国在制定清晰而有凝聚力的人工智能国家战略方面一直进展缓慢。它已经从长达几十年的技术领先地位中获得了舒适感，认为领先是理所当然的。美国政府在2016年发布了一份人工智能政策路线图，重点关注美国的领导地位和监管框架。谷歌前首席执行官埃里克·施密特（Eric Schmidt）坚称，由于人工智能对国际权力分配的巨大影响，需要一个实际的国家战略，就像国家核战略一样。美国政府最终在2018年提出了一项人工智能战略，但除了为军事和情报机构增加预算外，在人工智能方面的资金没有明显增加。

美国试图通过评估人工智能的经济、军事、社会和道德影响来明确战略的覆盖范围。霸权雄心和捍卫所谓"自由国际秩序"是美国人工智能野心的核心。美国的军事战略是通过维持其主导地位（没有挑战者）来寻求安全，美国可以利用人工智能来恢复它在20世纪90年代享有的军事优势，但此后它一直在迅速失去这种优势。对人工智能的间接补贴是通过国防预算的资金来输送的，而国防预算的资金历来通过授予合同使私营企业受益。此外，美国利用人工智能恢复其在世界上的经济领导地位也很重要。用来实现这些目标的方法将有所不同，这取决于哪一届政府在领导这个日益两极分化的国家。奥巴马（Obama）设想让美国政府提供更多的支持，进而促进其在人工智能方面的领导力，而具有讽刺意味的是，经济民族主义者特朗普（Trump）则试图利用自由市场原则为创新者消除障碍来实现这一目标。

中国的做法在其人工智能国家战略、2017年的《新一代人工智能发展规划》《促进新一代人工智能产业发展三年行动计划（2018—2020年）》，以及雄心勃勃的《中国制造2025》行动纲领中得到了最佳概括。国家战略规定，"建立中国的先发优势"是一个"重大战略机遇"。中国政府表示，其目标是将人工智能主要用于商业创新，以确立中国在世界经济中的领先地位。为此，中国政府积极与国家级科技公司合作，以推进中国的领先地位。中国政府的后续计划更为具体，主要集中在四项关键任务：智能网络产品，如无人驾驶汽车和识别系统；人工智能支持系统，如神经网络芯片和智能传感器；智能/机器人制造；以及改善人工智能的安全和环境，如网络安全。中国的国家战略认为，人工智能是经济竞争的工具，是大国竞争的核心领域，但也与军事安全紧密相连。中国将科技视为恢复自身因在19世纪50年代被英国打败而衰落之前在世界上享有的重要地位的手段。2015年宣布的《中国制造2025》行动纲领是世界上最宏大的产业政策，旨在确立中国在第四次工业革命关键技术领域的领导地位。

俄罗斯是第四次工业革命的后来者，但它似乎打算迎头赶上。尽管其关于人工智能的国家战略仍在制定中，但一些内容的迹象正在变得显著。普京总统于2019年5月30日发表讲话，呼吁俄罗斯通过发展人工智能基础设施、巩固其在STEM（科学、技术、工程和数学）领域的现有优势，以及通过保护知识产权和公民权利，建立技术主权。俄罗斯的目标是建立一个多极系统，因为它认为冷战后的单极国际权力分配不利于俄罗斯的安全，而且俄罗斯在其边境上面对着一个敌对和充满扩张主义的西方。普京将这些政治考虑转化为技术语言："如果有人可以在人工智能领域实现垄断，那么后果对我们所有人来说都很清楚：他将统治世界。"

俄罗斯一直在强调发展人工智能的经济和军事必要性。

由于疆域广阔，俄罗斯又是一个传统的军事大国，因此其也寻求开发用于军事行动的人工智能。作为一个主要的武器出口国和军事大国，俄罗斯认为人工智能的经济和军事功能拥有重大的积极协同潜力。由于可再生能源的技术发展可能导致能源多样化，降低化石能源重要性，这有可能从根本上改变大国政治。由于收入和政治影响力的丧失，能源出口国将面临地缘经济的衰退，打破国际力量平衡。为了应对具有颠覆性和动荡的未来，俄罗斯和其他化石能源出口国应立即实施政策，利用能源收入快速实现经济现代化和多样化。当技术得以利用自然资源或现有（国家）能力时，它会更多地促进经济发展。由于俄罗斯幅员辽阔且临近亚洲市场，农业是一个关键的利基市场。俄罗斯已经确立了自己作为农业超级大国的地位，并越来越多地利用智能农业来加强对该行业的控制，并增加其他国家的进入壁垒。同样，俄罗斯正在利用太空纳米技术来推进卫星和其他设备的发展。

由于不是技术领导者，俄罗斯几乎没有能力与美国和中国的技术生态系统相比。它所面临的主要威胁是在技术积累和实施方面过于落后，从而因过度依赖外国平台而成为"技术殖民地"，这将使其市场饱和并阻碍国内替代品走向成熟。解决这一问题的最佳方法是通过将衍生品纳入国内技术生态系统中来建立技术储备。俄罗斯的大国特征，如其丰富的自然资源，必须被用来资助现代化建设。其庞大的人口为其提供了谈判能力，可以对外提出通过技术转让换取进入俄罗斯市场的机会。其先进人工智能的军事应用可以转移到商业安全领域，而该国的地理位置决定了与亚洲庞大的消费市场建立联系的必要性。此外，俄罗斯还可以利用其在太空技术领域的优势与中国等大国平等合作。总体而言，俄罗斯拥有在第四次工业革命中宣称自己是大国的必要工具。然而，俄罗斯实施战略的能力处于劣势：经济国策经历了70年计划经济的影响，随后是20世纪90年代的自由经济幻想。此外，俄罗斯必须在西方的经济胁迫下实现现代化，并努力与更强大的中国建立伙伴关系。

第二章 技术主权下的地缘经济：控制扩散

引言

科技就是权力。政府开发技术是出于建立领导地位的愿望和对落后的恐惧。在大国政治中,技术领导力历来至关重要,但传统上都是以军事技术为重点。自核武器发明以来,军事创新已经达到了毁灭性的程度,从根本上改变了以武力追求外交政策目标的成本效益计算。科技也增强了经济实力。这导致大国竞争从军事领域转移到经济领域,因为国与国之间经济联系的增强提高了经济治国的潜力。地缘经济意味着对市场的控制成为权力的来源,而不仅是对领土和军事力量的控制。

地缘经济学基于现实主义理论的假设,即国际无政府状态是无法超越的。在没有世界政府的情况下,国家是最高的主权力量,必须争夺权力才能在国际体系中生存。因此,地缘经济学拒绝了自由主义经济理论的基本假设,因为贸易和更广泛的经济连接主要是为了促进相对收益——也就是说,将自身的经济实力提升到其他国家之上。经济上的相互依赖并不能使各国避免国际竞争。相反,经济上的相互依赖可以被用作竞争的权力工具。相互依赖意味着国家在获得影响力的同时会失去一些自主权。然而，经济上的相互依赖很少是对称的，各国努力发展非对称性相互依赖，以最大限度地发挥其自主权和影响力。

创新技术是地缘经济的必要条件，也是任何发达经济体的存续必要条件。先进的技术为战略产业奠定了基础，战略产业被定义为具有保持自主性和创造他者依赖性的能力。此外，高科技产业由于面临较少的竞争而享有较高的利润。在国内，高科技产业以高技能和高薪工作的形式创造机会。相比之下，低技术含量的行业不会产生依赖性，而且由于竞争更为激烈，利润通常也较低。

本章从理论上阐述了为什么技术主权越来越多地定义了地缘经济力量，以及大国需要技术主权的原因。本章首先探讨了地缘经济学的现实主义理论假设，因为传统的权力平衡被转化为一种依赖性的平衡。地缘经济力量通过与其他国家建立非对称性经济依赖关系来实现自主权和影响力的最大化。科技为大多数战略产业奠定了基础，因为"自然"优势往往会被创新技术所掩盖。其次，由于新技术具有更大的市场力量，地缘经济力量在很大程度上取决于政府放慢或加快技术传播的能力，以扩大或缩小创新国家的先发优势。技术领导者和追随者采取不同的策略，支持通过创新或模仿获得技术，并协助实施以增加商业价值。最后，新古典现实主义理论打开了地缘经济学决策的"暗箱",它承认国际体系中的竞争力也取决于国内社会经济和政治稳定,这是调动内部资源实现外交政策目标的先决条件。本章得出的结论是,技术可以扩大或缩小全球不平等的状况,但这取决于这些技术的传播程度。

地缘经济与依赖平衡

地缘经济学是现实主义理论的政治经济学。地缘经济学一词经常被用作一个指代经济竞争的模棱两可的流行语。然而,这个术语可以有一个明确的定义,并得到既定理论假设的支持。地缘经济学的基本假设是,国家为了在无政府世界中生存而竞争相对经济利益。

地缘经济理论否定了有关贸易和经济一体化的自由主义理论假设。亨廷顿(Huntington)批评了自由主义的假设,他写道:"认为经济学主要是一种非零和博弈的观点是那些终身学者们最引以为傲的自负。"由于处在无政府状态,国际层面的贸易功能与国内层面的贸易功能不同;而无政府状态的定义是,缺乏一个能够维护秩序的最高主权者或世界政府。国家是最高的主权者,因此必须为生存而争夺相对的军事和经济权力。弗里德里希·李斯特(Friedrich List)、亚历山大·汉密尔顿（Alexander Hamilton）、古斯塔夫·施莫勒（Gustav Schmoller）、谢尔盖·维特（Sergei Witte）和19世纪的其他新重商主义者并没有拒绝亚当·斯密（Adam Smith）关于自由贸易好处的论点，他们只是试图将自由主义经济学与关于政治的现实主义理论假设相协调。新重商主义主要是把国家建设作为一种发展战略，承认国家在国际体系中的核心作用。弗里德里希·李斯特奠定了地缘经济学的大部分理论基础，认为由于国家之间的竞争，自由经济学不能应用于国际关系：

> 只要人类被划分成独立的国家，政治经济就会经常与世界主义原则背道而驰……一个国家如果以牺牲自己的特殊力量、福利和独立为代价去努力促进全人类的福利，那是不明智的行为。

在地缘经济中，权力平衡的现实主义概念转化为"依赖平衡"。在富人和穷人抑或国家间的任何经济关系中，与较贫穷一方相比，较富有的一方在关系中的利害关系较小。非对称性经济相互依赖关系使更强大的一方能够获得经济和政治上的让步。各国通过干预市场来发展有利的对称性，为国内公司建立特权甚至垄断地位，并保持他者对自己的依赖，同时使之多样化，避免过度依赖他者以剥夺其类似的优势。

现实主义者认识到，只有在权力均衡的情况下，和平与稳定才能存在，因为各国不会主动约束自己。地缘经济稳定同样体现在依赖平衡的情况下，因为任何一方都不能要求对方做出过多的政治让步。相比之下，过度依赖非对称的经济伙伴关系可以使依赖性程度较低的强势一方保持自主性，并向对方施加政治影响力。地缘经济理论与现实主义理论非常相似，认为世界将自然地趋向均衡，因为过度依赖非对称伙伴关系具有破坏性，所以是暂时的。由于会对主权产生不利影响，弱势一方通常有减少其经济依赖的动机。弱国将干预市场，发展战略产业并使经济连接多样化，从而减少对更强大的经济体的依赖。

地缘经济学代表着经济和安全的融合，用经济权力工具来促进安全利益。地缘经济学是地缘政治的经济学，因为在一个经济上相互依赖的世界里，"经济是通过其他方式对战争的延续"。赋予国家"利用经济实力实现外交政策目标的任务（为国家战略发展）带来了巨大的障碍……然而，如果战争太重要而不能交给将军们，那么在这种情况下，经济（的作用）也肯定太突出了，不能交给银行家和商人"。地缘经济学与基本的现实主义原则是一致的，因为"相互依赖"实际上是对相对收益的寻求，强国可以用来对弱国施加影响。国家和市场往往因其相互冲突的经济利益而产生矛盾。市场寻求绝对利益的最大化，即使国家在一个无政府的国际秩序中运作，相对权力对生存来说也是必不可少的。在探讨大国竞争的政治经济时，罗伯特·吉尔平（Robert Gilpin）认为，"今天的现实主义必然意味着新重商主义"。

地缘经济政策在用于获得影响力时是进攻性的，而在保护自治时则是防御性的。许多原始文献将地缘经济学定义为旨在减少对其他国家过度依赖的行动。施穆勒（Schmoller）将防御性新重商主义定义为"摆脱对外国人的商业依赖，因为这种依赖不断变得更具压迫性"，并培养经济自给自足。赫希曼（Hirschman）同样警告说：

> 中断与任何国家在商业或金融监管领域进行合作的权力，被视为国家主权的属性，是一个国家在其他国家获得影响力或权力地位的根本原因，正如它是"依赖贸易"产生的根本原因。

有观点认为"二战"后的自由主义国际秩序在某种程度上"超越"了过去，然而这只是暂时的现象。冷战掩盖了地缘经济政策，因为美国曾经的主要竞争对手是共产主义国家，这些国家在很大程度上与国际市场和经济战略脱钩。冷战时期的意识形态和军事对抗对资本主义盟国之间的地缘经济竞争起到了缓和作用。然而，到了20世纪80年代，美国及其西欧和日本的盟友之间的地缘经济竞争已经暴露出自由经济的脆弱基础。

冷战结束后，卢特瓦克认识到地缘经济的回归："现在看来，似乎所有人都同意商业手段正在取代军事手段——用可支配资本代替武力，用民用创新代替军事技术进步，用市场渗透代替驻军和设置基地"。权力工具不再是为了获得（国际）影响力而集结大军，而是需要"生产效率、市场控制、贸易顺差、强势货币、外汇储备，以及对外国公司、工厂和技术的所有权"。洛罗（Lorot）同样认为，冷战后的全球经济连通性导致了经济民族主义和地缘经济的回归：

> 各个国家——与本国企业一起——参与进攻性政策的制定和执行，以征服外部市场，并控制被认为具有战略意义的活动部门。对于当今的国家而言，对权力的追求和在世界舞台上的地位越来越取决于它们的经济健康状况、公司的竞争力以及它们在世界贸易中的地位。

第二章　技术主权下的地缘经济：控制扩散

科技与地缘经济的权力杠杆

第一次工业革命提升了地缘经济实力的重要性，地缘经济实力分为三类：战略产业、实体运输走廊和金融工具。纺织、钢铁、采矿和化工等行业形成了国际分工和经济依赖。汽船、铁路和运河开辟了新的运输走廊，促进了物理上的连通性。随着英国人寻求组织工业和交通的融资，以银行为主的金融工具蓬勃发展。总而言之，这三类地缘经济力量有助于在多元化但机会有限的行业中建立起垄断性的力量。

战略性产业的定义取决于其扭转依赖平衡的能力。由于多样化的可能性有限，战略性产业巩固了垄断，并产生了高度依赖。地缘经济力量是通过"发展在其他国家享有垄断地位的物品的出口，并直接与这些国家进行贸易"来获得的。约翰·洛克菲勒（John Rockefeller）有一个著名的论点，即垄断是财富产生的源泉，因为可替代的、竞争性的市场会压低价格，使消费者受益。此外，垄断允许经济权力转化为政治权力。例如，水果产业不是战略性产业，因为任何供应中断都可以通过寻找另一家供应商、自己种植水果以发展低技能产业，或用其他食材替代水果来解决。相比之下，由自然稀缺性定义的行业提供的多样化机会较少，而为供应商提供的政治权力更大。对战略产业进口的依赖有可能成为"商业第五纵队",因为它会导致进口国的经济精英对外国竞争力量的忠诚度更高。

战略性产业通常属于以下两类之一:高科技产业的人为垄断和自然资源等自然垄断(或者通过地理位置接近来增强竞争力)。由于具有先发优势,高科技产业享有暂时的垄断地位——可以通过减缓技术传播来延长这种垄断地位。美国和中国之间的技术竞争将降低它们建立垄断地位的能力,同时延缓技术的传播。根据获得垄断地位的能力,自然资源被分为不同的类别。运输石油相对容易,因此供应商面临来自全球的竞争。相比之下,由于天然气传统上是通过管道运输的,天然气出口商受益于地理位置的接近。技术进步使天然气能够液化运输,然而液化天然气(LNG)需要复杂且昂贵的基础设施和工艺,这使管道运输更具竞争力。核能需要结合稀缺资源和技术能力来开发利用。之前的工业革命引发了一场控制煤炭、石油、天然气和铀矿资源的竞赛。第四次工业革命将释放可再生能源的潜力,甚至是开采小行星,越来越多地将人造技术的战略产业的地位置于自然资源之上。

运输走廊具有战略意义,因为它们受到地理位置的影响,具有不同程度的可靠性和商业竞争力。控制运输走廊的国家可能会面临更大的贸易依赖风险,也可以通过向盟友提

第二章 技术主权下的地缘经济：控制扩散

供有利的通道或剥夺对手的使用权来获取政治影响力。海上运输、铁路和互联网等技术极大地改变了国家之间的物理连接。16世纪初，欧洲列强建立了通往中国的海上航线，从而一举控制了作为全球贸易动脉的世界战略水道和港口。控制制成品资源和市场准入的能力将欧洲大国转变为强大的帝国，并为其后五个世纪的全球主导地位奠定了基础。蒸汽发动机和苏伊士运河为欧洲海上强国提供了对国际贸易的更大控制权，但这受到俄国在19世纪末开发洲际铁路以连接广阔的欧亚大陆的威胁。1950年至1980年，运输和电信成本的大幅降低削弱了地理邻近性作为一种竞争优势在制造业中起到的作用。最近，中国于2013年发起的"一带一路"倡议及"数字丝绸之路"表明，中国正在削弱美国对作为地缘经济力量重要支柱的海上运输走廊的控制。第四次工业革命将使数字连通性日益成为全球经济的新动脉。然而，除了自动化港口、无人驾驶车辆以及支持北极贸易走廊的技术之外，几乎没有什么新技术可以进一步降低实物运输成本。

金融工具为合作和竞争创造了有利条件，金融和经济工具是地缘经济力量的重要来源。从大英帝国到美国控制下的布雷顿森林体系（Bretton Woods system），银行和货币已成为地缘经济霸主不可或缺的力量来源。中国正在通过建立新的贸易体系和开发银行，以及将本国货币国际化为美元的竞争对手来挑战美国的金融工具。第四次工业革命在地缘经济斗争中开辟了全新的战线，数字解决方案提供"没有银行的银行业务"和绕过本国货币的加密货币。金融和经济合作机制还包括贸易体制中概述的标准和法规，这些标准和法规在开发竞争技术时必不可少。提供集体谈判能力的经济集团变得越来越重要，并将越来越有助于建立由集体技术平台和立法空间支持的区域技术主权。

技术获取与实施

技术扩散是影响国际权力分布的一个主要因素。各国促进技术创新，"以在本国范围内实现利益最大化"。在第四次工业革命中，大国寻求建立技术主权，以获得有利的依赖平衡。由于创新技术为几乎所有行业和服务奠定了新的基础，技术主权确保国家不会因为过度依赖外国技术而失去自主权，并通过在较小和较弱的国家之间创造技术依赖来增加影响力。

创新者试图减缓技术的扩散，以扩大其先发优势，而跟随者则试图通过加快扩散来减少创新者的优势。理想情况下，跟随者实现"技术准备"，即开发外国技术的衍生品，并将其迅速引入国内技术生态系统的能力。由于只有相对较少的国家开发了绝大多数的颠覆性技术,其他国家只能依靠模仿和制造衍生品,以避免落后太多或过度依赖对手力量。拥有先进技术的国家能够教育或吸引人才在鼓励创新的文化和法治环境中工作。

作为目前这方面的领导者,美国享有广泛的先发优势,也为未来的竞争力奠定了基础。例如,苹果公司的智能手机为其提供了数十亿美元的利润,这些利润被用于进一步的研究和开发。此外,技术先进的国家可以"自然"地维持其领导地位,因为它们更容易从国外吸引技术熟练的劳动力,向其承诺在技术的尖端时代工作,并提供最具竞争力的薪酬。中国已经成为第四次工业革命的主要创新者。尽管美国拥有大部分顶尖的人工智能人才,但中国拥有更大的高技能人工智能人才储备。而且人工智能的突破可以被其他国家快速复制,其能提供的先发优势非常少,因此中国在这方面并不会处于劣势。中国在人工智能研究方面的进步正在缩小美国在该领域的领导地位的范围。国家对人工智能平台的控制势在必行,因为它为发展所有其他行业提供了巨大的竞争优势。事实上,大多数新的商业理念都可以归结为产品/服务"X"+人工智能(Product/service 'X' + AI)。

模仿是必要的,因为每个公司和国家都没有必要重复不必要的劳动。通过模仿,各国可以获得相应的技术知识,建立必要的国内技术生态系统，发展相关产业，培训工人，提供迅速采用新技术并开发衍生产品所需的政府支持。实现技术准备并不需要在技术或技能方面拥有"最好中的最好"。尽管创新型领导者享有不同程度的先发优势，他们也试图扩大这种优势，但拥有高度技术准备的追随者可以建立优先地位。如果技术迅速扩散，追随者无须承担创新者的沉重研发成本。如果追随者能够快速模仿和实施新技术，并将通常用于研发的资金引入资本密集型投资中，同时开发复杂的硬件作为进入壁垒，他们甚至可以建立领导地位。对于俄罗斯等可能只在少数利基技术领域和行业领先的跟随国而言，实现技术准备是一项谨慎的战略。虽然俄罗斯不是数字技术的领先创新者，但它是世界上极少数有潜力实现技术主权的国家之一。俄罗斯国内公司主导着俄罗斯的大部分数字基础设施，如被广泛使用的搜索引擎、电子邮件供应商、社交媒体、地图服务、打车应用程序、电子商务供应商等。相比之下，谷歌、亚马逊和脸书等美国数字平台在欧洲其他地区占据主导地位。

技术获取

渴望成为技术领导者的国家历来都通过干预市场来获取

和实施新技术。国家通过直接或间接的补贴和关税支持技术收购，使企业能够创新或迎头赶上。补贴是经济中的一项重要的地缘经济干预措施，因为"为国内技术发展提供国家资金，本质上是对独立的外国竞争对手的区别对待"。

国家通过为本国产业提供支持来直接补贴技术发展。这对重大的国家项目尤为重要，如太空竞赛或新的环保技术。尽管收购有助于迎头赶上，但要保持领先，需要在教育、基础设施和工程方面进行广泛而持续的投资。政府还通过为教育和公共使用的基础设施的特定部分提供资金，提供间接补贴。各国试图通过发展促进创新中心和生态系统的创意和全球城市、经济特区、高科技制造业技术园区、高等教育和创新中心的类似刺激措施，在国内培育创新。

间接补贴通常采取同样服务于公共利益的有形基础设施建设的形式。在美国，铁路和66号公路是利用公共资金发展经济和提高工业竞争力的项目。在第四次工业革命中，中国同样建设了能够容纳创新技术的整座城市。中国政府与百度公司合作，将雄安新区发展为一个人工智能城市。雄安将作为未来城市的原型，其基础设施将完全适应自动驾驶汽车。中国还计划在北京门头沟区的人工智能发展园区投资20多亿美元。

实施社会服务和执法改革也可以起到间接补贴的作用。

例如，中国的"智慧城市"越来越多地将人脸识别技术与闭路电视摄像机结合使用，以提高执法部门的监控能力。中国对与电动汽车行业相关的太阳能电池板的发展进行补贴。对创新的间接补贴还包括建设促进科学家、企业家、公司、投资者和政府之间的正式和非正式沟通的网络。政府通过支持和补贴这些举措来干预市场，同时通过消除繁文缛节和限制性立法来减少管理中的阻碍性存在，从而提高市场效率。

军方的技术转让是间接补贴的主要形式。军方通常是研究和公共研发资金的主要接受方。尽管各国在传统上担心敌对势力将民用技术用于军事目的，但在地缘经济时代，政府也会将军事技术作为一种间接补贴转让给商业部门。俄罗斯拥有先进的军事和航天技术，但商业部门的竞争力较弱。俄罗斯可以通过改善军事、政府和商业实体之间的合作，实现地缘经济的飞跃。俄罗斯军方在具有民用商业应用的人工智能和机器人技术方面取得了令人瞩目的进展。

太空探索很可能会发展成为一种间接补贴技术发展的新形式。冷战时期由政府资助的太空和军备竞赛为美国和苏联创造了创新技术。其中一个例子是美国的全球定位系统（GPS），这是一种基于卫星的无线电导航系统，拥有复杂的硬件，由于几乎没有几个国家拥有同等的技术能力，进入门槛很高。此外，GPS平台利用其先发优势，在世界各地

第二章 技术主权下的地缘经济：控制扩散

的技术平台中巩固了自己的地位，并因其普遍性而具有吸引力。由于与美国的敌对关系，苏联发展了一个独立的系统。其结果是俄罗斯格洛纳斯系统多年来一直是GPS的唯一战略替代品。格洛纳斯系统在2011年实现了全球覆盖，俄罗斯政府通过对在俄罗斯销售的支持GPS但不支持格洛纳斯系统的设备征收高额税费，将其作为国内技术生态的一个组成部分加以保护。太空是第四次工业革命技术的自然应用领域，这使克服以往的限制和障碍成为可能。此外，太空可以缓解社会动荡，它拥有一个不断灌输意义和共同目标的无穷无尽的边界，并象征着大国的地位。随着进入太空的壁垒降低，商业部门可能会做出越来越大的贡献。

关税和非关税壁垒也被用来保护国内产业，给它们提供了在国内市场走向成熟的喘息空间。非关税壁垒传统上涉及出于环境和健康原因而实施的过度监管。例如，俄罗斯和伊朗经常由于环境问题，阻止西方国家在里海（Caspian Sea）海底修建管道以获取中亚的能源资源。技术转让也可以以国家安全问题为由加以限制。冷战初期，杜鲁门政府试图通过设立需求咨询委员会和技术指导委员会来限制技术向苏联的扩散。1949年的《出口控制法》（The Export Control Act）同样授权美国商务部控制向东欧集团出口的货物。

目前，美国以国家安全为借口，限制华为公司的5G网络技术，并禁止政府的计算机网络使用俄罗斯的卡巴斯基（Kaspersky）防病毒程序。同样，俄罗斯通过要求领英（LinkedIn）等外国数字供应商在俄罗斯境内存储用户数据。在中国进行的地图绘制受到国家保密限制，谷歌的先发优势被限制，使中国版的网络地图获得了主导地位。对外国公司进行街道地图绘制的限制为中国开发商控制全球最大的自动驾驶汽车市场提供了关键的竞争优势。在俄罗斯，与谷歌相比，国内供应商Yandex也拥有更优越的国内地图服务地位。

随着中国在电动汽车领域的领导地位不断提高，中国很可能会出台环境立法，巩固其电动汽车在全球最大汽车市场的竞争优势。此外，一些天然壁垒的存在同样使国内企业具有优势。例如，尽管谷歌搜索引擎在世界各地普遍占据主导地位，但它在使用不同语言文字的国家并不享有同样的竞争优势。例如，谷歌对俄罗斯市场的渗透就比较有限，其中主要是语言的原因，但这间接帮助了俄罗斯国内供应商Yandex抢占了市场。2013年斯诺登披露的美国国家安全局（NSA）出于商业和政治目的而实施的大规模间谍活动表明，数字生态系统是每个大国都应该保持在国内控制之下的关键基础设施。

传统上，教育历来在培养普通民众应对经济和社会剧烈变化方面发挥着重要作用。高质量的教育、对科学的慷慨公共投资、容易获得的投资和创业文化都是技术领导者们的强大资产。政府还可以促进大学和企业之间在技术和技能转让方面达成更广泛的合作。由于工作环境和技术变化如此之快，越来越多的职业将开始类似IT行业，其员工必须不断地更新他们的教育。在20岁的最初几年完成教育后就可以为终身职业做好准备的时代即将结束。美国拥有许多世界上最好的大学，尽管维持这一地位受到了其基础设施、教育、公共研发质量下降的挑战。美国的大学教育也变得过于昂贵，沉重的教育贷款给技能提升带来了障碍。由于投资回报率低且社会安全网薄弱，年轻人将不太可能冒险以如此高的成本接受高等教育。美国面临的大部分问题都源于对军事化地缘政治的大量投资，而不是发展其地缘经济实力。

吸引技术先进的工作者正变得越来越重要。各国可能开始以非常规的方式争夺顶尖人才。例如，大使们的任务可能是在他们驻扎的国家发现和招募理想的候选人，将其作为积极的移民竞争的一部分。如果美国放弃其技术领导地位，它将开始失去许多从世界各地涌入美国为技术领导者工作的熟练工作者。美国大学领导地位的下降同样会减缓人才流向该国的速度。此外，大量移民到美国和欧洲所造成的人口变化和文化混乱，也造成了对移民越来越多的抵制。

发展强大的工作文化对技术进步至关重要。马克斯·韦伯（Max Weber）曾称赞新教的工作伦理给资本主义注入了努力工作和进步的精神。与大多数谴责物质富裕的宗教不同，经历了宗教改革（Reformation）的基督教为工作伦理和世俗成功提供了强有力的道德论据。1986年，当中国提出"致富光荣"的口号时，一场改革来到了这个国家。邓小平解释了他对唯物主义的认可：

> 按照马克思主义观点，共产主义社会是物质极大丰富的社会。因为物质极大丰富，才能实现各尽所能、按需分配的共产主义原则。

中国通过"人口红利"与东亚传统的工作文化和需求，取得了重要的竞争优势。除此之外，独生子女政策也是中国独特的工作文化的一部分：它给独生子女带来了巨大的工作压力，但父母也得以在独生子女身上投入更集中的时间和资源。

技术实施

为了将新技术应用于商业和军事领域，必须为研发提供必要的资金。智能手机的发明是一个典型范例，说明一种产品能够惠及广泛的消费者群体，并产生巨大的利润。而这反过来又生成海量的数据，对这些数据进行编译，又进一步开发这项技术及其应用程序。

对发达国家来说，将技术应用于商业行业有利有弊。那些拥有高薪工作者的国家有更大的动力采用新技术，实现自动化并提高效率。相比之下，以低薪劳动力为主的发达国家会发现，其产业对采用新技术的经济激励较少。等到这些技术变得更高效、成本更低时，低工资国家的技术基础设施将远远落后。

政府可以通过补贴的方法激励私营企业推动新技术实施。通过立法，允许企业核销技术升级的成本，并为其培训和管理提供配套支持，这对鼓励小型企业采用新技术尤为重要。一个典型的例子是：劳动力成本并不像预期的那样与工资水平相关，因为中国在机器人技术实施方面超过了绝大多数西方国家。这主要是因为中国为其企业实施机器人技术提供了大量补贴，以弥补低工资劳动力缺乏激励措施的问题。国家还可以通过"在萌芽阶段对其销售进行掠夺性融资"来支持新技术创新。

对领先的发达国家来说，实施颠覆性技术可能更具挑战性，因为这需要放弃曾经维持其领先地位的技术。对现任领先者来说，曾经的中短期优势可能会变成长期的劣势。技术领导者可能已经在维护和更新现有技术方面进行了重大的经济、政治、社会和文化投资。放弃现有技术平台的能力取决于它们在官僚机构、文化、熟练劳动力和权力阶层中根深蒂固的程度。不同的文化在新技术实施上的能力也有所不同。例如，日本以其对接受新技术的强烈文化开放而闻名。落后的发展中国家甚至可以跨越现有的技术。技术革命可以使欠发达国家在采用最新技术方面具有优势，因为它不会破坏现有的、根深蒂固的技术基础设施，以及商业和政治利益。

迄今为止，美国一直是领先的创新者，但中国在使用人工智能开发各行各业的产品和服务方面取得了更大的成功。美国的地缘经济领导地位很大程度上依赖于维护和维持现有的贸易、货币、商业银行和开发银行体系。这使美国立法者不愿为实施扰乱现有金融和经济秩序的技术提供政府和法律支持。相比之下，中国已经越过了信用卡，从现金变成了二维码支付。同样，发展中国家已经开始做出采用数字货币所需的变革，并接受没有银行的银行业务概念。短短十几年内，中国在电子商务市场的地位从默默无闻发展为全球领先，目前占全球电子商务交易的40%以上。中国移动支付的总金额是美国的11倍。由于现有银行和金融系统的巨大惯性，支付应用程序在美国并不容易实施。

美国军事历史证明了新技术实施会受到文化和组织层面

上的反对。军队的等级制度往往寻求稳定，而主要军事大国中强大的官僚机构使其更难采用颠覆性技术，尽管这些技术的发展处于领先地位。19世纪晚期，美国海军拒绝从木材过渡到钢铁，尽管后者在内战期间已然证明了其能力。海军要员和专业工程师甚至试图破坏这种新技术。现有的权力等级是基于文化和拥有专业技能的人的。蒸汽机"挑战了内战后海军职业理想化的文化、社会和技术自我形象"。因此，破坏稳定性和取代现有防卫的技术只能被犹豫不决地采用。

军用无人机等现代军用技术的落地也遇到了类似的阻力，因为无人机取代了飞行员这一通往高级军事和政治职位的职业。作为一个高度军事化的国家，美国将其大部分军事预算都用于维护和升级支撑其领导地位的现有技术，但这些技术可能很快过时。例如，航空母舰是一项旨在服役数十年的重大投资，但在短短几年就可能变得极易受到导弹、廉价的空中或水下无人机的攻击。在西方国家，国家在商业和军事领域实施现有技术的愿望也必须与更广泛的社会基于现状的既得利益相协调。相比之下，中国更加集中的决策过程使其能够将更多的预算分配给新技术的实施，而不是维持旧的和即将过时的技术。

扩大先发优势

技术领导者努力减缓技术扩散，以扩大他们的先发优势。相比之下，具有技术准备的追随者有很大的动力来鼓励技术更快地扩散。从历史上看，国家采用经济和军事胁迫来防止其技术的扩散，并保持其在现有权力平衡中的领导地位。

由于固有的进入壁垒减缓了向欠发达国家和非国家行为者的扩散，拥有复杂硬件的先进国家能够巩固权力。例如，生产核武器需要以稀缺、昂贵的资源和可裂变材料为依托的尖端专有技术。太空竞赛也存在很大的进入壁垒，只有技术先进的大国才有必要的资金和动力，这些大国将意识形态胜利和世界领导地位置于经济利益之上。相比之下，软件更容易扩散，因为它只需要被复制。在经济领域，像优步（Uber）这样的简单数字化应用程序的复制成本很低，因此企业和国家有动力围绕创新建立基础设施。例如，基于打车应用程序的企业可以对司机和汽车所有权进行控制，并开发自动驾驶汽车、电池充电设施和其他增值基础设施作为行业准入壁垒。

第四次工业革命中的技术可以通过复杂的硬件和基础设施来实施，从而在市场中建立先发优势。人工智能由软件组成,但它通常需要超级计算机作为复杂的硬件来开发或"训练"机器学习算法。因此,超级计算机的竞争将继续由中国和美国主导。海量数据的收集也是一个行业准入壁垒。然而,人工智能应用广泛,却不跨领域。例如,用于筛选求职者的人工智能通常不能用于驾驶汽车。人工智能的商业应用经验表明,它将迅速传播,从而限制了先发优势。

由于依赖外国直接投资,各国面临着创新和减缓扩散之间的两难境地。例如,限制中国对美国高科技产业的投资会削弱美国企业的创新能力,而接受中国的投资会带来技术传播速度更快的风险。由于私营企业追逐利润的本性,为商业目的开发的技术传播得更快,而为军事目的开发的技术传播得更慢。进入全球市场缩短了中国的学习曲线。例如,中国的北斗卫星导航系统的开发原因之一是中国参与了欧洲伽利略(Galileo)全球导航卫星系统。此外,中国还将外国进入其庞大的国内市场的条件设定为技术转让和企业合资。

大国能够遏制导致技术扩散加速的几个因素。谷歌在中国开发人工智能设施符合其追求利润的模式,并得到了谷歌作为一家全球公司而不仅仅是一家美国公司的身份的支持。如果研究人员理想化地寻求推动人类进步,他们更有可能公开发表他们的发现。特斯拉(Tesla)以环境保护为动力,提供技术以推动向电动汽车的过渡。该公司也可能有经济动机，希望在寻求扩大市场时利用其在新技术方面的进步所带来的协同效应。

政府有一定的能力限制私营公司向特定国家销售产品，还可以阻止其他国家建立先发优势，正如美国向其盟国施压以禁止华为公司的5G技术，以等待美国迎头赶上并提供相同的技术。掠夺性定价会使外国市场饱和，阻碍竞争对手的技术发展。与商业技术不同，政府拥有的技术和军事技术有更大的保护，因此扩散速度更慢。知识产权是通过为创新者提供更大的投资回报来扩大先发优势的一种手段。进一步扩大和实施知识产权的贸易协定或军事领域的不扩散协定也会减缓扩散速度。在硅谷，企业花费数十亿美元从持有可能推动其产品发展的技术的公司购买专利，或对竞争对手的公司提起破坏性诉讼以减缓其发展速度。技术的传播也可以通过建立国际分工来减缓，例如，当一个工业品出口国与一个自然资源出口国建立经济上的相互依赖关系时。

在军事领域，技术系统存在自然隔离，因为它们的混合会导致"技术泄漏"。例如，土耳其购买俄罗斯S-400导弹防御系统可能会危及F-35战斗机的技术。此外，军事和经济联盟通常会导致对采购的预期以及规避对手供应链的努力。因此，对技术兼容性的需求决定了未来的购买。

小结

地缘经济学认为,权力源于对市场的控制,而不是军事力量和领土。地缘经济传统上侧重于控制战略产业、运输走廊以及金融和经济合作工具。非对称性相互依赖使国家能够行使政治权力,这为敌对势力恢复依赖平衡制造了系统性的压力。各国政府可以通过发展地缘经济的权力工具和多样化经济伙伴关系来扭转依赖平衡,以避免过度依赖更强大的行动者。只有存在依赖性平衡和维持现状的愿望时,才能发展可持续的互利合作。

第四次工业革命将显著提高技术在地缘经济力量所有三个杠杆上的相关性。当前工业革命中的地缘经济主要涉及国家通过创新和模仿来影响新技术的获得和实施。国家努力减缓技术扩散以扩大其先发优势,或者加快扩散以迎头赶上。随着创新技术越来越多地定义国家的权力,技术主权成为获得大国地位的一个要求。

后续章节将根据本章概述的地缘经济原则来评估技术发展。随着大国回迁供应链,国际分工的碎片化将从根本上重组经济连通性,使之成为行使经济国策的基本要求。随着新技术打破了资本和劳动力之间的平衡、影响社会结构和制度,国家根据战略利益理性行事的能力将受到削弱。

第三章 技术民族主义与回流：国际分工的碎片化

引言

2019年5月，迫于美国政府的压力，谷歌暂停了与中国电信巨头华为的安卓许可协议。这被看作美国在针对中国的地缘经济战中的又一次"齐射"，美国科技公司已经被禁止向华为出售计算机芯片。阻止华为发展将是美国地缘经济战的一场重大行动，因为华为是5G技术的全球领导者，5G技术是通往物联网和人工智能领导地位的敲门砖。美国的种种行动传达了一个明确的信号：科技是大国竞争的工具，而不仅仅是商业的工具。

中国接收到了这个信号，本着负责任的态度作出回应，退出了依赖美国及其顺从盟友的技术供应链。回迁供应链需要中国发展自己技术，以取代以前进口的技术——从半导体到操作系统的所有技术。中国将需要发展技术主权以维护自身权力和安全，并确保自身的生存。中国还需要通过增加对其战略性产业施加的经济胁迫的成本来反击和阻止未来的侵略。这可以限制在工业领域，通过切断中国制造的供应和进一步限制电子设备中使用的稀土的出口来实现。或者，中国可以用其他地缘经济力量来惩罚美国。例如，在金融领域，

第三章 技术民族主义与回流：国际分工的碎片化

可以放弃使用美元；在贸易和军事事务中，可以扩大在中国南海的影响力，从而限制美国对海上走廊的控制。在一体化的全球经济中，国际分工的破裂不仅仅是一个关于中美两国的故事；更多的，它代表了一种可预测的发展，符合地缘经济理论和过往工业革命的经验。

乍看之下，自第一次工业革命以来，世界历史似乎沿着一条直线走向日益一体化的全球经济。自由经济体系建立在国际分工的基础之上，其中每个国家都专注于其特定的比较优势，然后与世界其他国家进行贸易，以获得绝对收益。自第二次世界大战以来，所谓的"自由主义国际经济秩序"在整个西方蔓延，而苏联的解体和中国的改革开放催生了一个真正的全球自由市场经济体系，其特点是全球价值链越来越复杂。经过三十多年的发展，在世界贸易组织（WTO）的规则下发展起一个共同的全球市场，世界似乎已经超越了过去，进入了自由主义理论预测的时代。仅在中国，通过致力发展这一基于比较优势的自由国际经济体系，数亿人获得了发展。因此，世界主要大国为何对国际分工感到如此不安，并干预市场以推进自给自足，是一个谜。

本章将探讨国际分工正在碎片化并让位于技术民族主义的原因。首先，国际分工是国际权力分配的反映。每个国家都能提高其比较优势的自由经济体系依赖地缘经济霸权的存在，而减少经济权力的集中会破坏国际分工。

其次，本章比较了前三次工业革命。第一次工业革命是在英国的技术和地缘经济领导下发展起来的，英国一取得领导地位就提倡开放市场和比较优势。废除《谷物法》有助于形成国际分工，从而加强非对称性依赖。同样，在第三次工业革命期间，美国政府在寻求明确的国际分工之前为其数字产业提供了强大的支持。美国宣布了"废除谷物法2.0"（repeal of the Corn Laws 2.0），以扩展其数字产业的知识产权，——也是其向低工资竞争对手开放市场准入所获得的回报。

如今，第四次工业革命出现在美国地缘经济领导地位受到中国挑战之际。冷战的结束使中国、俄罗斯和美国的其他前共产主义竞争对手能够进行经济治国，而其盟友则更愿意扩大其自治权并挑战美国。中国利用第三次工业革命的最后几年攀登全球价值链，现在已经可以挑战美国的技术领先地位。与此同时，美国一直无法将其地缘政治和军事联盟转变为地缘经济忠诚度。

最后，技术本身正在破坏国际分工。寻找类似于"废除谷物法3.0"（repealing the Corn Laws 3.0）的协议的做法是有问题的，因为技术先进的国家将不再需要在低薪劳动力方面与他国竞争。自动化和机器人技术正在推动各国重新部署其产业。然而，回流破坏了作为国际分工基础的资本和劳动力之间的平衡。

总之，第四次工业革命将由追求主导地位的技术领导国之间的强制性地缘经济学定义，从而破坏自由贸易和经济自由主义的条件。拥有高科技的大国将越来越多地寻求将供应链置于国内控制之下，而欠发达国家将看到它们在国际经济中的比较优势的下降。

权力与国际分工

国际分工是国际权力分配的反映。地缘经济霸权催生了清晰的国际分工，如果没有霸权维系，国际分工将会瓦解。

在国家干预市场建立技术领先地位后，霸权国家鼓吹自由资本主义，以巩固其比较优势，并将国际经济体系置于其领导之下。一个比较优势体系将霸权国家的低技能和低技术市场向国外竞争开放，进而在欠发达国家的市场建立技术领先地位。国际分工是减缓技术扩散的重要工具，因为它让领导者能够使欠发达国家的高科技市场饱和。在经济霸权下，市场自由化和明确的国际分工有一种自然驱动：

如果经济实力如此集中，以至于存在霸权国

家，就像19世纪末的英国和"二战"后的美国，一个"开放"或"自由"的国际经济秩序就会形成。在一个自由秩序的组织中，市场理性被赋予至高无上的地位。这并不是说这样的秩序没有权威，而是说权力关系以这样的方式构建是为了最大限度地发挥市场的力量，而不是约束市场的力量。

（Ruggie 1982：381）

合作与竞争往往同时存在，但国际分工促进了两者的发展。各国通过合作生产产品而成为伙伴，同时通过在全球价值链中的高技能和高附加值经济活动中展开角逐，进而成为竞争对手。市场体系在国内和国际层面的财富分配方面造成了等级分工。国内和国际社会中的每项劳动职能都被分开并划分为专门的功能。劳动分工形成了一个充满活力的富裕核心和一个较弱且具有依赖性的外围。核心国家的高价值经济活动和权力源于技术和经济的发展，而外围国家的发展则依赖于向核心国家出口自然资源或低技能制成品。霸权国家的地缘经济实力来自发达的核心和不发达的外围之间持续的非对称性依赖关系。核心国通过扩大外围的范围来创造更大的非对称性依赖，从而继续扩大权力。然而，生产技术的扩散往往会导致能够最终挑战核心国的新权力极的出现。

现实主义理论和地缘经济理论都认为霸权是暂时的。霸权稳定理论假设，当主导国将自己确立为能够缓解权力竞争的更高主权时，国际无政府状态就会减轻。同时，霸权国家本身就是一个争夺权力的实体。霸权国家必须平衡其作为国际体系管理者的角色与其作为国家行为者的角色，利用其管理者的地位来积累权力和维持霸权。当其维持霸权的努力削弱其管理国际经济体系的能力时，该体系就会解体。将其转化到地缘经济中，主导国可以通过保持国际经济体系的开放性来成功扮演管理者的角色。技术霸主有强烈的动机不滥用其对国际经济的权威来促进狭隘的国家利益，因为这种行为会滋生不信任，并鼓励其他国家脱离国际分工，以避免（自身）变得过于脆弱和依赖霸权。然而，当主导国相对衰落并遭遇竞争对手的竞争时，它更有动力利用其在国际经济中的行政角色进行胁迫，从而破坏对复杂供应链的信任。

当经济权力的集中度减弱时，"自由秩序预计将瓦解，其政权将变得更弱，最终被重商主义安排所取代"，在这种情况下，国家权力建立在市场力量之上。当外围出现新的权力极时，霸权国家面临两难境地，要么接受其主导地位正在消失的现实，要么通过限制崛起者在市场、行业、技术、运输走廊、金融机构和国际贸易货币等方面的准入来削弱后者的力量。如果霸权选择通过拒绝与竞争对手接触来巩固其在国际体系中的地位,那么新的挑战者将开发可替代的地缘经济权力工具,并拒绝之前的国际分工。

第四次工业革命发生在一个支离破碎的国际经济体系中,该经济体系对自由贸易的承诺较少,这一重大发展将使经济战略变得更加明目张胆和更具强制性。它将技术民族主义的地位提升到激励全球价值链的市场力量之上。

在经济自由主义的推动之下,全球化注定会因为两个关键原因而分崩离析。首先,经济自由主义依赖地缘经济霸权。美国的相对衰落迫使其更多地依赖经济胁迫,削弱了美国作为国际体系管理者的能力。其次,第四次工业革命正在破坏资本密集型核心与低技术劳动力外围之间相互依存的基础。具有自动化认知功能的创新技术继续将权力集中在资本上,而低技术劳动力变得不那么有价值。技术先进的核心国只对外围的低工资国家感兴趣,以便进入后者国内市场。然而,如果没有以出口为基础的发展战略,外围国家的经济增长将依赖通过进口替代来满足国内需求。

前两次工业革命

自第一次工业革命以来,国际权力分配越来越多地界定了国家之间的关系。贸易和其他国际经济的互联互通是在经

第三章 技术民族主义与回流:国际分工的碎片化

济霸权的管理下发展起来的,经济霸权控制着地缘经济的权力杠杆——先进战略产业的关键技术、商业运输走廊以及包括银行和主要贸易货币在内的金融和经济合作机制。

在第一次工业革命期间,由于政府大力干预以支持其工业,英国将自己定位为技术领导者。英国的工业政策得到了詹姆斯·斯图亚特(James Steuart)的支持,被视为"重商主义的科学形式"。英国政府利用保护主义、监管和补贴来支持英国的制造基地从起步阶段到达国际领先地位。协助英国商品出口发展的关税操纵、利率保证和铁路建设确保了工业产出,同时政府还利用其海上力量控制开采资源和销售制成品的国外市场。

一旦处于领导地位,英国就有动力接受自由市场原则,因为国际分工将巩固其技术领先地位。1843年,《谷物法》的废除标志着英国向自由市场的过渡。英国做出这一决定主要是出于开放外国市场和建立国际分工的需要,在这种分工中,英国将出口制成品,而欧洲大陆则将农产品出口到英国。如果没有自由贸易,英国就会担心德国和美国等国家会发展自己的制造业,从而削弱英国在技术方面的领先优势。向其他大国开放低技能农业市场使英国有可能主导制成品市场。通过鼓励潜在竞争对手专门从事原材料出口,英国的工业实力及其在国际市场上的高价值活动得到了加强。自由贸易服务于地缘经济目的，因为"世界上的农业国家可能会在英国的自由贸易帝国中获得利益"。在议会辩论中，有人认为英国作为技术领导者的自由贸易意味着"外国将成为我们宝贵的殖民地，而不会强加给我们治理它们的责任"。

大卫·李嘉图关于比较优势的自由经济理论很大程度上受到英国在这样一个体系中为自己创造的技术领先地位的启发。尽管有现实主义的系统性激励措施来倡导自由贸易，将其作为巩固技术领先地位和非对称性依赖的工具，李嘉图的理论还是借绝对收益的自由主义语言表达出来：

> 在一个完全自由的贸易体系下，每个国家自然会将其资本和劳动力投入对彼此最有利的工作中。这种对个体优势的追求与整个社会的普遍利益密切相关。通过刺激工业、奖励独创性以及最有效地利用自然赋予的特殊力量，劳动力可以得到最有效、最经济的分配；同时，通过增加总的生产规模扩散总收益，并通过共同的利益纽带和交往将文明世界各国的社会联系在一起。正是这一原则决定了葡萄酒应在法国和葡萄牙制造，玉米应在美国和波兰种植，硬件和其他商品应在英国制造。
>
> （Ricardo 1821：139）

第三章 技术民族主义与回流：国际分工的碎片化

欧洲的大国政治随后越来越被政治经济学所定义。工业革命使英国成为在欧洲占主导地位的制造业和工业中心，并赋予其重要的贸易实力和金融影响力。通过在不发达国家进行工业扩张，工业的先发优势得以扩大。欠发达世界有限的经济实力使英国能够将自己定位为占主导地位的世界贸易商、托运人和银行家。军事实力也有助于扩大先发优势。英国首相威廉·皮特（William Pitt）在议会中辩论道："如果美国人制造一绺羊毛或一块马蹄铁，我会用船只填满他们的港口，用军队填满他们的城镇。"

自由贸易的意识形态随后在减缓技术扩散方面发挥了重要作用。德国经济学家弗里德里希·李斯特认为，发展中国家可以通过临时补贴和关税来发展新兴产业，从而对经济进行有利干预，直到它们在国际市场上具有竞争力。李斯特主张将锁国作为一种发展战略，进而使后面的开发商在国际体系中获得更有利的地位。李斯特思想的核心是这样一种观念，即在一个分裂为诸多国家的世界中，国家必须确保经济服务于国家利益。让人担心的是，自由贸易只会维持核心和外围之间的非对称性依赖关系，而殖民化会逐渐侵蚀这些国家的主权。因此，李斯特拒绝支持英国倡导自由贸易的意识形态，认为这只是一种"过河拆桥"式的霸权主义战略：

任何人到达伟大的顶峰之时会踢开他所爬上去的梯子，以剥夺别人在其后爬上的途径，这是一个常见的聪明之举。这就是亚当·斯密的世界政治学说的奥秘所在，也是与他同时代的伟大的威廉·皮特，及其在英国政府中的所有继任者的世界政治倾向的奥秘所在。

美国著名政治家亨利·克莱（Henry Clay）在1832年也发出类似警告，"自由贸易"等同于向英国殖民势力屈服：

所谓自由贸易，无非是利用我们所享有的巨大优势，为我们的制造商垄断他国所有的市场，并阻止他国成为制造国。

（Williams 2011：221）

亨利·克莱的思想被转化为美国体系，成为补贴其工业化的主要工具。美国体系基于地缘经济的三大支柱：发展国内制造业基地、建设铁路和交通基础设施以及建立国家银行。李斯特将美国的经济民族主义定义为反霸权主义，他认为：

英国经济的目标是为全世界制造，垄断所有制

第三章　技术民族主义与回流：国际分工的碎片化

造力量，甚至不惜牺牲公民的生命，通过政治管理及其资本、技术和海军优势，使世界特别是其殖民地处于萌芽状态和附庸状态。美国经济的目标是使三个工业部门协调一致，没有这三个产业部门，任何民族工业都无法达到完美……它的最终目标是自由、独立和强大……英国的民族经济占主导地位；美国的民族经济只渴望独立。

（List 1885：167-8）

同样，亚历山大·汉密尔顿认为，如果美国要发展自己的国内工业基础，就不能依赖自由贸易。汉密尔顿认识到经济自给自足对国家建设至关重要，并认为国家有必要摆脱对英国的过度技术和经济依赖，以保持其政治独立。随后，在关税的支持下，美国强大的工业化遏制了英国将美国中西部和中美洲转变为其非正式属地的野心。从1865到1932年，美国通过高关税保护国内工业力量，成为技术和工业的领导者。

第二次世界大战后，国家的制造能力和作为组织结构的"大企业"的出现使新兴的美国公司能够主导技术领域。美国的技术领先地位取决于美国成为创新、资本和熟练劳动力的中心。有一段时间，由于潜在竞争国家的"人才流失"，（美国的）这种领导地位得以自我维持。来自世界各地的最优秀和最聪明的人来到美国领先的科技公司工作，他们为突破性的创新做出了贡献，并获得了丰厚的报酬。

即使是看似基本的创新，如联运集装箱，也在"二战"后推动了经济一体化。1956年，马尔科姆·麦克莱恩（Malcolm McLean）将一艘"二战"时期的美国油轮改装，使其能够搭载58个拖车，从而发明了集装箱运输。如今，一艘货轮最多可装载数万个单独的集装箱。麦克莱恩的发明给全球价值链带来了最重大的变化之一。几个世纪以来，物品都被单独装载到船上。海运集装箱极大地缩短了运输时间，降低了运输价格，使出口商在服装等非复杂物品市场上具有竞争力成为可能。此外，标准化多式联运集装箱的使用加深了世界各地市场之间的联系。与在道路两侧行驶的汽车或轨距偏差不同，标准化集装箱适用于世界各地的汽运和船运。由于可以从越来越远的目的地运送更多种类的物品，拥有合适港口的城市的经济意义迅速增长，并在全球价值链中占据重要地位。

数字革命

在第三次工业革命初期，美国确立了其作为全球价值链中高科技创新者的霸权地位。电子行业的技术引领了向日益复杂的全球价值链的转变。这一过程始于20世纪60年代，当时很多公司都开始将半导体的生产和组装外包给拥有大量低薪工人的东亚。

20世纪70年代西方的经济停滞进一步激励企业和政府共同构建全球价值链，以最大限度提高企业效率，并使最先进的国家能够保持其地缘经济领导地位。贝尔（Bell）在《后工业社会的来临》（*The Coming of Post-Industrial Society*）一书中预测，随着制造业社会让位于由技术专业精英统治的服务业，商品经济将转向信息经济。这样一个后工业社会或"知识经济"将更多地依赖科技进步，而不是物质商品。这增加了政府采取"发展主义"政策的压力，这些政策支持新技术的开发及其向国内企业的转让。这导致了知识机构进行更高强度的开发以及对研究和知识产权的竞争。

随着个人收入和技能的提高，负责制造和组装电子元件的东亚大国开始培养受教育程度更高的人口。然而，由于缺乏富有挑战性和高工资的国内工作，20世纪60年代和70年代对经济发展需求不适应的人才外流到美国。各国只能通过对在全球价值链中"爬上阶梯"进行干预，才能扭转这一趋势。强大的政府支持以及与韩国和日本的大型垄断企业集团的合作都侧重于对高价值活动的投资，以及建立国内公司和技术平台。

同样，西欧使用大量补贴来攀登技术阶梯和全球价值链。例如，西欧的航空公司从其政府那里获得了大量补贴和几乎无息的贷款，使它们能够在与美国同行竞争之前能够以亏损状态运营。空客公司（Airbus Industrie）以牺牲纳税人的利益为代价，一度以每年1美元的价格向美国东方航空公司（US Eastern Airlines）出租其23架A300客机，从而在美国市场上实现了渗透和增长："就像过去让年轻人穿上军装去征服领土，今天纳税人被说服补贴工业征服计划。"西欧的航空公司很快成为世界领先的航空公司，而没有政府支持的美国航空公司则被推向破产。德国随后使用这种方法来促进其汽车、通信、超导体和其他战略产业。

直接和间接补贴促成了能够维护全球主导地位的大型科技公司的出现。新工业革命中的关键行业，如制药、化学和生物技术，通过公共支出获得了充足的资金。为了培养能主导全球价值链的技术领导者，大规模并购被允许。

硅谷作为一个有机技术中心的神话完全源于美国的创业精神和自由市场力量，这掩盖了一种利用军事技术增强商业竞争力的地缘经济策略。第二次世界大战后，美国政府投入数十亿美元发展高科技领导力，以在经济、军事和意识形态上超越苏联。硅谷成为一个主要受益者。成本被社会化，而利润以专利的形式被私有化。在地缘经济时代，军费开支可

第三章 技术民族主义与回流：国际分工的碎片化

以成为间接补贴的一个来源，因为公共资金流向了企业。许多军事技术是由硅谷的承包商所开发的，这些承包商随后获得了专利，并将该技术用于商业部门。虽然专利法旨在为研发创造投资回报，专利战却被用来发展垄断。获得专利只是为了阻止竞争对手，而拥有大批律师的大公司可以利用专利法将小公司卷入他们无力承担且没有时间等待的诉讼中。

美国全力支持其领先的国际公司巩固其全球主导地位，放弃自由市场资本主义，转而成为所谓的"隐藏的发展型国家"。这些企业在美国、西欧和日本大力游说，要求修改法律和税收政策，并争取外国直接投资，以构建最有利的全球价值链。在美国，国会一揽子计划（the Congressional Package）和1986年的《美国经济复苏法案》（the US Economic Recovery Act）使国内企业能够将其价值链的各个部分出售和外包给工资较低、劳动法较为宽松的那些国家。相反，美国公司将资本集中在利润更高的全球价值链上层。同样，成立于20世纪90年代初的欧盟旨在增加外国直接投资，并像他们的美国同行那样重组处在供应链前端的国内企业。此后，欧盟公开讨论了像"欧盟2020战略"（EU 2020 Strategy）这样的支持行业的政策。

通过增加对知识产权等无形资产的关注，并减少价值较低的有形资产的份额，美国、欧洲和日本的公司在整个20世纪80年代和90年代迅速发展。这一时期的特点是从制造业向服务业过渡。1991年至2010年，来自中低收入国家的制成品在美国从20%增加到50%，在英国从9%增加到22%，在德国从8%增加到23%，在日本从21%增加到52%。

专利竞争在新技术竞争中发挥了重要作用。美国通过以低成本向私营企业出售由政府资助的机构开发的技术创新成果和专利，为其科技公司提供了间接补贴。例如，1980年的《拜杜法案》（Bayh-Dole Act）等立法允许公立大学为其创新成果申请专利。随后，具有更广泛的社会用途的公共研究资金被置于私营公司中，以限制其使用并限制竞争。美国、欧盟和日本从20世纪80年代和90年代起加强了国内专利法，并试图通过追求与贸易有关的知识产权（TRIPS）将其扩展到全球。这些努力在关贸总协定乌拉圭回合（the Uruguay Round of GATT）中取得了成效，并在世界贸易组织中得以制度化。随后，通过延长获得专利保护所需的时间，技术的扩散速度减慢，从而加强了先发优势。

盟国冷战的结束

冷战的结束催生了地缘战略思维的复兴，意识形态和军事冲突的重要性让位于地缘经济，成为大国竞争的焦点。拥有卓越技术和经济主导地位的美国公司开始以美国主导的全球价值链的形式在其核心周围吸收一个大大扩展的外围。然而，地缘经济紧张局势开始升温。此前，冷战缓解了西方盟国之间由地缘经济竞争造成的紧张局势。美国面临两难境地，既要容忍欧洲和东亚盟国瓜分其市场份额，以显示西方集体战线；又要保持其在西方联盟中的经济和技术主导地位。

到冷战结束时，美国已经越来越不愿意接受欧洲和东亚盟国的产业政策。由于日本在数字技术方面的主导地位，美国对日本的反应更为剧烈。日本企业集团得到了政府的公开和秘密支持。政府调拨资金，提供优惠贷款，并通过各种手段将外国竞争对手阻挡在国内市场之外。同时，还为基于出口的发展战略提供补贴。随着日本攀上技术阶梯和价值链，美国利用国家力量来应对其技术和经济领导地位受到的威胁。日本在20世纪50年代向美国纺织品发起挑战，在20世纪60年代向美国钢铁和合成纤维发起挑战，并在20世纪70年代至90年代在电子消费品、汽车和半导体领域展开了激烈竞争。美国以"美国制造"（Made in America）作为汽车行业的比较优势，激发了经济爱国主义。尽管如此，日本成为世界芯片供应领导者的能力更为重要，因为第三次工业革命表明，数字技术是在未来行业取得领先地位的关键。

美国随后指责日本不公平的贸易行为和技术盗窃，日本遭受"惩罚"，美国恢复了技术的领先地位。美国还设法将日本过度的安全依赖转化为地缘经济杠杆。1985年，美国对日本半导体征收100%的关税。1987年，东芝产品在美国被禁售3年。1989年，日本被要求通过向美国开放专利来共享半导体技术。1991年，日本不得不同意将美国在日本半导体市场的份额翻一番，达到20%。尽管美国将不公平贸易行为作为借口打击日本的半导体产业，美国还是为国内生产商提供了强大的支持，以重申其国际领导地位。

西欧国家也开始担心美国和日本在数字时代建立领导地位。随着数字技术在经济中变得日益重要，西欧国家也试图减少对美国和日本技术的过度依赖。他们担心"技术殖民"，因为美国和日本跨国公司在欧洲的直接投资只创造了低技能和低薪的工作，这削弱了欧盟对本地和国际人才的吸引力，并降低了欧洲生产衍生产品的能力。换言之，投资和劳动分工与《谷物法》的废除有着惊人的相似性。欧盟随后倾向于采用类似于日本的产业政策来支持战略性高科技产业。具有讽刺意味的是，随着俄罗斯市场向欧洲公司和技术开放，西欧同时向俄罗斯宣扬自由放任式资本主义的优点。

对手之间冷战的结束

冷战期间,由于共产主义阵营在很大程度上与国际市场脱钩,大型欧亚对手之间没有明显的地缘经济紧张关系。随着冷战结束,能够制衡美国的大国开始采用经济国策。

中国最初实施的产业战略是通过鼓励技术扩散和攀登全球价值链来追求"迎头赶上"。低工资优势和汇率优势有效地将全球制造业转移到了中国。与此同时,中国鼓励外国公司与国内公司成立合资企业,鼓励中国企业学习外国的管理经验和技能。中国开始在地缘经济力量的三大支柱——制造业、运输走廊和金融工具——的基础上建立自己的"体系",旨在重构产业链体系。

中国以"数字丝绸之路"补充了"一带一路"倡议,其中包括人工智能、量子计算、大数据、云技术、纳米技术和其他数字技术。中国在数字丝绸之路上投资约2000亿美元,正在通过海底电缆和在数字基础设施不足的国家安装宽带来加强其数字基础设施。数字增强还包括将其北斗卫星网络从17颗卫星扩大到35颗,以实现全球覆盖。

2013年启动的"一带一路"倡议发展了大型基础设施项目,并将陆路和海上运输走廊置于中国的影响之下。这些基础设施项目改善了中国与欧洲之间的经济连通性,并将中国与能够提供所需资源并成为中国出口市场的发展中国家更紧密地联系起来。此外，这些基础设施项目在发展投资银行等金融工具、将人民币作为贸易货币国际化以及建立有利的技术标准和贸易制度方面发挥了重要作用。

俄罗斯因信奉自由市场原则而陷入"自由分工陷阱"，通过出口能源和进口制成品，俄罗斯走上了去工业化的道路。此外，俄罗斯过度依赖与西方的非对称性经济伙伴关系，这导致了俄罗斯在欧洲的边缘化。西方甚至试图通过减少欧洲对俄罗斯能源资源——俄罗斯与欧洲关系中唯一的战略产业——的依赖来进一步扭转依赖平衡。俄罗斯逐渐寻求经济联系的多样化，以减少对西方的过度依赖，转而寻求将"大欧亚"与中国相结合的地缘经济战略。俄罗斯也遵循中国的发展模式，接受李斯特和汉密尔顿倡导的经济发展政策。

第四次工业革命的双重脱钩

第四次工业革命正在造成国际分工的双重脱钩。由于新技术的可用性以及对技术和地缘经济领导地位的竞争，各国被激励回迁全球价值链。发达国家与发展中国家以及发达国家之间正在发生分裂。

传统上，技术创新通过降低地理的重要性来推进更加复杂的供应链的形成。20世纪50年代的海上运输和20世纪70年代以来的国际金融领域的创新进一步使跨国公司能够主导并确立全球战略。日益交织的全球贸易体系似乎是科技进步的必然结果。然而,第四次工业革命的技术改善了当地的生产。这促进了灵活性和便利性,并利用了在国内生产商品的经济民族主义诉求。

技术创新激励着全球供应链的回流。数十年来,各国将生产和其他价值链活动离岸外包给低工资、低成本国家并以此作为竞争优势,这一趋势似乎正在放缓甚至逆转。随着机器人变得比发展中国家的低薪工人更具竞争力,"回流"越来越多地进入英语词汇。"工业4.0"(Industry 4.0)是指一种高科技生产方式,涉及机器人技术、3D打印、物联网以及与第四次工业革命相关的其他技术。拥有先进技术和基础设施的发达国家在制造业方面正日益获得优势——而不是那些唯一优势是低薪劳动力的国家。然而,离岸外包的做法不会结束,因为它提供了一种接近和进入国外大型市场的手段。

基础设施的主要变化是转向更接近终端市场的区域生产。使用3D打印软件来替代产品设计所需的传统技术技能往往会简化全球供应链。例如,汽车行业被认为拥有世界上最复杂的供应链之一,每辆车包含来自数千个供应商的20000多个零部件。相比之下，洛克汽车公司（Local Motors）在2016年推出了一款3D打印的自动驾驶汽车，该车在单一地点生产。一家名为Pix Moving的中国公司使用AI设计车辆并上传到云端，并将指令传输到可以在任何位置打印车辆的3D打印机。作为对因离岸外包而导致的薪资停滞和失业工人阶级的回应，在立法过程中可以通过经济诱惑来支持回流的过程。然而，大多数回流的工作将交由机器人而不是人类工人承担。

回流破坏了第一次工业革命后建立的国际分工的基础。"亚洲四小龙"和中国之前采用的发展模式将不再同样适用于越南或孟加拉国等国。由于过度依赖低技能职业，如服装行业等特别容易受到自动化制造影响的职业，印度尼西亚、菲律宾、泰国、越南和柬埔寨多达1.37亿名工人（约占其全部劳动力的56%）受到技术进步带来的失业威胁。

发达国家和发展中国家之间的不平等可能会加剧，并扭转自非殖民化以来持续存在的消除差异的过程。权力将集中在拥有尖端技术的发达国家，而发展中国家从致力发展自由贸易和保护知识产权中获得的收益将减少。此外，对非熟练劳动力需求的减少将降低对外国工人的需求，进而减少流入发展中国家的汇款。在美国工作的中美洲人、在俄罗斯工作的中亚人，以及大量从农村涌入并能够推动中国制造业繁荣发展的劳动力的汇款减少，将造成重大影响。塔吉克斯坦比世界上任何国家都更依赖汇款。2018年，在俄罗斯工作的塔吉克斯坦国民寄回家的钱占该国全年GDP的29%。

然而，人工智能和机器人技术也为发展中国家提供了一个历史性的机遇，使它们能够转变过去过度依赖其在全球价值链低端地位的经济模式，进而实现跨越和转型。例如，移动电话使欠发达地区摆脱了对固定电话基础设施的高额投资，互联网改善了没有银行分行地区的金融服务，并为发展技能型经济提供了在线教育，智能农业技术帮助效率低下的农业社区变得具有竞争力。然而，以前依赖出口型发展战略的低工资国家会对全球经济有何贡献？

在亚洲以外，出口在GDP中的重要性一直在下降——可能会因为制造业的自动化继续下降。以出口为基础的发展战略必须被满足国内或地区需求的开发技术平台战略所取代。主要制约因素是获得资本和培养熟练的劳动力。随着发达国家进入市场的利益减少，发展中经济体必须限制其市场，并鼓励进口替代和技术民族主义。非洲的增长主要由国内需求而非出口推动。因此，低工资国家可以从保护其国内市场免受进口饱和的战略中获益。发展中国家必须对选定的战略产业和金融基础设施征收临时补贴和关税，它们应该争取集体谈判权，并与本区域的类似经济体实现经济一体化。

有争议的技术领导力与分裂网

美国通过开发人工智能和建立可出口的技术平台而建立的数字领导地位最初似乎也为在第四次工业革命中轻松领先铺平了道路。与美国政府在退出之前为硅谷提供临时支持的数字革命不同,第四次工业革命将需要对市场进行更大的干预,以支持国内产业。这将不可避免地挑战国际分工。越来越明显的是,为了让美国保持与中国竞争的实力,美国需要承诺对国内产业提供长期的大规模支持。对美国产业的直接和间接支持,以及胁迫世界其他地区与美国供应链联系起来,将有助于进一步瓦解全球供应链。

"分裂网"(splinternet)一词意味着互联网的巴尔干化[①]。2018年9月,谷歌前首席执行官埃里克·施密特预测"互联网分叉"(bifurcation of the Internet)将导致一个互

---

① 巴尔干化(Balkanization)原本是一个地缘政治术语,意指地方政权在诸多地方之间的分割,及其所产生的地方政府体制下的分裂现象,也称为"碎片化"(Fragmentation)。随着社会的发展以及外部环境的变化,"巴尔干化"的应用范围得以扩展,不仅适应于地缘政治领域,而且在互联网领域以及组织管理领域也都存在相应的"巴尔干化"现象,意指某种情境下的割据与隔离。——译者注

联网由美国主导,另一个互联网由中国主导。一段时间以来,中国一直试图在全球范围内建立中国数字技术标准,以规避美国主导的网络基础设施,并减少中国公司对外国专利和许可的依赖。俄罗斯在发展国内数字生态系统和国家互联网方面取得了进展,以确保所有连接都通过政府节点。如果欧盟在其内部问题中"幸存"下来,它似乎也有可能发展一些技术自主权。以技术民族主义或技术区域主义的形式发展共同的技术生态系统,并以此作为国家建设的现代基础,将有助于欧盟实现其成为欧洲合众国(the United States of Europe)的联邦主义雄心。

随着各国政府越来越多地将关键技术定义为关键基础设施,全球价值链将被回迁。人工智能为技术主权创造了强大的动力,因为它需要收集大量数据,这形成了隐私和国家安全问题。即使是亚当·斯密和约翰·斯图尔特·穆勒(John Stuart Mill)也主张在国家安全利益允许的情况下限制国际贸易。并行的数字基础设施成本高昂且效率低下,但国家之间的竞争可能导致重大的技术和经济挫折,因为双方都试图击败对方,可能会导致各国停止共享技术。中国正在制定预案,以防美国切断其供应链。中国必须使其贸易走廊和能源供应商多样化,不在战略产业上依赖美国技术。中国正在从以前的发展战略转型,建立基于其巨大市场、数据获取和大量资本的竞争优势。中国还将其从制造商那里获得的巨额贸易顺差投资于高科技产业，予以补贴。

中国高度依赖作为其数字产品重要组成部分的半导体的进口。美国将其在该行业的领导地位视为国家安全资产。美国军队是最初的芯片大客户，并催生了硅谷。2018年，美国禁止国内公司向中兴公司（ZTE）出售芯片和知识产权，中兴是一家中国的智能手机和其他电信设备制造商。这向中国发出了一个明确的信号，即对美国零部件的依赖将使美国拥有在必要时摧毁领先的中国企业的能力。

很明显，中国要想超越美国成为技术领导者，就必须减少对美国制造的零部件的依赖。同样重要的是，美国需要确保日本、韩国等半导体产业高度发达的盟友不帮助中国发展自己的产业。美国要想采取一种非侵略性的做法，就只能依靠市场力量在研发方面保持领先于中国。然而，这已经不可能了。美国可以推动自由贸易协定和知识产权保护，以确保中国不模仿或采取不公平贸易措施，但美国将不得不利用自己的不公平贸易行为和经济胁迫来遏制中国作为创新者的崛起。

随着美国的行动进一步刺激中国减少对美国零部件的依赖，中国的技术安全困境变得显而易见。对华为公司的攻击是利用贸易战遏止中国公司领先的一个典型例子。华为的5G技术比美国公司开发的技术领先约一年，而且这种差距

第三章 技术民族主义与回流：国际分工的碎片化

可能会扩大。加拿大应美国当局要求首先逮捕了华为的首席财务官，随后又禁止了华为产品的流通，并要求其盟国服从。然而，中国对迅速回迁供应链的反应已经在酝酿之中。《中国制造2025》行动纲领明确提出要建立更大的技术自主权，到2020年将国产核心零部件和材料的份额提高到40%，到2025年提高到70%。过度依赖英特尔公司（Intel）、博通公司（Broadcom）、高通公司（Qualcomm）、美光公司（Micron）、美国西部数据公司（Western Digital）和英国ARM公司的处理和内存芯片被认为是一个不可容忍的漏洞，必须加以纠正。同样，中国将减少对谷歌的安卓系统的依赖，将其替换为中国自己的操作系统，并且/或者与俄罗斯的极光（Aurora）操作系统合作，作为欧亚一体化集体技术平台的一部分。关于在俄罗斯销售拥有属于俄罗斯的极光操作系统的华为智能手机的讨论表明，一个旨在减少对美国依赖的技术联盟正在形成。华为还与俄罗斯的大学进行合作，以确保为顶尖人才提供机会，从而防止人才外流到西方。

在整个冷战时期的政治和军事对峙中，美国能够利用其与盟国之间的巨大权力不对称来确保他们的忠诚。然而，当削弱了较弱国家建立自身经济实力的能力并将他们置于永久保护国地位时，致力于将地缘政治团结转变为地缘经济团结就会成为问题。可以预期，欧盟将与美国保持距离，并维护其自治权。否则，只要继续充当美国的小伙伴，欧洲就会回到冷战状态，继续成为美国的附庸。德国和欧盟也因美国的过度军国主义政策而疏远。此外，随着德国和欧盟的贸易向东方转移，国家利益的定义将发生变化，并改变外交政策。

迄今为止，美国在维护其地缘经济权力杠杆方面基本未能获得盟友的支持。时任美国副总统的迈克·彭斯（Mike Pence）在慕尼黑安全会议（Munich Security Conference）上辩称："如果我们的盟友越来越依赖东方，我们就无法确保西方的防御。"这次演讲中提及欧洲人对中国电信巨头（主要是华为）建立的5G网络的依赖。这一发展意义重大，因为5G网络将形成物联网、自动驾驶汽车和第四次工业革命中其他技术的"神经系统"。此外，网络供应商可以访问前所未有的海量数据，用于开发人工智能或传输给安全部门和情报机构。尽管爱德华·斯诺登的泄密事件已然证实美国科技公司已经为其政府创造了后门渠道，中国政府仍极有可能直接与国内的科技公司合作。欧洲大国公然无视美国的警告，继续实施中国5G网络的计划。类似的事态发展已经出现。2015年，美国向其所有盟国施加巨大压力，谴责中国邀请他们加入亚洲基础设施投资银行（Asian Infrastructure Investment Bank，AIIB）——简称亚投行，以替代国际货币基金组织（IMF）和世界银行（World Bank）。大多数美国的主要盟国反而通过签署（加入）来谴责美国。美国前国务卿马德琳·奥尔布赖特（Madeleine Albright）辩称，美国"搞砸了"，因为"突然之间，每个人都参与其中"，美国被孤立了。意大利随后决定加入中国的"一带一路"倡议。尽管受到美国的强烈反对和制裁威胁，德国和欧盟仍继续推进北溪管道（North Sream）建设，而土耳其和其他国家则不顾美国的制裁威胁，承诺购买俄罗斯的S-400导弹系统等武器。面对美国继续与伊朗进行贸易的威胁，欧盟已开始开发自己的支付系统，以确保不会受制于美国的域外制裁。

小结

在苏联解体后，自由主义理论预言美国将引领全球经济的持续一体化。将时间快进到2017年1月，中国领导人在达沃斯世界经济论坛（World Economic Forum in Davos）上发表讲话，坚决捍卫自由市场和全球化的优点，与日益增长的美国保护主义形成鲜明对比。当前的国际形势表明，支持自由贸易和国际分工的意识形态只是权力的反映。当存在地缘经济霸权时，自由的国际经济体系就会出现，因为国际分工巩固了其对战略产业、运输走廊和金融工具等地缘经济权力杠杆的控制。第四次工业革命正在发生，美国和中国正在决定谁将成为未来地缘经济领导者的技术上展开竞争。此外，技术作为地缘经济力量工具的重要性日益增加，使得技术主权成为大国地位的先决条件。

单一治理体系下开放统一的全球市场将很快成为过去。作为两个大国，美国和中国将在很大程度上推动供应链的回流，以限制其脆弱性和对彼此的技术依赖。随后对全球经济造成的破坏将产生更广泛的后果，因为美国和中国都希望其他国家在其技术和地缘经济力量杠杆下运作。然而，冷战式的两极权力分配不太可能形成，因为地缘经济忠诚的获得不同于通过军事实力确保弱国的地缘政治忠诚。俄罗斯等大国将寻求通过谈判建立伙伴关系，主要是与中国。如果这些大国在维护技术主权时与俄罗斯国内技术平台结成伙伴关系，它们将优先考虑中国的技术。因此，国际分工将不仅仅受到市场力量的影响。

大国的目标是在全球经济中获取更多的高价值经济活动，雇用自己的工人，拥有最好的技术，避免不利的非对称性依赖。随着制裁、剽窃、补贴和保护主义的肆意实施，当前自由经济体系的贸易规则将继续瓦解。如果没有明确的竞争规则框架，互利合作也将瓦解。

第四章 科技巨头与威权主义国家的崛起：夺取生产资料

引言

随着大型技术生态系统取代之前的产业，谁将夺取生产资料？随着互联网产业对传统产业的改造，数字领域正在征服物理世界。在未来几年，数字平台将吸收所有行业中的企业的产品和服务。那些提供搜索引擎、社交媒体、电子商务和其他数字平台的企业将越来越多地征服交通运输、物流、可再生能源、金融服务、支付服务、新闻、农业、食品制备、零售、建筑、太空探索、制造业和其他看似（与数字领域）无关的行业。

谁控制了人工智能和大数据，谁就能控制未来的产业和其他地缘经济的权力工具。拥有高处理能力和获得大量数据的科技巨头正在为前所未有的资本密集型垄断奠定基础。取代人力的数字技术以高固定成本作为准入壁垒，以微不足道的可变成本作为范围经济的激励。基于高固定成本和低可变成本的市场，就像19世纪的铁路一样，削弱了竞争，并释放了资本主义中的垄断冲动。在以前的工业资本主义时代，垄断企业旨在通过直接竞争的公司之间的横向兼并和同一供应链内的纵向兼并来提高效率和封闭竞争。在数字工业主义时代，由于范围经济的存在，所有行业的产品和服务都在数字

第四章　科技巨头与威权主义国家的崛起：夺取生产资料

平台下合并。生产力的集中使得大国必须发展自己的技术生态系统，以维护其主权和大国地位。

本章将首先论证技术进步增加了大公司的市场力量和政治力量，以至于它们可以挑战国家的权威。科技巨头压倒性的市场力量将使它们愈加无法被治理，除非将它们解散或置于国家的控制之下。解散科技巨头会降低它们在国际市场上的竞争力，而将其国有化则可能催生腐败和专制的政府。其次，本章指出，由于范围经济的出现，权力的集中将被放大，这也解释了为什么数字平台会吸收看似不相关的行业。一个行业的技术平台可以被用来征服以前不相关的行业。本章最后认为，交通运输业很可能会成为一个关键的催化剂，使科技巨头能够在其控制下整合技术生态系统。本章的结论是，政府正朝着将科技巨头转化为与国家保持一致的企业的方向发展。一个更加专制的国家通过使用广泛的监管来控制私营行业，利用私营行业对民众施加越来越大的影响，并使用更有力的地缘经济工具在国际上施加影响。

科技巨头的市场力量和政治力量

科技巨头作为资本中心的崛起重新提出了一个关于资本主义的老问题：企业在什么时候会过于庞大？国家面对大型和有影

响力的公司时面临着两难境地：它们可以更有效率，这是在国际市场和政治中获得影响力和权力的必要条件，但大型公司也在国内政治中拥有更大的影响力，甚至可以挑战国家的权威。

若大公司不再受到国家的制约，那么该如何确保它们对国家利益保持忠诚？政府如何确保对硅谷有利的就是对美国有利的？过去，政府往往在核电和太空探索等新技术方面起主导作用。现在，私营企业占据了主导地位，与国家的关系和对国家的忠诚度都模棱两可。在全球运营的企业可以破坏国家，因为他们"几乎不需要对国家表示忠诚，把国家边界视为正在消失的障碍，并把国家政府视为过去的残余，其唯一有用的功能是促进精英的全球运营"。在许多情况下，科技巨头的发展得到了大量公共资金和国家支持，帮助他们取得了巨大的影响力。如何确保对科技巨头有利的东西也对国家和人民有利？政府是否应该防止关键技术的扩散？世界是倾向于美国的公司国家模式还是中国严格的监管模式？无论哪种方式，要想获得地缘经济实力，政府和企业之间必须进行合作。

我们可将19世纪工业向石油的转变及其影响与当前向数字技术的转变作比较。石油产业作为一个具有垄断潜力的战略行业，由于其多元化的可能性有限，加上其对财富的集中和对资产的控制，使得石油企业能够通过控制整个供应链来扩大和控制市场。例如，约翰·D.洛克菲勒通过经营石油和相关行业成

第四章 科技巨头与威权主义国家的崛起：夺取生产资料

为美国历史上最富有的人。洛克菲勒收购了包括开采、运输、提炼、零售和批发在内的整个业务流程。这种商业模式促使洛克菲勒家族产业涵盖了可提供（有别于传统）自然资源的矿业，用于运输能源的铁路、航运服务、石油管道和油库、炼油厂，为企业融资的银行，以及其他具有良好协同效应的行业。控制整个供应链提高了效率，有助于为竞争对手制造障碍。

垄断

市场竞争能将商品价格压低，消费者从中受益，这还能迫使企业进行创新、提高效率以降低成本。而从历史上看，垄断会导致财富集中、政治腐化，并削弱创新。

学界对资本主义的一个关键批评是，自由市场竞争只是一个暂时的、过渡的阶段。随着时间的推移，资本的集中降低了工人的谈判能力。资本的集中可能会产生在国际舞台上争夺主导地位的卡特尔[①]。列宁（Lenin）由此得出结论，

---

① 卡特尔（cartel），又称垄断利益集团、垄断联盟、企业联合、同业联盟，是垄断组织形式之一，是为了垄断市场从而获取高额利润，生产或销售某一同类商品的厂商通过在商品价格、产量和市场份额分配等方面达成协定从而形成的垄断性组织和关系。——译者注

帝国主义是资本主义的最后垄断阶段。19世纪末，大公司取代小公司的趋势为关于自由市场的暂时性质的理论提供了依据。在两次世界大战期间，凯恩斯出版了其专著《自由放任主义的终结》(The end of laissez-faire)，从技术和经济的角度论证了若生产单位变得过于庞大，将导致经济趋向于生产集合，垄断者正在维护自身的利益。同样，吕斯托（Rüstow）主张对因技术或自然原因而形成垄断的行业实行国有化。

固定成本高而可变成本低的企业更容易发展成为垄断性企业。第二次工业革命中铁路的大规模扩张对第一次工业革命后出现的自由主义经济理论造成了干扰。知名的经济学家意识到，市场力量正在撕裂工业，并促进垄断的形成。19世纪末，美国著名的经济学家密切关注并研究了铁路行业的发展，结果发现铁路公司之间的竞争实际上造成了混乱，而并未使这个行业健康发展。1893年，三分之一的铁路公司已经陷入了破产的困境。经济学家开始担心市场力量的破坏性影响。批评者认为，应该允许这些大公司通过形成由国家监管的垄断、信托或卡特尔来保护自己免受过度竞争的影响。

到了19世纪后期，大公司很显然已经积累了足够的权力来挑战国家并侵犯个人自由。亨利·亚当斯（Henry Adams）警告说，私人资本的集中破坏了民主和国家主权：

第四章 科技巨头与威权主义国家的崛起：夺取生产资料

在美国，人们普遍认为，企业远比伊利湖（Erie）大得多的那一天即将到来——在世界历史上从未有过这样的权力掌握在普通公民手中……（企业）在创造了一个不易察觉而又不可抗拒的腐败体系之后——最终将成功地指导政府本身。在美国的社会形态下，不存在能够有效抵抗这些企业的权威。为了对付这些企业，国家政府必须承担基本法拒绝赋予它的权力——即使如此，它也有可能组建一个绝对的中央政府，而这个中央政府迟早会落入它正在努力逃脱的（垄断型）企业的手中，并破坏对其权力的限制，只是为了让腐败无所不能。

布鲁克·亚当斯（Brook Admas）认为，答案是国家要行使经济国策来保护个体并在国际事务中竞争，因为国家在未来会成为"一个巨大的公司，其业务是为其成员提供物质利益"。一个国家强大的行政能力被认为是协调国家利益和市场的必要条件。标准石油公司（Standard Oil）成为一个主要案例研究，说明了"要么成为规模较小、竞争力较弱的公司，要么成为规模较大且腐败程度更高的公司"的两难境地。根据美国最高法院关于反垄断法的裁决，标准石油公司于1911年被拆分。

第一次世界大战之后，一个新的经济体系似乎正在形成。"合理化运动"（Rationalisation Movement）在通货膨胀肆虐的魏玛德国发展起来，此时经济正在成为国家权力的工具。由于其个人收入、储蓄和财产实际价值遭受了损失，中产阶级已被摧毁，而企业则有权使用膨胀的通货去偿还债务和更新设备。此外，企业被组织成大型和专业的单位，使德国成为世界领先的技术和制造强国。随后，人民、企业和国家之间的关系发生了重组。强大的工业部门被置于国家控制之下，以确保其始终服务于公众利益，并可以用于国际权力竞争。法西斯主义者劫持了反映新技术现实的政治经济。杜波依斯警告说："除非英国和美国追随德国的脚步，否则他们永远无法指望在技术生产和分销方面与其竞争。"

科技巨头已经积累了前所未有的市场力量。在美国，谷歌以近90%的市场份额主导着互联网搜索市场，而脸书则控制着近80%的社交网络市场份额。正如马克·扎克伯格（Mark Zuckerberg）在2018年向美国国会作证时所承认的那样，就社交媒体而言，脸书没有真正的替代品。苹果的iPhone和谷歌的安卓（Android）控制着移动应用市场，而谷歌和脸书有效地建立了在线广告的双头垄断地位，使他们能够支配市场条件。亚马逊同样正在取代传统的"实体"零售商，其结果是，美国大约三分之一的购物中心将在未来几年内关闭。这些大公司所涉足的业务范围非但没有缩小，反而越来越大，其垄断地位日益巩固。诺贝尔经济学奖获得者约瑟夫·斯蒂格利茨（Joseph Stiglitz）对科技巨头日益增长的市场力量提出警告：

> 新技术巨头掌握市场力量的潜在后果比我们在20世纪末看到的任何情况都更为严重和有害。然后，SWIFT、标准石油公司、美国烟草（American Tobacco）、美国食糖提炼公司（American Sugar Refining Company）以及美国钢铁（US Steel）等公司所拥有的市场力量允许他们抬高食品、钢铁、烟草、糖及石油的价格。现在不仅是价格的问题。每当脸书改变其算法，即决定个体看到什么以及看的顺序的方式时，这个新科技巨头的市场支配力的存在就会得到最显著的体现。一种新的算法可能会导致媒体渠道的迅速衰落，也可能会创造（当然也可能终结）触及海量受众的新方式。
>
> （Stiglitz 2019：124）

挑战国家权威

高科技和自然资源在创造高度依赖性方面非常相似，因为在两者范围内所允许的多样化程度较为有限。然而，高科技产业更有能力篡夺政治权力，因为它可以寻求合法的政治影响，而不仅代表关键基础设施。高科技是一个复杂的产业，由比民主机构更了解数字产业的专家领导。更确切地说，科技行业可以很容易为自己的立法辩护。硅谷的公司能够获得更多的立法空间，因为它们在经济中所占的份额越来越大。硅谷日益强大的将官僚吸纳到自己阵营的力量进一步增强了这种影响力。毫无疑问，虽然只有高科技公司本身有能力充分了解市场这一前提是正确的，但让它们控制立法的解决方案等于让狐狸来看守鸡舍。然而，政府却把监管互联网的责任（例如仇恨言论）转移给科技公司。当强大的科技公司被赋予规则制定和（市场）治理的权力时，民主不可避免地受到影响。因此，通过将公共利益委托给私营企业，（市场）治理被私有化。

科技巨头们所谓的忠诚也值得怀疑。随着华盛顿和硅谷之间的差距越来越大，美国作为单一行为体的地位受到挑战。高科技界倾向于将政府视作障碍，认为政府应该让创新者自由地改变世界，而政府则希望确保对硅谷有利的东西同时也对整个美国有利。此外，为了实现创新，政府必须与科技巨头合作，因为美国政府无法提供与这些私营企业相同的工资。

监控技术可以用来对付自己的人民，而武器技术会引发明显的道德问题。无论好坏，这些道德问题通常由公司董事会而并非美国军方或民选官员来解决。同样，当联邦调查局（FBI）试图强迫苹果公司解锁一部手机时，政治与技术的差距也很明显。硅谷的公司普遍存在的国际化思维使得它们认为自己是全球性公司，而不单单是美国公司。华盛顿和硅谷之间的脱节可以通过更多的投资和合同来弥合，使相互依赖关系逐渐向政府倾斜。

2013年斯诺登的爆料使得高科技公司对来自政府的合同更加谨慎。谷歌甚至宣布不会与五角大楼续签军事项目Project Maven的合同，Project Maven项目使用AI分析来自无人机拍摄的画面。一封泄露的电子邮件显示，某位谷歌员工建议："如果政府想让一家公司为不道德的目的开发一些软件，我们应该自愿去做……我保证最后（完工）期限会延后几十年，我们永远不会生产任何具有远程功能的产品。"美国政府面临的一个关键挑战是确保其公司与国家利益紧密结合。美国国防部高级研究计划局（DARPA）不断增长的预算给谷歌带来了不小的压力，因为这些资金很可能会流向亚马逊这样的竞争对手。另外,政府可能会制定更强有力的立法来限制市场力量,并对美国的科技巨头实施控制。

演变为国家冠军企业

少数接受国家支持的大公司将决定经济的走向和健康程度。科技巨头正以各种形式演变为所谓的"国家冠军企业"。这是为了解决确保大企业在国际上发挥影响力同时在国内保持忠诚这一两难困境的一种尝试。国家冠军企业是既要寻求利润又要促进国家利益的大型和强大的公司。除私营企业将获得不可接受的市场力量的潜力外,在道德层面也有需要限制其在其他领域的发展的理由。对于通过生物技术和基因操纵来改变人类的技术,或者通过地球工程对地球进行实验的技术,(政府)不太可能完全信任自由市场,赋予其过高的权限(来开发)。

俄罗斯上了一堂关于国家和战略产业之间重要关系的速成课。美国支持的激进"休克疗法"(shock therapy)改革将从共产主义到自由市场资本主义的过渡转变为一场犯罪革命。20世纪90年代寡头的迅速崛起赋予了少数个体通过控制自然资源、商业、媒体和政治来挑战国家权威的权力。这些寡头没有任何动机提供苏联时代的能源折扣来促进与邻国

第四章　科技巨头与威权主义国家的崛起：夺取生产资料

更好的关系。寡头们没有利用国家的经济资源来促进公共和国家利益，而是利用他们对国家的影响力来促进各自的商业利益，从而违背了俄罗斯的利益。寡头们成为国家安全的挑战，因为外国势力，尤其是美国和英国，正在向他们示好。俄罗斯似乎有沦为殖民地的迹象，因为这个国家被寡头们控制，而寡头们越来越多地受到外国势力的影响。俄罗斯似乎也有可能走向政治激进主义，怀旧的共产主义者和激进的民族主义者将成为名誉扫地的政府的强大对手。另一些人则预测这个国家会像几年前的苏联那样崩溃和解体。

　　普京担任总统后，就立即通过将寡头手中的自然资源收归国有的方式来解决这些问题。莫斯科对日益恶化的局势做出了回应，宣布将让那些干预政治生活的寡头们为20世纪90年代犯下的罪行负责。2003年，俄罗斯最富有的寡头米哈伊尔·霍多尔科夫斯基（Mikhail Khodorkovsky）被捕，当时他正准备将其"石油帝国"的大部分股份出售给埃克森美孚（Exxon Mobil）和雪佛龙-德士古（Chevron-Texaco）。普京对战略产业的观点可以追溯到他在圣彼得堡国立矿业学院（St. Petersburg Mining Institute）读书时发表的论文，他在论文中主张将能源公司合并成大型的"国家冠军企业"。大型国有能源公司被认为是与西方大型跨国能源公司竞争的必要条件之一，但同时也要防止它们损害国家和俄罗斯人民的权威和利益。

在第四次工业革命中，俄罗斯对数字平台采取了类似的做法，以避免强大的公司违背国家利益，或落入外国势力的控制之下。例如，作为"俄罗斯的谷歌"的Yandex在与克里姆林宫谈判后，同意成立一个"公共利益基金会"，以确保企业利益与人民和国家保持一致。随后，国家在Yandex内部获得影响力，以限制外国所有权。此外，Yandex公司还受到压力，要求与国有银行和人工智能领域的国家领军者俄罗斯联邦储蓄银行建立伙伴关系，以架起Yandex与国家间的桥梁。

欧洲现在面临着解散大型科技公司或将其国有化的两难境地。法国总统埃马纽埃尔·马克龙（Emmanuel Macron）认为，科技公司正在变得"太大而无法管理。这是从未出现过的情况。所以在这一点上，你可以选择拆分。这就是最初在石油行业存在这些巨头时会发生的情况。这是一个竞争的问题"。然而，马克龙倾向于将人工智能等敏感技术国有化：

> 我希望人工智能被完全联邦化。为什么这样说？因为人工智能是关于颠覆和处理颠覆的影响的议题。例如，这种颠覆可能会影响一些部门的

大量工作，并产生对人员进行再培训的需求。但人工智能也可以成为解决方案之一，更好地培训这些人，帮助他们找到新的工作，这对我的国家来说是好事，而且非常重要。我希望我的国家能够在跨学科基础上建立这种关于人工智能的新视角：这意味着数学、社会科学、技术和哲学的交叉。这绝对是至关重要的。

（Thompson 2018）

在美国，前总统特朗普谴责科技公司的审查制度和它们的政治活动。劳拉·英格拉姆（Laura Ingraham）等保守派人士认为，推特和脸书等科技公司应该像公用事业公司一样运营。就连脸书的联合创始人克里斯·休斯（Chris Hughes）甚至也呼吁政府解散或监管脸书，因为它已经积累了一定程度的市场力量，以及随之而来的其CEO马克·扎克伯格"不受限制"的权力。人们对杰夫·贝佐斯（Jeff Bezos）也有类似的担忧，他在五角大楼建立了稳固的立足点，并收购了《华盛顿邮报》（*The Washington Post*）来控制宣传，以此保护自己的科技帝国。

而斯蒂格利茨等人则认为，严格执行法律可能会限制科技巨头的市场力量。例如，收集大数据是为了评估个人愿意支付多少钱,并相应分配价格。人工智能和大数据的市场功能可以通过将价格歧视定为非法等方式来减弱。对于诸如识别具有成瘾性格的人以诱使其前往拉斯维加斯(或以其他形式)赌博的掠夺性行为,也可以采取同样的措施。

威权国家

技术就是权力,由于范围经济,第四次工业革命使这种权力集中在少数人手中。允许私人公司控制这种权力损害了国家和人民的利益,但将这种权力的一部分转移给国家可能会产生自身的腐化作用。此外,在私营公司之间的权力分享安排中,人民的权利也会受到损害。将大数据保存在私营企业而不是政府手中毫无意义:斯诺登的披露表明,美国政府无论如何都会通过后门渠道进入企业平台来获取数据。

因此,根据杜波依斯的说法,美国面临的挑战是发展一种仁慈的工业民主。发展类似于第一次世界大战后德国的经济国策将对美国产生深远的影响。自由主义和民主依赖"经济无政府状态",其中个人经济自由是政治自由的基础。工业需要被"合理化"为与国家紧密合作的大型专业部门,这将不可避免地与作为美国身份内在组成部分的民主权利和自由主义相冲突。托洛茨基曾警告说,自由市场资本主义会面临生产力日益提高的工业力量带来的日益增长的压力。他写道，"竞争的渐进作用导致了托拉斯和辛迪加的畸形集中，而这反过来又意味着经济和社会矛盾的集中"。法西斯主义的幽灵隐约可见，"因为通过接种民族主义尸体上的病毒来拯救经济生命的尝试，最终会导致血液中毒——法西斯主义"。美国前总统罗纳德·里根（Ronald Reagan）曾警告说，法西斯主义可以通过自由主义来实现："法西斯主义鼓吹私有制、崇尚私营企业，但完全由政府控制和监管。这难道不是自由主义哲学吗？"最终，政府和大企业日益趋同，前者试图确保后者服务于国家利益，这实际上类似于法西斯主义视角下的政治经济学。

开放经济体的竞争力已经转化为政治自由主义。然而，第四次工业革命似乎赋予了威权国家竞争优势。大国们已经有强烈的系统性动机来缩减政治自由主义。中国的举国体制开启了更多的经济自由，因为中国允许开发更广泛的技术。中国的举国体制使其能够更多地试验新的金融工具，例如，如果技术创新造成问题，当局可以迅速实施监管。

尽管美国在传统上抵制垄断，但对中国来说，由于政府具有权威性，其对垄断更容易监管。鉴于这些对于发展更加威权国家的强烈激励，可以预期美国未来会朝着这个方向发展。

范围经济

范围经济指的是企业联合生产两种或两种以上产品的生产成本低于这些产品单独生产的成本总和。范围经济"基于专有技术的共同和重复使用，或专业和不可分割的有形资产的共同和经常性使用"。尽管在过去有很强的经济动机将供应链组成要素外包出去，但新技术为将它们带回同一个平台创造了经济动机。此外，人工智能和大数据的日益普及使得将众多行业整合到一个单一的商业结构中变得有利可图。

自由市场原则似乎不适用于现代高科技行业，因为数字平台的固定成本很高，而可变成本较低。19世纪的"铁路经济学"表明，开发和管理铁路基础设施的固定成本很高，增加铁路货运的可变成本却很低。随后出现了扩大业务范围的巨大激励措施。因为影响定价的边际成本没有考虑到必须支付的固定成本，还存在价格下降的危险。因此，19世纪美国铁路公司之间的竞争导致了破坏性的破产，因为大多数固定成本与产出无关，当竞争压低价格时，公司无法支付维持经营所需的高额固定成本。

铁路经济学模型对现代高科技产业非常重要，因为基础设施的开发和实施成本非常高，而可变成本曲线是平坦的。可变成本通常包括劳动力、公用事业和材料。以依赖体力劳动为特征的行业具有较低的固定成本和较高的可变成本。与铁路经济学一样，在数字化和自动化的世界里，可变成本变得越来越低。

固定成本高的行业更容易受到掠夺性定价的影响，因为容易从破产的竞争对手那里获得回报。首先，规模越大越好，因为固定成本与所提供的商品或服务的数量无关。其次，在这类行业中，只需将销售价格降低到固定成本以下就更容易将竞争对手推入破产境地，让竞争对手无从调整。最后，一旦对手破产，垄断者可以吸收竞争对手的基础设施，并设定自己的价格，因为市场的新进入者会被巨大的固定进入成本和需要大量的交易量来实现收支平衡所吓阻。因此，政府的角色不是在固定成本高的行业中实施破坏性竞争，而是管理和监管这些垄断和卡特尔。

用自动化和机器人取代人类劳动，为合并以前被认为不相关的行业创造了动力。软件开发和使用超级计算机训练人工智能需要资本密集型投资，但"将产品交付给100名还是100万名用户"对边际成本的影响很小。在线搜索引擎的开发有很大的固定成本，但（拥有）服务更多客户的能力并不会增加显著的边际成本，只会提升服务器的需求容量。

数字平台也自然倾向于形成垄断，因为使用平台的人越多，其提供的连接就越多，对用户来说就越有价值。例如，脸书和推特等社交媒体公司之所以更有吸引力，只是因为"每个人"都在使用它们。随着越来越多的用户和司机连接到优步平台，优步变得更具吸引力，以确保乘客或司机能够快速访问。在人工智能时代，平台通过增加用户数量来降低固定成本，从而获得训练算法所需的海量数据。

利用一个行业的平台来主导一个以前不相关的行业的能力，进一步推动了数字平台的垄断冲动。例如，在线搜索引擎正在进入手机、电动汽车、自动驾驶、支付和银行服务、房地产、零售、餐馆和快递服务市场。随着高科技产业逐渐吸收所有可以自动化的产业，比较优势的整个逻辑被颠覆了。比较优势不是指专注于一个行业，而是发展"无所不能"的技术生态系统。通过整合各种行业，大型数字平台变得越来越相似，并成为直接的竞争对手。

平台垄断与技术生态系统

将各种服务集中在一个单一平台上的第一阶段仅限于数字服务，它们在物质世界中没有显著的存在。例如，谷歌提供搜索引擎、电子邮件、日历、照片存储、地图和其他主要局限于数字领域的服务。作为领先的搜索引擎，谷歌在数字日历方面的领先地位自动随之而来。因为便利，将服务集中

第四章 科技巨头与威权主义国家的崛起：夺取生产资料

到单一的数字平台为消费者增加了价值，而谷歌则利用资本密集型的服务来锁定竞争。此外，对大量数据的访问会为所有服务带来额外的价值。这种商业模式并不是基于为客户提供更便宜的服务，因为这些服务大多是免费的。相反，收益来自提取尽可能多的数据，以供广告商销售和使用的能力。因此，在构建平台时，开源程序和软件通常是免费提供的。

扩展平台的第二阶段需要合并和收购其他没有直接竞争关系的数字平台。数字革命以信息技术为先导，起初是个人电脑。随着智能手机取代电脑成为最常用的上网设备，数字领域逐渐吸收了各类数字技术。比如，人们之前将摄影视为一种化学过程。数字技术相继吸收了音乐、电影和许多其他行业。智能手机进一步推动谷歌等公司收购其他专注于移动软件、社交网络、广告、地图、人工智能、移动支付、虚拟现实、云计算、大数据等领域的公司。随着每一次收购，垄断地位都会通过增加挑战市场领导者所需的资本数额而加强。随着越来越多的用户被吸引到平台上，交叉补贴成为一项关键竞争优势。

扩展数字平台的第三阶段需要占领以前只属于物质世界的服务。例如，物联网促使谷歌投资Nest开发恒温器、烟雾探测器、智能门铃、智能锁和安全系统等智能家居设备，这些设备可以通过手机或智能手表进行数字化控制。在以前所未有的速度提取数据方面，物联网是革命性的。将实物与数字基础设施连接起来，然后延伸到智能制造、智能农业、智能能源和其他领域，数字基础设施使用传感器捕捉实时数据，并通过人工智能提高效率。同样，通过实时监测人们的身体，医疗物联网（The Internet of Medical Things）将彻底改变健康产业。此外，商品互联网将改变制造业，因为3D打印、机器人技术和其他自动化制造工具将即刻生产通过电子商务平台订购的产品，并提供快速且自动化的交付服务。交通运输业则将这些行业中的大部分连接，成为交叉补贴的催化剂。

案例研究：交通运输业作为催化剂

在过去的10年中，智能手机因其广泛的应用、可观的收益和前所未有的数据收集能力而引领了创新，而得到改进的网络连通性与其他行业产生了巨大的协同效应。因为具有扩展技术生态系统的能力，交通运输业很可能成为未来几年科技创新的关键催化剂。

就数字平台征服以前仅属于物质世界的行业而言，交通运输行业的转型具有里程碑意义。自动驾驶汽车市场预计将成为一个价值数万亿美元的产业。英特尔公司预测，到 2050 年，自动驾驶汽车市场可能成为价值 7 万亿美元的"出行经济"（passenger economy）。相比之下，当今顶级汽车公司的价值约为 6500 亿美元。由于零售、电子商务、制造、可再生能源、支付系统和其他看似不相关的行业间的协同效应，科技巨头进军交通运输行业也意义重大。随着网约车公司替人们做出有关交通系统的关键决策，甚至城市规划也将越来越多地超出政府原本的计划。政府为了重新确立对城市规划的控制权，将需要对网约车平台进行更严格的监管。更重要的是，掌握技术和掌控交通运输业将促进产业与服务业的横向融合。在少数科技巨头的垄断控制下，交通运输业已成为推动科技生态系统发展的催化剂。搜索引擎和社交媒体正在利用其现有技术作为在交通运输业中的竞争优势。

美国：领军者

2018年全球最大的5家公司都是美国的科技巨头——苹果、亚马逊、Alphabet（谷歌）、微软和脸书。美国的科技巨头和个人企业家正在开发和整合具有垄断力量的大型科技生态系统。比如，亚马逊专注于积极收购新兴企业。但当企业不愿意出售时，亚马逊会利用其巨额收入采用掠夺性定价，使资本储备较少的竞争对手破产。在经过几次这样的事件之后，小公司吸取了教训，当亚马逊以教父般的方式向他们提出"无法拒绝的报价"时，他们会顺从地出售。谷歌也同样收购了人工智能初创企业和各种数字平台，以增强自身能力，淘汰竞争对手。

美国的科技巨头们认识到，企业未来的增长和主导地位将取决于他们吸收交通运输业的能力。谷歌、苹果和微软正在开发自动驾驶汽车，亚马逊在2019年开始投资Aurora，以获取自动驾驶汽车技术。投资并合并优步、来福车（Lyft）等网约车企业对于在交通运输领域获得竞争优势至关重要。苹果投资了中国的网约车应用程序公司滴滴，谷歌投资了来福车，微软投资了优步，脸书投资了优步和来福车。通用汽车（General Motors）和福特（Ford）等传统汽车制造商正试图通过获取自动驾驶汽车技术和投资网约车企业来捍卫自己的市场地位。

优步和来福车等网约车应用程序公司将其现有的市场和技术作为发展自动驾驶汽车和其他行业的跳板。优步已经将Uber Eats打造成一个通过人工配送的基本送餐应用程序，这项服务可以通过使用自动驾驶汽车来提高效率和规模经济。通过进入自动化餐厅、使用自动化优步汽车和无人机进行送货，范围经济可以进一步扩展。谷歌和其他科技公司正在投资多家公司，这些公司正在开发一个由厨房、储存设施

第四章　科技巨头与威权主义国家的崛起：夺取生产资料

和准备食物的取餐台组成的网络。位于战略性成本低廉地区的厨房网络将为 Uber Eats、Deliveroo、Doordash 和其他送货服务平台提供食物，以减少他们对从更昂贵的餐厅获取食物的依赖。通过将厨房集中在特定地点，它还为自动化食品制备创造了更强大的经济激励。这反过来又需要打入类似制造业的自动化和机器人行业。

谷歌则更进一步，开始探索自己种植食物的可能性。谷歌正在投资用于农业的人工智能技术，这将彻底改变耕种，并在地理上更靠近消费地种植新鲜水果和蔬菜。其野心超越了水果和蔬菜，还使用人工智能来开发非动物肉类。谷歌的联合创始人谢尔盖·布林（Sergey Brin）资助了在培养皿中研制肉类的项目，这不再需要杀死动物。该实验耗资约38.4万美元，但预计未来几年该项食品价格可降至每千克50美元左右，并由于范围经济和技术成熟度进一步下降。

杰夫·贝佐斯提供了一个扩展数字平台的绝佳案例研究。他的电子商务巨头亚马逊公司利用其在零售业日益增长的统治地位，成为世界上最大的云基础设施服务提供商。凭借先进的云计算技术，亚马逊还与五角大楼（美国国防部）签订了军事技术开发合同，并为美国中央情报局（CIA）提供秘密云服务。贝佐斯随后利用这些技术开发了机器人，使亚马逊电子商务平台使用的仓库自动化。这些同样的机器人

149

仓库很快就可以服务于杂货店，让它们不再需要人类员工，因为机器人可以进行订货、补货和送货。2016年，亚马逊在西雅图开设了第一家没有店员的超市。此外，亚马逊送货在送货上门方面的经验为其提供了优于传统杂货店的竞争优势。

用自动化配送取代人工配送进一步推动了亚马逊的发展，并提高了这个行业的进入门槛。据估计，如果没有司机，亚马逊的配送成本可以降低40%。亚马逊已经开始测试可以送货到客户前门的小型自动化车辆。亚马逊 Prime Air 的推出是为了使用无人机投递包裹。亚马逊随后为一项安全服务系统申请了专利：它的送货无人机还可以拍摄飞过的房屋，将使用人工智能检测不法行为作为一项服务提供给居民。亚马逊还效仿中国模式，推出了亚马逊支付服务（Amazon Pay），为采用其支付系统的零售商提供折扣。技术生态系统可能会向那些不可预测的方向扩散。比如，脸书宣布计划推出自己的虚拟货币，以提高在金融服务领域的地位。

凭借自己的巨额财富，贝佐斯还涉足了其他行业。2013年，贝佐斯收购了《华盛顿邮报》，这让他在媒体行业产生了影响力。随着贝佐斯对其太空旅行公司蓝色起源（Blue Origin）投以重资，技术生态系统可能会进一步发展。蓝色起源公司已经开发出一种可重复使用的火箭——新谢泼德号（New Shepard），这将大大降低太空旅行的成本。该公司打算从太空旅游中获得创业利润。贝佐斯甚至有雄心在2024年进行载人登月，建立一个自给自足的月球殖民地。月球殖民者们将在上面开采铂、钛、钍、镁、硅、铝、铁和冰，然后进一步向太空扩张，以发掘尚未想象到的技术和经济机会。

埃隆·马斯克的成功同样基于其利用范围经济将多个行业整合在一起的能力。马斯克最初通过共同创立在线支付系统贝宝（PayPal）建立了自己的地位。之后，他与别人共同创立了能源和汽车公司特斯拉，开发电动汽车。特斯拉开发的电池技术导致了其提供太阳能服务的子公司太阳城（Solar City）的建立。特斯拉在电动汽车方面的竞争优势也为该公司向自动驾驶汽车领域扩张提供了机会。马斯克在交通运输业的雄心和专业知识促成了高速地下交通系统超高铁（Hyperloop）的发展。马斯克的钻探公司（Boring Company）同样致力开发用于运输的地下隧道系统。马斯克的神经链接公司（Neuralink）旨在通过开发脑机接口来提升人类的认知功能。

随着太空探索技术公司SpaceX的成立，交通运输业甚至已经扩展到了太空。马斯克的SpaceX的公司使命是降低太空旅行的成本。SpaceX还开发了可重复使用的火箭,并设定了殖民火星的目标,这表明私营公司将在第四次工业革命中对太空竞赛起到极大作用。目前,太空市场估值在3500亿美元左右。美银美林(Bank of America Merrill Lynch)集团预测,在未来30年里,这一数字可能会飙升至约2.7万亿美元,如果小行星采矿被证明是可行的,这个数字还会更大。试图征服太空的国家和企业将需要整合一个由第四次工业革命技术组成的广泛的技术生态系统。人工智能将提高太空探索的效率和成本;机器人技术将减少对脆弱的人类的依赖;太空3D打印将减少对地球供应的依赖,许多结构材料甚至可以在太空中开采;纳米技术和先进材料将是防止太空辐射和其他挑战所必需的;先进的生物工程将发展太空智能农业,等等。

中国:挑战者

中国也在发展技术生态系统。中国的科技巨头正在通过范围经济获得控制力,百度、阿里巴巴和腾讯等关键企业处于领先地位。百度可以称为"中国的谷歌";阿里巴巴、京东和淘宝成为"中国的亚马逊";腾讯则是"中国的脸书"。中国在利用范围经济的优势将各种产业结合在一起方面最为成功。腾讯推出了具有"无所不能"的比较优势的应用程序微信。微信集通话、消息、社交媒体、购物、支付账单、政府服务、游戏、打车以及与数字助理交互于一体。阿里巴巴与亚马逊非常相似,以电子商务取代传统零售业起步。然而,其补充服务现在还包括快递、支付、搜索和云服务的功能。电子商务公司阿里巴巴和京东已经变得如此强大,以至于亚马逊不得不承认在中国的失败,在2019年宣布将关闭其在中国的电子商务业务。腾讯推出微信支付,阿里巴巴推出支付宝,这是中国目前取代现金的两大主要二维码支付系统。这使得中国在发展一个无现金社会方面遥遥领先于其他任何国家。这一令人印象深刻的转变是通过补贴鼓励技术驱动者和客户最终采用该系统来实现的。中国的技术生态系统的功能与韩国和日本的企业集团非常相似,通过协同效应提供优质服务,并与进入国内市场的外国公司进行激烈竞争。

中国也在引领自动驾驶汽车市场的变革。百度、滴滴、腾讯、阿里巴巴和京东都已启动其自动驾驶汽车项目。中国最大的搜索引擎百度于2013年开始研发自动驾驶汽车,目前仍是该领域的领导者之一。百度启动的阿波罗项目(Apollo)是一个开放源码的自动驾驶软件平台。通过掌握大量车源,网约车应用程序滴滴已拥有体量优势。虽然最初是优步的子公司,但滴滴最终吞并了优步中国,并接管了其所有的合作汽车和司机，将实体基础设施变成一种竞争优势。滴滴在控制了主要的出租车后，开始开发电动汽车，以建立一个全电动汽车车队。这也使滴滴在电池技术方面也处于领先地位。2017年，深圳市将其16000多辆公交车全部换成电动公交车，预计其他城市也将逐步效仿。由于在中国各地开发和安装充电桩的固定成本巨大，规模至关重要。公共和私人充电桩正在中国各地涌现，政府已经制定了到2020年安装50万个公共充电桩的目标。政府对基础设施的投资支持了科技巨头在可再生能源领域取得进一步进展的能力。其中一个例子就是济南光伏充电高速公路，这是一条太阳能高速公路，当电动汽车行驶在道路上的太阳能电池板上时，它很快就能为电动汽车充电。2014年，美国的电动汽车销量超过了中国，但到2018年，美国的销量仅增长到36.1万辆，而中国的销量已达到122.5万辆。中美两国的科技巨头也正在成为风能和太阳能等其他可再生能源的主要投资者。

滴滴想要将其自动驾驶汽车与现有出租车合并，打造出世界上最大的机器人出租车车队。如此庞大的机器人出租车车队也将扩大电池驱动的电动汽车市场：私人对此类汽车的需求受到电池寿命短和充电桩充电所需时间的限制。电动机器人出租车将根据其剩余电池电量制定票价，而其他机器人出租车将暂时停止服务，以便进行充电。随着中国对外国公司绘制街道地图的限制，以及中国汽车行业发生翻天覆地的变化，国内企业将拥有巨大的优势。

京东等电子商务零售商也在开发自动驾驶汽车，以降低配送成本。与美国同行一样，京东等中国科技巨头也开发了已经完全自动化的智能仓库。食物外送服务也被吸收到交通运输技术生态系统中。目前，"饿了么"和"美团外卖"造成中国外卖领域的双头垄断局面。中国在餐饮业自动化方面也取得了进展，这可能会激励科技巨头进一步扩展食品配送和自动化厨房之间的联系。

中国将交通运输业扩展到太空的能力落后于美国。中国依旧高度依赖政府的太空计划。然而，中国搜索巨头百度表现出了对太空的热情，并开始投资中国日益发展的私营太空产业。中国先前在这方面缺乏竞争力，这促使其接触在太空领域拥有更多经验的俄罗斯。

俄罗斯：追随者

俄罗斯独立技术生态系统的发展类似中国的做法，尽管其规模相比之下较小。其主要技术力量集中在俄罗斯最大的搜索引擎和电子邮件提供商Yandex公司。VKontakte是俄罗斯主要的社交媒体平台。与其他欧洲国家不同，俄罗斯拥有发展基本独立的国内数字生态系统的基础，但在与数字经济相关的经济份额方面，俄罗斯仍远远落后。在零售自动化方面，俄罗斯也落后于其他大国，在国内还没有一家能与亚马逊媲美的电子商务巨头。

俄罗斯第一家在线零售商Ozon受益于不断增长的仓库基础设施。其国内市场上的其他电子商务公司包括Wildberries和Ulmart。然而，对一个科技巨头而言，其在巩固对市场的控制、获得优越的基础设施和规模经济的优势方面还有巨大的潜力。美国咄咄逼人的反俄制裁使美国成为不可靠的合作伙伴，寻求与全球领导者建立合资企业的愿望使俄罗斯与中国走得更近。Mail.ru 社交网络、俄罗斯直接投资基金（The Russian Direct Investment Fund）和 Megafon 移动运营商这三家俄罗斯公司正在与中国的阿里巴巴合作开发一个电子商务平台，后者持有该平台 48% 的股份。此外，中国新推出的支付宝和微信支付系统也已在俄罗斯站稳脚跟。俄罗斯最大的国有银行俄罗斯联邦储蓄银行（Sberbank）以其"与全球科技公司竞争"的愿景在国际上脱颖而出，其通过开发人工智能、区块链、云计算、虚拟现实、物联网和机器人技术来实现这一目标。

Yandex是俄罗斯在开发技术生态系统方面最成功的公司。它是领先的搜索引擎和电子邮件提供商，使俄罗斯成为世界上为数不多的谷歌并非其主要提供商的国家之一。

Yandex在这个基础上建立了一个广泛的在线服务生态系统，这对第四次工业革命至关重要。这些服务包括云服务、提供建议的人工智能、名为Alice的虚拟助理、在线支付服务、房地产应用程序、在线购物、音乐流媒体、云服务与其他颠覆性技术。Yandex正通过与俄罗斯联邦储蓄银行建立合作关系，挑战全球速卖通（AliExpress）在俄罗斯电子商务市场的领导地位。两者共同创建了两个电子商务平台——Beru和Bringly。这两个平台以Yandex的比价网为基础，并将其转变为具有竞争力的在线零售商，从而为建设自动化仓库开辟了前景。通过将俄罗斯最大的私营科技巨头同强大的国有实体结合起来，两者的合作伙伴关系能够协调商业和国家利益。2014年，Yandex效仿微软的策略，开发了用Yandex的应用程序取代谷歌的安卓应用程序的固件，然后与智能手机生产商合作，最终终止了他们与谷歌的合作。到2018年年中，Yandex已经取代谷歌成为俄罗斯安卓系统手机的顶级搜索引擎。2018年底，Yandex还发布了自己的首款安卓智能手机。

俄罗斯交通运输业的技术重组将是扩大其技术生态系统的关键手段。2011年，Yandex利用其在线主导地位的竞争优势进军出租车行业，并在Yandex地图和Yandex导航等应用程序的基础上，推出了名为Yandex Taxi的打车应用程序。尽管俄罗斯在这一行业起步较晚，但莫斯科现在实际上现在是欧洲第一、世界第二的汽车共享城市。由于俄罗斯大多数出租车司机都已经与Yandex签约，该服务也逐渐在其他苏联加盟国内立起了业务。2017年年底，Yandex和优步成立了一家合资企业，试图在俄罗斯和其邻国建立起无可匹敌的领导地位。然后，Yandex在2017年测试了其首款自动驾驶汽车，利用其尖端技术、人工智能、先进算法和出租车车队的结合，在无人驾驶汽车市场建立了自己独一无二的地位。自2018年以来，俄罗斯已允许自动驾驶汽车在公路上行驶，Yandex的无人驾驶出租车也已经在以色列的公共道路上行驶。2019年，Yandex宣布试用Yandex Rover，这是一款类似于亚马逊模式的送货机器人。俄罗斯卡车制造商卡玛斯（KAMAZ）还与俄罗斯中央汽车科学研究和汽车发动机研究所（NAMI）合作开发了一款自动电动巴士。尽管无人驾驶的卡玛斯电动巴士使用数字地图和传感器导航，但它依靠的是更简单的技术预先规划好路线和站点。

Yandex也效仿中国模式，利用其平台开发了一款外卖配送应用程序，以在餐饮行业站稳脚跟。俄罗斯各大城市已经出现了成群结队的年轻人，他们背着大型保暖背包，从餐馆向私人住宅和公司送餐。餐馆发现，如果想继续经营下去，就必须与Yandex合作。未来，将平台与Yandex自动驾驶汽车相连可以大幅降低成本和交付时间,增强该平台的功能,Yandex最终将会通过开发自动化厨房来取代餐饮业。

小结

随着公司和国家的力量通过建立独立的技术生态系统拥有"无所不能"的能力,比较优势原则正在失去效力。由于技术逐渐取代人力和主导市场之间的协同效应,比较优势的逻辑已经发生了转变。技术生态系统包括相辅相成的技术平台。这些技术平台在本质上是垄断性的,因为数量往往等于质量,占主导地位的企业逐渐吸收了整个价值链。此外,它们有动机发展有形基础设施以提高固定成本,从而威慑市场上的新进入者。当维持科技巨头垄断地位所带来的技术和经济优势超过解散它们所带来的好处时,国家将对私营部门施加影响,以确保它们发展成为国家冠军企业。

数字生态系统催生了拥有空前市场支配力的大型垄断企业。大型数字平台正在经济的各个领域建立主导地位。他们努力将自己的市场封闭起来,不让竞争对手进入,并从竞争对手的技术中独立出来。随着数字平台吸收更多的经济活动,它们变得越来越相似,从而保持了市场上的直接竞争。大国的技术主权发挥着分散大型科技巨头市场力量的重要作用。数字生态系统将成为维持大国之间力量平衡的核心。这促使各国政府将数字生态系统辖域化,以避免市场力量集中在对手手中,进而过度依赖外国公司。**技术主权必须通过发展国内技术生态系统才能实现。**

第五章 政治传播：国家、个人与外国势力

引言

在地缘经济学中，政府会实施干预，以保障本国在国际市场上处于有利地位，然后利用由此产生的市场力量来获取政治自主权与影响力。由于通信技术受到市场力量的控制，地缘经济学也将信息技术列为战略产业。这些市场力量会为国家、个人或外国势力的利益服务吗？

在第四次工业革命中，通信技术的控制能力是至关重要的，因为市场力量越来越多地受数据收集能力驱使。与许多国家相比，收集、监控和分析数据交换的大公司具有更大的监控能力和影响力。如果政府利用这些公司的市场力量，就能够保护自身主权免受竞争对手的侵蚀、对外国施加影响力并治理其人民。若将这种市场力量让给公司的话，可能会削弱国家力量，无意中造成分裂和混乱。同样，若将通信技术的市场权力让给敌对的外国势力，可能会导致他们对本国的蓄意破坏。随着新技术打破了之前国家与公民间的权力平衡，对这些技术控制权展开争夺的斗争也随之而来。

1839年，爱德华·布尔沃·莱顿（Edward Bulwer Lytton）提出了一句名言："笔胜于剑。"这意味着权力主要不是来自强制力，而是来自控制信息和通信传播的能力。国家和其他政治实体是通过强调共同边界内人与人之间的相似性以及他们与边界外之人的区别来构建的。此外，民主也需要构建民众的概念，即一个个被认为具有共同命运的普通人。控制叙事的形成和扩散，有助于发展同一性、控制忠诚度，以及发动民众与对手抗争。外交政策的主要目的是"向盟友、反对者、中立国以及国内受众传达一个（对自己）有利的形象"。政治沟通对于大国政治至关重要，因为它组织形成了个人、国家以及更广阔的世界之间的关系。

社会由两种截然不同的组织力量管理：权力集中的等级制度化国家与人民的社会网络。国家培养统一的共同叙事和认同感，而社会网络通过组建独立的组织来为自己发声，进而制衡国家的过度行为。传播权力的过度集中会导致专制并破坏人民的自由，但若集体和统一叙事被侵蚀，过度分权也会产生混乱。公民社会往往在有良好社会资本的条件下蓬勃发展——社会网络的人际关系是集体身份的基础。随着社会资本（社会内部的联系）减少，权力转向政府的等级权力结构。社会的稳定、力量和持久性取决于国家和社会网络之间的权力平衡。而新的通信技术往往会破坏这种平衡。

随着通信技术降低了地理位置的重要性，国家也开始参与到与竞争对手的竞争中。社会网络的去中心化结构使它们容易受到（社会）混乱的影响，如果它们被外国势力渗透，这个问题会更加严重。"公共外交"（public diplomacy）一词表示政府与外国民众直接沟通的能力，通常与宣传工作有关。各国可以通过恢复主权、技术辖域化以及限制外国势力进入来对抗这种外部侵蚀。然而，强行主张国家权力以对抗外国势力时所遇到的一个最明显的窘境，便是破坏了国家和社会网络之间的权力平衡，削弱了个人自由。

在本章中，有人认为新的通信技术最初倾向于将权力从国家转移到个人。虽然社会网络的强化保障了更大限度的自由，但国家核心作用的削弱将导致人民的进一步分散，并为外部势力的入侵创造了机会。随后，国家通过主张对技术进行控制以恢复秩序来做出回应。然而，国家这种过度行为创造出了极权主义特征，被定义为极度等级化的权力结构。

本章首先探讨了印刷术，其作为一种重要的通信技术，引发了人民与当局的权力斗争。其次，本章着眼于与印刷术有明显相似之处的数字革命，后者同样也引发了个人与国家之间的斗争。最后，本章认为第四次工业革命加剧了数字革命带来的所有破坏与挑战，这是由于收集数据与开发人工智能需要控制通信。国家与个体间的国内力量平衡之争与国家和敌对力量之间的竞争纠缠在一起。这反过来又导致各国对数字空间的国有化和领土化。本章得出结论：有效的政治权力，需要在收集所有具有市场价值的数据的公司、努力保护其隐私的个人，以及需要确保公司的市场权力与国家的政治利益保持一致的政府之间找到平衡。

印刷术

在历史上，印刷术的发明首次使得信息的广泛与快速传播成为可能，为第一次工业革命奠定了基础。这种重新定位的文化与宗教学习方式，有助于释放促进现代化社会进程的"理性计算"。通信技术的突破解释了社会是如何通过更简便的信息传播而发生转变的。

政府利用印刷术的力量来构建更大的政治实体。 在16世纪之前，欧洲人的身份同一性与忠诚度集中在一些分散的地区，主要是因为人们与农村社区以外的人几乎没有互动。国家对地方封建领主的依赖严重限制了其在境内外施加影响的能力。印刷术通过帮助发展共同语言与话语，为民族国家的崛起做出了巨大贡献。人类是社会生物，本能地将自己组织成同质的群体，群体内的忠诚度为建立安全感、归属感、道德感和信任感提供了基础。驾驭人性中这些本能冲动的能力对建立政治结构至关重要。

印刷术通过将地理区域整合为"想象的共同体"来协

助创建更大的政治实体，这是由于民族国家的政治合法性和集体身份源于共同的种族、宗教、文化、传统和一些基础神话。马丁·路德（Martin Luther）将《圣经》翻译成广为人知的德语方言后，正是印刷术使得这部作品在人群中传播成为可能。这促成了民族认同的形成，并最终促成了19世纪德意志民族国家的统一。更广泛的沟通能力使德国领导人能够构建一个共同的身份。国旗、国歌、徽章，以及基于原始神话、共同受害和战胜外来者的历史民族叙事，代表了对国家的忠诚。通过促进民族主义政治运动，民族国家获得了合法性和人民的忠诚，从而创造了一个庞大、统一和强大的政治实体。

与此同时，人民也在利用印刷术的力量来推进自由。在印刷术出现之前，信息的匮乏强化了等级权力结构，因为知识和书面交流在很大程度上仅限于上层权力阶级。印刷术改变了宗教、政治和科学精英的权力结构，使其让渡了对于信息所有与扩散的控制权力，从而通过各种社会网络的出现赋予人们权力。印刷术成为阶级的平衡器，阅读和分享思想不再是国王和富人的专属特权。哲学家托马斯·卡莱尔（Thomas Carlyle）认为，印刷术"正在解散被雇佣的军队，罢免了大多数国王和议会，并创造了一个全新的民主世界"。

第五章　政治传播：国家、个人与外国势力

传播的去中心化和思想的扩散，通过推进科学发展和政治参与推动了启蒙运动。印刷术还通过提升书面政治话语，促进了公众舆论的形成，从而促成了反对政府的政治抗议。由于印刷术，16世纪和17世纪爆发了社会政治变革。最终，印刷术也引导世界走向工业革命和自由政治革命，譬如美国独立战争和法国大革命。

"人民力量"（People power）也在宗教领域得到加强。像之前的其他人一样，马丁·路德批评天主教会被权力腐蚀，认为《圣经》没有授权教会出售赦免罪孽的赦免权。然而，与之前因赎罪券反对教皇权威的其他人不同，马丁·路德在1517年通过社会网络传播的《九十五条论纲》，使其成为宗教改革的领军人物。印刷术能够防止他的出版物被其挑战的等级权力结构所过滤。印刷术使每个人都能拥有自己的《圣经》成为可能。这有助于建立人与上帝之间的直接联系，并减少对腐败的中间人的依赖。

马丁·路德正确地认识到权力的集中会导致腐败，但他错误地认为权力的分散会创造一个更加仁慈的未来。正义与秩序相互依存，但也可能相互矛盾。虽然集中和等级化的权力结构容易受到腐败的影响，但社会网络是分散的和无政府的，并且不太能够促使（民众）服从。一些人认为马丁·路德在他的改革努力中不够警惕，其他人则拒绝他的观点并用反对宗教改革的观点来驳斥。因此，（信息）传播的去中心化导致了教会的分裂，并在接下来的130年里在欧洲引发了宗教冲突和战争。

民族国家的自我主张

三十年战争（Thirty Years War）后，各国政府在很大程度上重申了欧洲的秩序，并于1648年签署了《威斯特伐利亚合约》。威斯特伐利亚体系授予各国对其领土的完全主权。这不应被其境内的行为者（例如教会）或境外人员的干预所侵犯。条约确立了主权国家作为最高主权者的等级权力结构，从而成为国际体系的主要参与者。民族国家吸收了教会、国王、贵族、贸易行会和其他组织力量的多重权威，这些力量为了获取人民的忠诚和定义其身份认同，与之前的国家体系进行对抗。然后，民族国家通过培养民族文化和宗教的独特性，并从本质上成为一个大部落来建立集体认同。在法国，国家通过皈依天主教来鼓励服从，并惩罚具有二等公民身份的"不合格个体"，甚至对其进行驱逐。在英格兰，只有当新教取得胜利并确立为主要宗教时，内战才得以结束，团结才得以恢复。

国家需要施加控制以确保秩序，这引发了一场关于人性和社会契约的广泛哲学辩论。托马斯·霍布斯（Thomas Hobbes）经历了由英国内战引发的政治和宗教激进主义的洗礼，他认为国家的等级权力对建立秩序是必要的，因为人类与生俱来的状态是永恒战争和无政府状态。约翰·洛克（John Locke）的哲学思想深受启蒙运动和自由主义理想的影响，他主张限制国家的作用，因为他认为，人性本善，而权力的集中会破坏自由。霍布斯和洛克关于"自然状态"的对立观点为西方关于国家适当角色的哲学辩论定义了框架。

在19世纪三四十年代开始使用的电报是第一个比马、鸽子和铁路更快速传输信息的通信技术。电报的出现立即引发了几种担忧。首先，政府失去了对拦截通信和控制舆论的能力。由于电报降低了地理位置的重要性，领导人持有合理的担忧，即叛乱可能同时在不同地点发起。其次，人们担心通过电报线进行简单的交流会导致误解并侵蚀外交的效力。1837年，法国禁止未经授权使用电报，而俄国同样担心政治交流会令政府失去控制。然而，试图限制技术以维持国内稳定的国家发现自己没有能力与对手竞争。相比之下，德国则立即使用电报技术以加强军事通信，将其作为一项关键的竞争优势。新的通信技术突然让雄心勃勃的领导人在外交政策中不受距离和范围的限制。政治和军事领导人也获得了更大的控制权，因为即时通信消除了之前根据信息传递的时间差来考虑突发事件的需要。

在第二次工业革命中,电话的发明同样通过加强沟通加强了社会网络,但规模经济刺激了国家垄断的形成。因此,缺乏竞争以及单一供应商占据主导地位引起了国家的注意,并在一定程度上需要国家来加强合作与监管。之后,随着窃听电话成为专制国家和民主国家(例如美国)的普遍做法,国家的权力也得到了加强。

冷战期间,美国和苏联政府利用媒体塑造舆论。苏联有一个能够直接控制的威权体制,然而美国不得不依靠更隐蔽的手段来渗透和影响媒体报道。当受到外国对手的鼓动和针对时,政府对媒体的操纵几乎没有遇到阻力。然而,1972年的"水门事件"丑闻引发了人们对总统利用中央情报局打击国内政治反对派的担忧。国会随后进行调查并发布了报告,最重要的是丘奇委员会(Church Committee)的最终报告,证实了中央情报局已经渗透到国内外媒体。在20世纪70年代之后的岁月里,有两个重要的教训被吸取:第一,政府确实试图影响媒体以推进其议程;第二,有力的调查性新闻提供了重要的平衡。这种平衡已经被媒体推进的一些新发展趋势所破坏,例如,将新闻与娱乐相结合的24/7新闻周期。现在,聪明和见多识广的新闻播音员被具有话语权的意见领袖和具有政治目的的专家所取代。研究发现,美国的年轻人更有可能从主持深夜脱口秀的喜剧演员那里获得新闻，因此娱乐被广泛解读为分析。为了保持收视率，节目中使用了更多耸人听闻消息。这刺激了人们对暴力信息更多的需求，这些信息现在由寻求关注的大规模枪击案罪犯与恐怖分子提供。

电话和数字媒体的发展与使用也动摇了外交。乔治.H.W.布什（George H.W. Bush）与盟友之间频繁的通话遭到了人们的质疑，因为这种行为使得政府机构变得不再重要。美国前大使戴维·纽森（David Newsom）辩称，当布什总统拿起电话给盟友打电话时，他"总是颤抖"，因为"通过个人关系来解决困难的国际问题的想法是非常冒险的"。

第三次工业革命的数字通信技术

在自由主义者看来，数字技术使超越失败的民族国家结构成为可能。早在20世纪60年代就有人预测，电子和数字通信将打破个人和社会之间的障碍，促进跨国界的共享身份，并使世界成为"地球村"。"网民"的概念在20世纪90年代和21世纪初得到普及。它指的是那些认为自己拥有独立于威斯特伐利亚体系的权利和责任的互联网用户。

政府权力的减少可以提升人类自由并创造一个地球村的信念，在很大程度上受到洛克关于世界如何运作的自由主义假设的影响。全球主义者的期望是基于这样一种观点，即民族主义代表了由民族文化分界线所派生出的危险的身份分裂。随着技术使社交网络能够跨越国家领土边界得以发展并超越传统的文化限制，世界将逐渐融入全球治理体系下的共同社会、经济和政治结构。辛格认为：

> 如果我们必须为之辩护的群体是部落或国家，那么我们的道德很可能是基于部落主义的或民族主义的。然而，如果传播革命创造了全球受众，那么我们可能需要向全世界证明我们的行为是正当的。这种变化为一种新的道德规范提供了物质基础，这种道德规范将为生活在这个星球上的所有人的利益服务，尽管言辞繁多，但以前的道德规范却不曾有此作用。

相比之下，现实主义或霍布斯主义的国家观对超越国家（边界）的可能性持悲观态度。社会民主党人奥古斯特·倍倍尔（August Bebel）有句名言："家庭组成一个部落，几个部落组成一个民族和国家——最终，国家之间的密切互动将产生国际性。"人类的组织基于积木或同心圆，构建更高或更广泛的社区并不需要超越（彼此）非常不同的群体。国家不能代替家庭，国际社会不能代替国家。而如果家庭解体社会（国家）就会崩溃，国际社会在没有国家的情况下同样会步履蹒跚。

集体国家认同和共享叙事的弱化并不会将人们提升到全球认同的层次，而是将社会分解为相互竞争的亚认同，并引发破坏性的认同政治。国家维持集体身份能力的削弱会产生深远的影响。随着更大的身份群体分裂为更小的身份群体，"将农民变成法国人，将移民变成美国公民"的过程正在逆转。因此，国家的合法性及其调动国内资源以追求共同利益的能力受到侵蚀。不受国家控制的全球主义经济的出现进一步加剧了身份和叙事的碎片化，因为"独立的市场力量使年轻人更容易发现身份认同的材料或文化符号"。同样，不受地域限制的通信技术可能会导致不同的身份出现，而且往往是相互竞争的身份。

社会分化

数字革命的早期创新重组了人类的互动方式，重塑了社会和国家的影响势力。数字通信成了自印刷术出现以来传播领域的最大搅局者。一个新世界已经出现，地球上的每个人都可以与他人联系以分享自己的想法。尽管如此，政府构建同一性和统一叙事能力的减弱，也会降低人们对当局和同胞的信任。最初对科技行业持乐观态度的观察家们正在根据霍布斯式现实逐渐调整他们的洛克式理想。

早期的乐观主义主要源于这样一种假设，即权力从国家到人民的转移，会迎来一个启蒙和民主的新时代。互联网被誉为民主最伟大的工具，也是反对试图限制言论自由的专制政府的工具。尽管最初互联网在很大程度上被视为重要的把关人（Gatekeeper），就像印刷术一样，但这种认知已经改变。谷歌执行主席埃里克·史密斯（Eric Smith）在1997年阐明了自由与混乱之间微妙的界限："互联网是人类建造的第一个人类不理解的东西，是我们有史以来最大的无政府状态实验"。推特的联合创始人埃文·威廉姆斯（Evan Williams）甚至为开发帮助特朗普入主白宫的技术平台道歉："我认为一旦每个人都可以自由发言并交换信息和想法，世界就会自动变得更美好。但我错了。"

消除控制信息传播的把关人，能够使得信息民主化和解放得以实现，但同时也消除了对信息质量的控制。当印刷术最初将重要的把关人从信息传播的过程中移除时，错误信息或"假新闻"迅速开始扩散。例如，有人声称女巫生活在我们中间，应该在火刑柱上被活活烧死，这产生了令人震惊的社会后果。2012年，一部关于一位非洲军阀的名为《科尼

2012》(*Kony 2012*)的纪录片在视频网站YouTube上疯传，其点击量超过了1亿次，这个例子成为关于移除把关人的一个早期的教训。起初，《科尼2012》受到了乐观主义者的欢迎，作为一个草根项目，引起了公众对一个重要问题的关注。然而，很快人们就发现这部纪录片中充斥着诸多谎言，而这些谎言本应由专业媒体的把关人来仔细审查。

人们对社交媒体也出现了类似的担忧。在外交官的推特中，意大利前外交部部长朱利奥·泰尔齐（Giulio Terzi）认为，"推特对外交政策有两大积极影响：它促进了政策制定者和民间社会之间有益思想的交流，并增强了外交官收集信息并预测、分析、管理和应对事件的能力"。尽管如此，泰尔齐警告说："虽然一条推文只有140个字符……但也不能低估这种新的和更为广泛的曝光方式的潜在风险。"美国第一任"推特总统"唐纳德·特朗普可以通过直接与美国人民对话，来避免依赖本国敌对政治媒体机构——仅通过不超过140个字符的推文就能实现。尽管把关人的存在有助于维持政治媒体机构日益寡头化的控制，但他们在审查方面也发挥着重要作用，即确定信息是否准确以及是否符合公众利益。特朗普关于什么是真实的以及关乎公共利益的决定似乎出于政治动机——对反对派进行诋毁，该做法最终会导致国家两极分化。特朗普总统甚至在通知自己的工作人员或盟友之前，就在推特上宣布了决定，从而开始让整个政府机构边缘化。例如，特朗普在推特上发布了更换他的参谋长和国务卿的消息。同样，特朗普通过三条连续的推文向公众宣布美军有关跨性别者的禁令。

然而，特朗普的崛起只是国家与个人之间失衡的表现。特朗普利用社交网络将自己定位为"人民中的人"而不是精英成员的行为，引起了美国人对政治媒体机构腐败的权力集中越来越不满。特朗普（具有）利用数字网络力量的能力，意味着他不必通过建制层级的过滤，而在这种过滤中资金、媒体支持以及政党支持至关重要。比如，希拉里·克林顿（Hillary Clinton），这位前总统之妻以及强大的克林顿基金会主席，曾是总统候选人。随着选民对政治媒体机构变得越来越不信任，尽管特朗普与主流媒体和政治阶层发生了争执，但正是因为如此，他才得以赢得总统大选。这场争执证明，特朗普的独立性和改变系统的能力，是实现变革的先决条件。

技术也影响着政府合法性和权威性的来源。政治家不仅需要专家的支持，还需要那些没有直接治理经验的网络意见领袖的支持。通过数字化促进信息获取被认为能够使得公民更加了解情况。然而，这催生出了一种被误导的知识平等主义，在这种平等主义中，从谷歌或维基百科搜索到的知识需要与（真实）信息具有同等的地位。此外，社交媒体平台还推动了一致性。亨利·基辛格敏锐地认识到，"对于那些在脸书上寻求数百甚至数千个朋友认同的人来说，他们走孤独的政治道路的心态可能并不明显"。

数字领域在政治影响力方面的作用越来越大，不可避免地引起了操纵公共话语的新形式。政治水军在互联网上变得猖獗，破坏了政治交流。政治和商业从业者使用政治机器人水军作为技术代理人，通过转发相关内容，传播宣传消息来操纵公众舆论，攻击政治对手并弱化活动家的言论。甚至维基百科这个由用户社区维护的网站，也被传播有利消息的水军所渗透。在2008年美国总统大选期间，奥巴马率先广泛使用选民数据，以提高他竞选活动的效率。这种大数据的使用成本高昂，并且会使得没有获得相同资金的非建制派候选人边缘化。它还可以使得准备使用大数据的外国势力更容易接近政治候选人。因此，社交媒体越来越被视为对民主的挑战：

> 如果你想制造一台机器，这台机器能够向数百万人展开宣传，分散他们对重要问题的注意力，激发仇恨和偏执，削弱社会信任，破坏可敬的新闻业，培养对科学的怀疑，并同时进行大规模监视，

> 你会做出很像脸书一样的东西。
>
> （Vaidhyanathan 2018：19）

社交媒体还通过刺激激进的个人主义和自我中心主义来降低社会凝聚力。现代技术在政治和文化生活中"提升了自我中心主义者的地位"，并"引发并强化了每个人的自恋特征"。脸书前总裁肖恩·帕克（Sean Parker）辩称，该平台旨在吸引尽可能多的人类注意力，并对其后果表示了担忧，他表示："天知道这会对我们孩子的大脑造成什么影响。"事实上，获得即时满足的能力及其引起的多巴胺"快感"，使人们更难投入时间来发展更深层次的人际关系。人们在虚拟空间中的联系会加深，但他们会比以往任何时候都更容易受到孤独和抑郁的影响。

社交媒体是一个悖论。一方面，它激发了政治参与；另一方面，它削弱了对思想进行比较和辩论的公共平台，从而削弱了知识和政治的多元化。社会凝聚力需要承认和尊重相互竞争的观点和目标。社交媒体削弱了全国性的辩论和社会凝聚力，因为社区分裂成带有确认偏见的自我隔离泡沫。算法旨在通过提供对于特定主题的相似观点来实现点击次数的最大化，而不是实现媒体的传统功能，即向人们介绍对众多问题的不同观点。社交媒体上的新闻提要提供着定制的信息，并引导用户不间断地确认偏见，在这种偏见中，自己的观点不断得到确认，而不是受到挑战。毫不奇怪，人们喜欢他们赞同的帖子和文章。这自然会导致社交媒体中"回声室"的形成，因为平台会为用户提供无休止的"饮食"，让他们只"吃"自己喜欢的东西。强化现有信念并保护用户免受相反观点的影响会削弱批判性思维。用回声室代替公开辩论会导致公民缺乏知情权，容易受到试图操纵真相的煽动者的攻击。正如美国作家兼评论员沃尔特·李普曼（Walter Lippmann）曾经说过的一句名言："当所有人想的都一样时，就没有人在想了。"

矛盾的是，人与人之间增加的联系也会增加分歧。类似的悖论在19世纪中叶的英国体现的也很明显，当时铁路连接了这个国家，但随着人们放弃了当地习俗，从而加剧了经济差距，加深了社会隔阂，并随着人们开始生活在孤立的领域中而减少了社区的社会资本。此外，对政府的不满情绪与日俱增，因为铁路催生了"基础设施国家"——中央政府中强大的官僚崛起，突然对公民产生了侵入性影响。这些发展可以通过以下事实来解释：人类倾向于（待在）由相似的人组成的较小的社会群体（中）。在更同质的社会中，社会资本更高，这与更高水平的幸福、公民参与、选举、同理心和对邻居的信任有关。此外：

> 不同社区的居民（无论他们的肤色如何）倾向于退出集体生活，不信任他们的邻居，甚至远离亲密的朋友，对他们的社区及其领导人的期望值很低，减少志愿服务，减少对慈善事业的贡献，减少社区项目的工作，减少登记投票，更多地鼓动社会改革，但对他们实际上可以有所作为的信心不足，在电视机前不开心地挤在一起。
>
> （Putnam 2007：150）

政治不稳定与革命

维系苏联的威权统治为社交网络赢得了丰厚的回报。根据定义，极权政府试图控制生活的方方面面。戈尔巴乔夫的改革对于减少政府对公民的控制并创建一个更加开放自由的社会是必要的。而与此同时，允许相互竞争的民族文化群体形成，会使社会暴露于破坏国内凝聚力的外部影响之中，会引发可能的内部混乱。

数字平台经常被用来对抗政府的权力，并在阿拉伯之春（Arab Spring）和占领华尔街运动（Occupy Wall Street）期间成为强大的工具。始于2011年的阿拉伯之春事件表明，民众利用分散的数字通信来制衡国家权力，西方政府利用它来

第五章 政治传播：国家、个人与外国势力

颠覆外国政府以扩大在中东和北非的影响力。摩尔多瓦经历了世界上第一次"推特革命"，然后蔓延到后冷战时代和中东地区。

尽管西方政府在世界其他地区将数字媒体视为"人民力量"的工具，但它在用于挑战自己的权威时，技术会被标记为威胁。2011年，当社交媒体在托特纳姆（Tottenham）被用以组织反政府抗议活动时，西方政府对其措辞从"革命"变成了"骚乱"。中东和英国政府的反应有着惊人的相似之处，两地当局都在寻求打压和控制社交媒体的使用。西方政府没有赞颂"人民的力量"，而是开始惩罚采取虚假信息策略并试图干涉外国政府（事务）的民粹主义者。民粹主义者可以被定义为质疑被建制教条压制的一系列问题的政治人物。例如：如果工资增长停滞了二十多年，全球化是否对所有人都有效？北约扩张主义和无休止的军事冒险主义会让我们更安全吗？我们是否应该将自己的价值观强加于国外，并在国内鼓励少数民族文化？尽管民粹主义者可能并不总会对他们提出的问题有可行的解决方案，但他们超越公共话语普遍界限的意愿往往会受民众欢迎。

政府控制互联网

美国政府最初的网络控制主要针对外国势力。在20世纪90年代初期，数字技术被用于推进"经济情报"，美国情报界为国家商业利益服务。PRISM监视计划显示，美国国家安全局正在对外国公司进行广泛的网络间谍活动，例如巴西国家石油公司（Petrobras）、瑞士银行。针对伊朗铀浓缩离心机计划的"震网病毒"（Stuxnet）攻击，表明美国有能力使用数字技术攻击关键基础设施，并可能攻击对手的金融机构。奥巴马呼吁列出针对所有对手的潜在网络战攻击目标。进攻性网络影响作战计划（Offensive Cyber Effects Operations program）的目标是"在向对手或目标发出很少或根本没有警告的前提下，在世界范围内推进美国的国家目标，并产生从很少到严重破坏的潜在影响"。

2013年斯诺登的爆料引发了个人与国家之间新的权力斗争。爱德华·斯诺登透露，大型科技公司正在收集大量个人数据并与美国情报部门共享。泄密事件表明，美国政府也在以前所未有的规模瞄准本国人口。斯诺登还表明，政府保守秘密的能力有限。斯诺登的动机本质上是"网民"的动机，他认为自己有责任确保互联网仍然是一个网络论坛，在此论坛中世界各地的人们可以在没有政府监督和控制的情况下自由地行使他们分享想法的权利。斯诺登对于互联网是终极个人民主工具的信念已经破灭。

朱利安·阿桑奇同样证明了非政府组织是如何利用数字技术遏制政府的权力的。维基解密公布了大量美国机密电报，甚至透露美国民主党全国委员会（DNC）在 2016 年美国总统大选中操纵了民主党的初选。然而，尽管泄密事件表明社交网络可以追究腐败政府的责任，但政治机构还是能够通过将维基解密展示成为俄罗斯政府工作的组织来扭转局面。斯诺登、阿桑奇甚至特朗普都被指控为外国特工和傀儡。不管实际可能发生的所有外国干预是怎样的，该事件都揭示了政府、社交网络和外国势力之间的复杂关系。

走向一个更加威权的国家

美国正在成为一个专制的"企业国家"。民主原则禁止国家进行审查和宣传，但政府可以通过与不受此类原则约束的私营公司合作来从事此类活动。

缺乏任何可以在数字领域建立秩序的中央权威使政府则更加胆大妄为。来自社交媒体平台的假新闻，就像几个世纪前关于巫术的说法一样，已经成为一个分水岭，值得真正关注。政府需要进行干预，以缓解社交网络的混乱，并限制外国势力故意传播错误信息的意图。

政府正在责成社交媒体巨头识别和审查错误信息、仇恨言论或攻击性的表达形式，从而赋予这些公司巨大的政治权力。事实很少是不言自明的：其意义和重要性需要分析和解释。专制治理在诸如"仇恨言论"或"冒犯性言论"等模棱两可的概念上蓬勃发展起来，因为即使区分事实和对事实的解释也是有问题的。谁有权定义真相，谁就拥有巨大的权力，尤其是在国际关系中。大约两个世纪前，亚历克西斯·德·托克维尔（Alexis de Tocqueville）警告说：

> 谁能够创建和维持这种法庭，谁就会把时间浪费在起诉新闻自由上，因为他将成为整个社区的绝对主人，并且可以像摆脱他们的作品一样自由地摆脱作者。

尽管如此，很多政府仍在推进类似于奥威尔笔下真理部的举措。与美国一样，欧盟已开始使用审查制度来打击虚假信息和假新闻。可以预见，审查能力容易受到仲裁者既得利益的影响。欧盟主要官员表示，打击假新闻旨在打击"民粹主义言论"，并确保欧盟怀疑论者"不会在投票箱中获胜"。人们认为有必要打击假新闻以保护民主和欧盟机构，但这两个目标之间没有明确区分。

国家并不总是表现为单一行为体，因为政治团体和政党设想的是不同的未来和道路。授权国家对公民和外国竞争对手采取行动的风险在于，影响政治传播和组织的能力也可能被用来对付国内的政治反对派。例如，英国的诚信倡议是作为一种宣传工具而开发的。诚信倡议作为一项全球计划，旨在动员学者、记者和非政府组织针对国际竞争对手（主要是俄罗斯）的言论进行宣传。该计划旨在通过描绘"独立"观察员联合体，来否认对手国家（俄罗斯）在有争议问题上的叙述。然而，该计划后来被揭露已转向反对国内的反对党工党。

强大的科技公司在很大程度上没有完全透明的运作，对算法的微小调整会改变无数的搜索结果。当科技巨头的工具被用来对抗外国竞争对手时，人们对科技巨头的专横权力的关注较少，但随着社会两极分化，这些公司开始卷入国内政治。由于美国科技巨头倾向于政治左翼，当他们将其强大的数字平台用于政治目的时，会在保守派中引起轩然大波。西北大学的研究人员分析了谷歌的算法，他们发现了"左倾的意识形态偏差"，并发现保守派网站被其进行打压。保守派已成为这些平台的目标并其被针对。值得注意的是，科技巨头甚至在此类活动中进行了合作。例如，脸书Facebook、苹果公司Apple、视频网站YouTube 和音乐播放器公司 Spotify

共同实施了他们对保守派电台主持人亚历克斯·琼斯（Alex Jones）的禁令。爱泼斯坦概述了大型科技公司（尤其是谷歌）可以通过多种方式影响数百万张选票，而无须引起何人注意的做法，这些公司只须更改搜索结果的算法即可。一封泄露的电子邮件显示，谷歌的一名高级员工动员了重要竞选州的亲希拉里·克林顿选民，利用其公司的资源在2016年总统大选中支持希拉里·克林顿的竞选活动。

对有不良观点的人进行去平台化的趋势似乎凌驾于社交媒体至上。比特币等数字货币可以在没有官方监督的情况下直接转移资金，以牺牲国家控制为代价极大地赋予了个人权力。然而，就像在通信领域一样，公司和国家可以使用相同的技术来监控和控制。互联网支付公司Stripe、PayPal和其他支付系统已拒绝表达极端主义观点的个人使用他们的支付平台。万事达卡（MasterCard）同样受到左翼倡导团体的压力，被要求建立一个人权委员会，拒绝为右翼个人和团体提供服务。随着脸书推出自己的货币天秤币，进行监视和随意使用这些地缘经济工具来惩罚政治对手的可能性将会增加。爱德华·斯诺登认为"比特币是自由"，因为它代表"未经许可的自由"。它不会像脸书等公司那样，因为不遵守其有时模棱两可、武断和出于政治动机的条款及条件而可能发生去平台化的风险。随着人类活动的各个方面都变得数字化，公司和国家获得了拒绝特定人群获取通信、支付、交通和其他服务的权力。

迈向威斯特伐利亚式互联网

将互联网国有化的尝试正在进行。当权力集中在一个霸主手中时，开放的通信市场会蓬勃发展，但当新的权力出现并变得更加自主时，就会产生新的权力平衡，并促使前霸主约束市场力量。将互联网领土化的一个关键动机是抵御外国势力的言论。

政府为保护社交媒体平台免受外国干预而进行的干预，逐渐鼓励科技公司成为政府的工具。在一篇题为"保护民主是一场军备竞赛：脸书可以提供帮助"（*Protecting democracy is an arms race: here's how Facebook can help*）的专栏文章中，马克·扎克伯格认为，脸书决心在全球范围内对抗寻求传播虚假信息和干预选举的"坏人"。扎克伯格证明，脸书可以根据人们对美国的敌对立场，而不是其在线行为来确定目标，从而为国家事业服务。扎克伯格将这些"坏人"认定为俄罗斯、伊朗以及华盛顿认为是主要对手的其他国家。然而，《卫报》（*The Guardian*）早在2011年就披露，美国军方在制造网络虚假用户的巨魔军团方面发挥了创新作用,他们以"贬低敌人言论"为目的操纵社交媒体。然而,(扎克伯格的)这篇文章并没有提出治理美国及其盟国行为的问题,尽管这场军备竞赛需要"美国私营部门和公共部门的联合力量"。此外,在扎克伯格发表专栏文章的前几个月,"剑桥分析丑闻"中披露,脸书将多达8700万用户的数据提供给了英国政治咨询公司,而这一行为并未经过这些用户的同意。

脸书还通过同意与美国国家民主基金会(NDI)的两个子组织——国际共和研究所和国家民主研究所——合作,使自己成为美国政府的外交政策工具。里根于1983年建立了NDI,以接管之前由中央情报局执行的多项行动。NDI已成为美国干预外国选举与政权更迭的核心工具。俄罗斯禁止了NDI,主要因为NDI干涉其民主并支持邻国"颜色革命"以建立亲西方的政权。脸书承诺通过加强美国和世界各地的"选举诚信工作"来协助NDI。脸书还与北约资助的大西洋理事会(Atlantic Council)合作,以识别和删除社交媒体上的内容。

因此,美国的对手由于美国社交媒体平台操纵言论而有强烈的动机与后者脱钩。其他通信领域的竞争已经加剧。俄罗斯一直特别直言不讳地表示,它打算挑战美国在信息领域作为大国政治重要区域的主导地位。俄罗斯外交部长谢尔盖·拉夫罗夫（Sergey Lavrov）承认，俄罗斯的观点并未在国际媒体中得到体现，因为"俄罗斯在沟通问题上显然不如西方熟练"。普京于2012年曾说过："俄罗斯在国外的形象不是我们塑造的，因此经常被扭曲，不能反映我国的真实情况……那些在这里或那里开枪并发动空袭的人是好人，而那些警告人们需要克制和对话的人则出于某种原因却是有过错的。但我们的过错在于，我们未能充分解释我们的立场。"

俄罗斯政府成立了一家英语新闻机构RT，该机构后来成为全球传媒领导者和YouTube上浏览量最高的新闻机构。然而，YouTube也在顺应美国政府的路线来对抗信息领域的竞争。在美国政府将RT等俄罗斯媒体列为"外国代理人"后，YouTube很快改变了算法以减少RT的在线流量。

俄罗斯还开始通过将互联网架构置于其治理之下，对数字空间进行领土控制。虚拟专用网络被禁止，加密受到限制，在线匿名受到限制，并且国家正在主张对数据流的控制。俄罗斯也模仿了西方国家的操作。2017年，俄罗斯新闻聚合法强制搜索引擎和其他数字平台，在公布、传播重要信息之前，要评估其真实性。现在提交给俄罗斯杜马的一项新法律，即数字经济国家计划（the Digital Economy National Programme），将要求来自俄罗斯的组织和用户的数据保留在该国境内。所有互联网流量都将通过俄罗斯通信监管机构Roskomnadzor管理的交换点重新分配路线。通过发展"RUnet"将俄罗斯互联网国有化,并为当局提供一个"红色按钮",以便在情况需要时将俄罗斯互联网与世界其他地区隔离开来。外国供应商通常被要求将其数据存储在俄罗斯境内,而国内平台则与国家建立合作伙伴关系。2014年,被誉为"俄罗斯脸书"的VKontakte的创始人放弃了对该公司的控制权,而两名与政府有联系的寡头收购了其多数股权。2018年,俄罗斯政府开始限制用户对Telegram的访问,这是一种基于云技术的即时通信应用程序,可提供加密的人与人之间的通信。俄罗斯当局对恐怖分子在政府控制之外进行交流的能力表示担忧,而Telegram确实已成为恐怖分子的"首选应用程序"。尽管如此,民间社会团体表示他们的担忧,即政府对加密信息进行限制主要是为了提高当局监控更广泛公众的能力。

中国政府也在以独立的"中国公用计算机互联网"(ChinaNet)的形式努力实现"互联网主权"。通过建立针对在线技术与活动的控制,可以更有力地管理网络空间并确保内部事务不被干涉。随着数字空间通过物联网和自动驾驶汽车等创新技术来操纵物理世界的能力渐强,将互联网国有化或辖域化变得越来越重要。互联网的碎片化将给美国公司带来越来越大的压力，迫使其适应本地化政策，以保持在与中国互联网公司的竞争中保持竞争力。无论好坏，数据主权的概念都在挑战之前有关自由互联网的想法，而此想法在以前被认为是唯一和最优的选择。

第四次工业革命与传播

第四次工业革命放大了数字革命带来的上述问题，因为所有被记录下来的东西都变成了一种传播形式。施瓦布警告说：

> 随着物理世界、数字世界和生物世界的不断融合，新技术和平台使公民能够越来越多地与政府接触、发表意见、协调努力，甚至规避公共当局的监督。同时，政府将获得新的技术力量来加强对人们的控制。

第四次工业革命所产生的技术复杂性削弱了民主治理的可行性。民主需要知识渊博的民众，而日益复杂的情况导致权力从选民转向专家阶层。从古希腊时代到美国成立早期，投票权限制在男性土地所有者的情况一直很普遍。这种不平等的支持逻辑是，与无产阶级劳动者和妇女不同，男性地主有时间和认知能力来获取必要的知识并承担参与政治的必要责任。政治参与成为一项普遍权利所带来的解放正在缩减，这是因为对高科技事物的管理正在创造一个技术官僚精英群体。当金融政策属于中央银行的管辖范围、国际专家协助建设法律体系，以及教育、人权和移民政策由专家制定并在国际条约中确定时，民主的范围是有限的。随着当今算法驱动的社会变得越来越难以为普通公民所理解，这种趋势将愈演愈烈。此类发展可以被定义为专家阶级的暴政，或者是柏拉图理想式的哲学王的贵族政府。①

政府将越来越多地使用人工智能来重构国家与公民之间的关系，因为具备（强大）能力的政府往往倾向于操纵民意。即使是具有强大民主传统的国家，由于其不断增强的监控、跟踪和监视能力，也会有强大的动因走向民主的下坡路。新技术正在迅速打破以前的政治规范和教条，而这在一二十年前似乎是不可能的。麻省理工学院计算机科

---

① 柏拉图认为，哲学家必须成为国王，国家才能拥有一个热爱智慧的统治者。专家式的贵族治理被期望于管理社会的复杂性，而相比之下，民主将变为享乐主义，并逐渐试图将自己从维持秩序和社会凝聚力所需的权威和结构中解放出来。

第五章 政治传播：国家、个人与外国势力

学和人工智能实验室（CSAIL）正在与卡塔尔计算研究所（QCRI）合作开发一项人工智能计划，该计划将"在假新闻广泛传播前杜绝假新闻媒体"。目前尚不清楚此类人工智能系统是否会针对主流媒体中的假新闻展开行动，例如伊拉克拥有核武器的说法、叙利亚的杜马加斯袭击事件以及特朗普与俄罗斯勾结的指控等。同样，有关2014年乌克兰政变的说法被欧盟视为假新闻，欧盟将这些事件标记为"民主革命"。如果是这样，将导致审查先行的政治科学家的出现。让人工智能在"真理部"审查信息方面发挥核心作用是充满风险的，因为人工智能技术并不能解释它是如何学习和思考的，而且任何人工智能系统最终都是基于人类的偏见和意图所存在的。

为商业利益而积累和使用数据将逐渐在政治领域获得更多应用。脸书用于自动识别照片中朋友的面部识别算法也被用于机场的自动护照控制和监控。在没有任何公开辩论的情况下，美国国土安全部决定到2023年对97%的离境乘客进行面部识别。国家安全局无法获得的信息现在由社交媒体用户自愿提供。更重要的是，这些公司随后向美国情报机构提供后门访问。正如"剑桥分析事务"所揭示的那样，谷歌、亚马逊和脸书收集用户的搜索历史来推荐书籍、文章或好友，然后将这些信息出售给私营公司，用于有针对性的广告投送

193

或政治宣传活动。此类活动已经为雇主和房东提供了分析申请人社交媒体（包括私人消息）的服务，以评估个人性格并制定信用评分。

物联网——从对用户的健康和驾驶习惯到个人的一切对话展开监控——为可怕的监控奠定了基础，而这种监控比人们最亲密的朋友更了解他们。看似利他的动机被用来证明人工智能的行为是正当的，而人工智能实际上破坏了个人的自由。在美国芝加哥，警方正在使用人工智能进行"预测性警务"，识别潜在的受害者和肇事者，以告知警察最适合巡逻的地点。当局和公民之间的关系可能会发生根本性的变化。人工智能可以为警察实施"犯罪前"干预行为提出道德论据，即与潜在的未来受害者和犯罪者接触。警方也可能会通过使用人工智能来评估罪恶感，从而向威权主义迈出又一步。美国西弗吉尼亚州的教师被要求参加由健康应用程序监控的健康计划，学校通过金钱奖励加强"健康"行为并惩罚"不健康"行为。美国总统候选人同样支持"数字社会信用"。通过这种安排，政府将为做出积极行为（例如参与慈善事业）的公民支付报酬，以减轻因机器和自动化的日益使用而导致的经济不稳定和大规模失业。

当代网络政治水军带来的挑战——数以千万计的智能化身——将随着深度伪造（deepfake）技术的出现而愈加恶

化。人工智能技术可以从视频片段中提取视觉和音频数据，以创建看起来真实但实际虚假的视频。这项技术对于针对外国对手和国内政治反对派的政治宣传可能很重要，因为任何公众人物都可以被"抓到"说出任何创作者想要受众听到的东西。随着现实变得越来越模棱两可，未来将不断出现故意"泄露"的假视频，这将会引发一系列不断的指责和否认。在深度伪造的世界里，捏造的丑闻将辅以捏造的视频。今天的假新闻将成为明天的深度假新闻。随着公众越来越不了解情况并与现实脱节，维持民主和政治稳定将是一项艰巨的挑战。因为任何人都可以令人信服地让人们相信看起来好像真的发生了什么，因此，国家很可能会通过技术、立法和监管回应来强加秩序。

小结

纵观历史，信息传播技术的发展对国家、个人和外国势力之间的三角关系造成了巨大的混乱。政府需要对信息传播建立足够的控制，以保持社会凝聚力并与外国势力抗衡。第四次工业革命带来了新的挑战，因为市场力量推动了信息传播技术平台的发展，而经济力量依赖通过与物联网和其他技术相关的创新来积累数据。在公司或国家手中，这些权力削弱了个人的隐私，在外国控制下，它们可能破坏国家主权。

这些问题似乎与1648年的《威斯特伐利亚和约》类似。该条约清楚地划定了领土，并在国家边界内建立了单一的权威来源。在第四次工业革命中，系统性激励措施同样鼓励大国通过互联网国有化来将数字空间辖域化。依靠威斯特伐利亚式互联网建立的技术主权有助于各国政府强制执行不干涉内政的原则。这样，国家与国内社会网络之间就必须在权力分配方面建立社会契约。在接下来的几年里，可以预见的是，在各个主要的大国，公众将要求对数字平台有更大的透明度和公共所有权。随着国家顺应第四次工业革命技术潮流，民主是否站得住脚，以及新的选择是否会在威权主义和无政府状态之间进行，目前尚不清楚。

第六章 没有资本主义的地缘经济学：资本与劳动力脱钩

引言

技术是否会通过改写基本的、长期存在的经济规则来剔除资本主义？随着新技术的出现，资本主义可以进行自我改革和创新。随着蒸汽动力、铁路、钢铁、电力、流水线生产、汽车、石化和数字通信技术的引入，资本主义的结构发生了变化。市场资本主义的基本原理是永久起作用，还是以18、19和20世纪的瞬息万变的技术为条件呢？第一次工业革命催生了资本主义，第四次工业革命可能敲响了它的丧钟。

第一次工业革命中生产力的提高催生了关于资本和劳动力之间关系的相互竞争的经济理论。在市场经济之前，封建主义和重商主义占据了至高无上的地位，根据市场经济，市场而非国家的需求应该支配经济关系。经济自由主义作为最突出理论之所以能够兴起，可以用其促进最大化效率的能力来解释。此外，经济自由主义助长了政治自由主义，因为自我调节的市场剥夺了腐败政府的权力并将决策权下放，将其转移给个人。然而，当人类在生产过程中变得越来越多余时，这些经济假设是否仍然成立？

第四次工业革命对资本主义提出了生存挑战。这不可

第六章　没有资本主义的地缘经济学：资本与劳动力脱钩

避免地会影响地缘经济的合作和竞争，因为它降低了市场的作用。资本主义是国内社会和国际关系组织的基础，因为国家必须在市场效率、竞争力与社会公平、凝聚力之间获得平衡。财富的集中和中产阶级的弱化使社会在资本所有者和劳动者之间两极分化。尽管在政治上左派和右派都认识到资本主义的缺陷，但19世纪和20世纪的意识形态未能提供可行的替代方案。应对资本主义失败的各类解决方案将影响大国如何定义其国家利益，以及它们可以在多大程度上调动国内生产资源和人口来支持这些利益。

认知自动化通过加强资本和劳动力的脱钩来扰乱资本主义。传统上，工会使工人能够通过集体谈判来实现自身与资本所有者的权力平衡。然而，劳动力自动化使资产所有者处于越来越强大的地位，并削弱了人类劳动者的议价能力。随着财富变得更加集中以及资本和劳动力之间的关系脱钩，资本主义的基础随之瓦解。

新技术造成的"创造性破坏"消灭了整个行业与产业。然而，大多数新的自动化工作都是重复性和低技能的，它们被高技能和高薪的工作所取代。随着数字技术深入渗透到之前的实体经济（及相关）领域，自动化进程触及的范围和发展速度将对制造业、交通运输、农业、教育和医疗保健等各行各业造成重大的破坏。在第四次工业革命中，认知自动化可能会使得创造性破坏和"技术失业"成为永久性的条件。

前所未有的生产力提升导致普遍贫困和失业的悖论引发了人们对资本主义组织社会能力的合理质疑。除非资本主义能够适应和发展,否则财富的集中和工作的短缺将使旧的意识形态复活并产生新的意识形态。随着数字资本主义渗透到制造业、交通运输业,并最终渗透到所有其他经济部门,将需要对经济体系进行重大改革。此类改革应着眼于实现包容性增长。

本章首先讨论了技术与资本主义之间的关系,因为著名的经济理论家认为资本主义的生存能力可能取决于过渡技术。其次,科技巨头的崛起似乎使资本与劳动力脱钩,以至于市场力量无法恢复政治稳定所需的平衡。再次,为了应对永久性的技术失业,以前政府为减轻创造性破坏的影响而采取的短期干预措施可能需要变得更加持久。最后,我们探讨对于再分配的需要是否意味着要放弃资本主义。得出的结论是,技术失业和再分配导致的意识形态两极分化在很大程度上反映了我们当前的政治气候。前卫的自由市场资本主义思想家已经认识到技术的发展可能不会使劳动力受益,并主张将再分配作为一种道德要求和维持政治稳定的一种手段。尽管资本主义的适应能力使其能够迅速取得胜利,但这种成功降低了确保其长期生存所需的改革动力。

第六章　没有资本主义的地缘经济学：资本与劳动力脱钩

对资本主义暂时性或永久的破坏？

两种对立的叙述一直在定义关于资本主义的意识形态辩论。第一个叙述表明，资本主义通过释放最终使许多人摆脱贫困的生产能力，使人们摆脱了困境。此外，财产权和法治的确立促进了经济和政治自由。第二种叙述假设资本主义创造了新的权力杠杆并使其合法化，富人可以借此剥削和压迫穷人。这两种说法并不相互排斥，因为事实上资本主义确实使生产力最大化。与此同时，财富集中在资本所有者手中，导致了不平等和剥削。这就需要在机会与平等、生产效率与充分就业、经济繁荣与环境保护、动态经济结构与刚性、社会稳定与技术创新之间进行权衡。

将资本提升到劳动力之上的技术将摧毁资本主义的基础。"偏向资本的技术变革"的概念表明，通过劳动力自动来提高生产力的能力不断增强，会逐渐将权力和收入从劳动力转移到资本所有者手中。资本密集型技术破坏了市场自治的能力，并扩大了劳动力流离失所的范围。亚当·斯密的"看不见的手"在市场力量的引导下，已经成为大企业的看得见的手。

即使是自由市场资本主义背后的主要思想家也认识到技术对资本主义造成的限制。大卫·李嘉图纠正了他以前关于劳动者共享新机器提高生产力的好处的假设：他们的利益，不是建立在偏见和错误之上，而是符合政治经济学的正确原则的。更高效的机器减少了对劳动力的需求和报酬水平。这意味着劳动者可能因技术创新而处于不利地位，因为他们不拥有资本/机器：

> 我的错误源于这样一个假设，即每当一个社会的净收入增加时，它的总收入也会增加；然而，我现在有理由相信，地主和资本家从中获得收入的一种资金可能会增加，而工人阶级主要依赖的另一种资金可能会减少，因此，如果我是对的，同样的原因可能会增加国家的净收入，同时可能会导致人口过剩，并使劳动者的状况恶化。
>
> （Ricardo 1821：469）

然而，李嘉图并不主张抵制技术创新，因为这只会将生产能力转移到国外，给国内劳动者带来更大的经济痛苦。约翰·梅纳德·凯恩斯将**技术性失业**定义为"由于我们发现节约使用劳动力手段的速度超过了我们发现劳动力新用途的速度而导致的失业"。资本和劳动力之间的不平衡关系也助长了对资本主义的主要批评。卡尔·马克思认为资本主义制度

第六章 没有资本主义的地缘经济学：资本与劳动力脱钩

会因为无法应对技术进步而自我毁灭。马克思主义起源于对基于第一次和第二次工业革命的资本主义的观察。这使马克思相信，机械化制造将增强资本所有者对于工人的优势。在他看来，财富的集中最终会达到无以复加的程度，以至于被剥夺权利的工人会崛起并从资本所有者手中夺取生产资料。

资本与劳动力的脱钩

从第二次世界大战到20世纪70年代，美国的技术创新和收获之间存在着一种看似和谐的关系。随着新技术使以前的手工任务变得多余，工人被要求完成更复杂的任务，完成这些任务需要更高的技能和更高的工资，这些工作通常更安全、体力挑战更少且回报更高。生产力和工资都增加了，在共产主义挑战其合法性的时候，资本主义进入了黄金时代。然而，自20世纪80年代以来，新技术效率的提高导致生产力与劳动力脱钩，导致财富更多地集中在资本所有者手中。

从20世纪90年代开始，数字革命迅速重组了经济结构并提高了生产力。随着边际成本下降到几乎为零，产品的数字副本放大了规模经济。通过简单的复制粘贴操作来复制完美的副本不可避免地会影响市场的运作。公司，尤其是科技行业的公司，变得更大、更有利可图，同时它们需要更少的员工。2017年，脸书拥有大约25000名员工，而收入低得多的福特汽车公司雇用了大约202000名员工。

技术发展增加了富裕的资本所有者的投资回报，而工人阶级的收入则停滞不前甚至有所下降。尽管自2008年金融危机以来企业利润激增，但工资占GDP的百分比急剧下降。经济正统观念和资本主义的传统规则正在分崩离析。全球金融危机后自动化程度更高的趋势造成了失业情况的再现，尽管市场表现出强劲的增长，工资却没有增加。此时出现了一种不寻常的经济形势，即使工资中位数下降、失业率上升，公司利润仍出现了创纪录的增长。

过去，社会通过组织集体谈判力量来纠正资本和劳动力之间的权力平衡。员工被工会动员起来，通过与资本所有者的谈判来改善工作条件。然而，员工抵抗与平衡资本所有者权力的能力已经成为过去时。今天的劳动组织可能会产生相反的作用，因为自动化提供了人类劳动的替代方案。对更高工资的要求只会为企业提高自动化能力创造更多动力，这就是为什么高工资国家将首先实现自动化。例如，美国要求快餐店员工最低工资为15美元每小时的要求，只会促使麦当劳等公司通过引入自助服务亭来迅速实现自动化。随着效率的提高和自动化成本的下降，餐饮业也将实现厨房和送货自动化。劳动力的减弱解释了为什么有关就业和工资水平之间相

第六章 没有资本主义的地缘经济学：资本与劳动力脱钩

关性的飞利浦曲线似乎不再适用。

此外，传统的全职职位正在迅速消失，因为编程工作要么外包给全球自由职业者，要么被临时和合同工作所取代。"零工经济"正在迎来一个新封建主义时代，今天的劳动者正在成为"新的农奴"。自动化可以将没有福利或工作保障的自营职业变成新常态。

资本主义制度以人类劳动的商品化为基础，创造了一个简单的等式，其中劳动等于货币。取代人力或对工资施加下行压力的颠覆性技术会给工人带来经济和社会方面的困境。硅谷是新精英与其他人口之间日益扩大的鸿沟的缩影：旧金山和圣何塞的平均工资在美国最高，但无家可归率也最高。经济自由主义赋予个人权力，并为政治自由奠定了基础。然而，人类劳动者的重要性正在减弱，这降低了国家考虑公民个人利益的动力。结果是：特殊利益集团将参与制定公共政策。最终，财富日益集中往往会使资本主义与民主脱钩。

资本主义的巨大成功在于它能够产生富裕和物质福利。资本主义面临的新挑战不是生产足够的产品，而是提供足够的就业机会。自动化提高了生产力，从而使产品和服务更实惠，但通过边缘化对人力的需求，它也导致工资下降。

工作是主要机制，通过该机制，收入——以及购买力——会被分配给消费经济体生产的所有产品的人。如果在某个时候，机器可能会永久接管人类现在所做的大量工作，那么这将对我们经济体系的基础构成威胁。

（Ford 2009：5）

资本主义的前提是工人为了工资而出卖他们的劳动力，然后他们用这些工资在市场上购买产品。如果没有了工人，根本问题是：谁会购买机器生产的空前丰富的商品？自动化提高了生产力，从而降低了价格，从而抵消了工人停滞不前的工资。多年来，这两种趋势相互平衡。即使现在工资停滞不前甚至下降，商品价格的不断下降使人们能够用自己的收入换取越来越多的产品。尽管如此，这个等式仍然很脆弱，因为财富越来越集中在资本所有者手中，而越来越便宜的商品也无法阻止劳工地位被削弱所导致的破坏性影响。

创造性破坏与永久性技术失业

奥地利经济学家约瑟夫·熊彼特（Joseph Schumpeter）创造了"创造性破坏"一词，指的是新技术如何通过消除以前的技能、专业和整个行业来对社会产生破坏性影响。与凯

第六章 没有资本主义的地缘经济学：资本与劳动力脱钩

恩斯不同，熊彼特不相信有可能出现结构性失业。他认为新工作将不断取代旧工作。当技术进步缓慢时，工人逐渐接受再教育并提升他们的技能。理想情况下，对职业的侵蚀会产生代际转变，使工人能够有尊严地继续工作，直到退休。相比之下，工业革命快速和破坏性的技术发展造成了迅速而广泛的创造性破坏，损害了社会经济和政治稳定。

18世纪英国第一次工业革命造成的创造性破坏催生了"卢德分子"（Luddites），这是纺织工人的激进反对运动，从1811年到1816年，他们通过摧毁棉花和毛纺厂的机器来抗议新技术。工人们担心机械化技术的效率会使他们的技能和专业变得多余。然而，新技术并没有造成永久性的大规模失业，而是解放了劳动力，将其用于生产效率更高的领域，从而提高了人民的物质福利。此后，卢德分子一词已成为一个贬义词，用以嘲讽对于新技术和现代性的非理性恐惧。

然而，有人可能会问，卢德分子是否确实表达了对技术的非理性恐惧？还是说实际上他们领先了自身所处时代200年？今天的许多新卢德分子本身就是一流的科学家或技术创新者。斯蒂芬·霍金和埃隆·马斯克警告说，人工智能和机器人技术可能会毁灭人类。比尔·盖茨呼吁让机器人纳税，以减缓自动化和机器人技术的发展进程，并作为缓解人类工人快速、大范围流离失所的一种手段。卢德分子并没有断然反对技术，因为他们也使用机床。他们之所以试图减缓新技术的引入——虽然失败了，是因为成千上万的人因这些变化而失去了工作。我们从卢德分子那里得到的主要教训是"你不能阻止技术进步"。

即使是交通和住房领域的基本数字服务也对出租车和酒店行业造成了重大冲击。世界各国政府已通过限制和减少由优步、来福车和类似的网约车公司造成的干扰来进行干预，以保护出租车行业。它们还试图限制爱彼迎和其他哄抬租金并随之将当地人赶出自己城市的旅行房屋租赁网站。然而，这些手段似乎只能减缓新交通技术的实施。随着打车应用首先淘汰出租车行业，然后继续挑战整个公交系统，预计城市格局将迅速转变。这造成了两难的局面：一方面，卢德分子试图减缓技术发展的进程，但另一方面，愿意接受创造性破坏和由此带来的巨大社会负担的国家获得了竞争优势。

第四次工业革命中的创造性破坏

多年来，数字化和自动化已经取代了人力。银行柜员、秘书、旅行社、煤气抄表员，以及其他低技能和重复性工作在很大程度上已成为过去时代的残余。随着越来越先进的自动化系统、机器人和计算机的价格逐渐下降，越来越多的人类技能变得没有竞争力，这种破坏性过程随着第四次工业革命而加剧。被自动化的通常是低技能和低工资的工作。最近，收银员、记账员、办事员、流水线工人、配餐员、零售商、护照管理员、呼叫中心工作者和从事其他职业的人已经看到他们的工作因自动化而消失的可能。

人工智能、云计算和物联网的进步正在逐步提高效率并扩大机器人的应用范围。现在它们能够以更高的精度和效率以及更低的成本执行更复杂的任务，机器人正在取代工厂工人、法律顾问、外科医生、记者、司机、瓦工、水果采摘工、服务员、厨师和其他需要一定认知能力的专业职业。认知任务的自动化还以更快的速度消除了金融、法律和类似职业中的中级和高级职位。目前，网上购物只对美国各地的购物中心和传统实体店造成破坏，但当几乎所有经济部门都可以减少对人工的依赖时会发生什么？

业务运营和供应链的自动化将迅速消除数以千万计的工作岗位。各种估计表明，美国30%~50%的劳动力从事着被认为处于自动化"高风险"的职业——随着机器人不断开发新技能、成本不断下降，这一数字将会增加。但是，自动化通常会取代人类执行多项任务，而不是取代整个行业。据估计，超过60%的行业将至少实现30%的自动化。

一份关于自动化的报告发现，制造、运输和存储领域的大部分工作岗位将流失。低收入工人的技术失业将更加严重。尽管自动化正在将制造业回流到发达国家，但机器人将占据大部分工作岗位，资本所有者将获得利润。制造业工作正在像从前的农业工作一样走向没落：据估计，大约59%的制造业活动可以实现自动化。尽管制造业的自动化推动了多余的劳动力在低技能和低工资的零售与服务行业寻求庇护，但这些工作也容易受到机器人劳动力不断增长的能力的影响。快餐行业数以百万计的低薪雇员将被机器超越。除了降低劳动力成本外，机器人还可以更高效、更卫生地准备食物。麦当劳在美国亚利桑那州凤凰城推出了第一家没有人工收银员或厨师的全机器人餐厅。由无人机送货支持的亚马逊电子商务平台将导致更多购物中心的关闭。预计未来几年美国约有三分之一的购物中心将倒闭。随之而来的房地产价格下跌和社会萧条，将复制由于"锈带"工厂关闭而造成的社会经济危机。

运输和物流将经历前所未有的创造性破坏。需要协调多种人类感官的更复杂的认知任务接下来将被自动化。例如，仅在美国，自动驾驶汽车就可以减少500万个工作岗位。据估计，美国大约七分之一的工作在某种程度上与交通运输有关。亚马逊已经证明，机器工人和无人机可以完全取代仓库和配送中心的人类同行。亚马逊的Kiva机器人车队在没有人

第六章 没有资本主义的地缘经济学：资本与劳动力脱钩

工的情况下管理仓库，处理订单的速度是人类的4倍。自动化办公室工作也会以牺牲就业保障为代价。例如，目前大约有700万美国人从事数据输入工作，这是一个重复且易于自动化的职业，在不久的将来将不再需要人工。在日本，随着干墙（drywall）机器人的开发，机器人技术也在建筑领域取得了进展。不采取自动化的公司将被迫停业。因此，无论事态以哪种方式发展，这些工作都会丢失。

社会中最贫穷的成员通常承担着创造性破坏的最大负担。奥巴马政府估计，每小时收入低于20美元的美国人的失业概率达83%。中产阶级工作特别容易受到自动化的影响，这一事实引发了人们对即将到来的"工作两极分化"的担忧，在这种情况下，工作者要么从事科技行业所需的低技能/低薪工作，要么从事高技能/高薪工作。

认知自动化也为一些高技能职业创造了一个黯淡的未来。华尔街是一个典型的例子，可以说明高技能和高薪员工是如何被裁员的，因为现在大多数交易都是由计算机完成的。由于金融业高度数字化，需要大量数据收集，人类工作者极易被机器学习取代。软件可以通过开发自己的算法快速处理庞大的数据集以建立联系和学习。随着人工智能软件不断改进自己的算法，人类交易者越来越难以理解日益复杂的交易。金融分析师、交易员、订单接收员、资产经理、投资组合经理和其他金融行业的工作正在迅速实现自动化。甚至授权交易有效性的法律部门也是自动化的。金融业正在变得越来越强大，但预计在10年内将失去多达50%的员工。这与财富越来越集中在领先科技公司的方式有相似之处——即使他们裁员，这些公司也会变得更强大。随着计算能力呈指数增长而计算成本下降，易受自动化影响的工作数量只会增加。

第四次工业革命中的新工作

随着新工作取代旧工作，技术变革历来增加了就业机会和财富。农业革命和第一次工业革命释放了过剩劳动力和资本，用于发展城市中心的制造业。同样，当银行柜员的职位随着ATM机的发明而自动化时，银行就有能力开设更多的分行并雇用更多的员工。历史先例表明，平凡和重复的职业变得自动化，劳动者通过获得更多技能和利用新技术来提升职场能力。这个关于创造性破坏的古老真理能够经受住时间的考验吗？

到第三次工业革命时，美国制造业的自动化和离岸外包导致过剩的劳动力转而从事零售和服务行业的低技能和低工资工作。网上银行减少了对分支机构的需求，而P2P借贷

第六章 没有资本主义的地缘经济学：资本与劳动力脱钩

平台和没有银行的银行业务可能会完全消除对银行的需求。随着对技能的要求越来越高，期望前麦当劳收银员成为人工智能和机器人技术的开发人员是不合理的。劳伦斯·萨莫（Lawrence Summers）指出，"失去工作的部门比创造工作的部门多，软件技术的通用性意味着，即使是它创造的行业和工作也不会永远存在"。此外，新技术改变了工作质量。例如，跟踪和监控的技术提高了效率，同时也降低了工作者在商业活动中所拥有的传统权威。同样，3D打印也减少了工作场所的劳动力流动。

最安全的职业是没有重复性任务且不易受机器学习影响的创造性职业，或者是人际接触对其很重要的工作。随后，预计医疗保健、科技服务和教育领域将出现新的工作岗位。人口老龄化意味着需要卫生保健工作者提供更多服务，需要更多技术工作者来开发和服务新技术，而教育对于让人们为不断变化的世界做好准备至关重要。过去，人们在20多岁时完成了正规教育，并为终身职业做好了准备。然而现在，快速的技术变革将使大多数职业类似IT领域，教育和技能的提升永无止境。

但是也有例外。人工智能程序将撰写涵盖体育、政治和商业等领域的所有文章。叙事科学软件从各种来源收集大量数据，通过选择最有洞察力和最有趣的信息来处理信息，然后生成与人类作者的水平不分伯仲、叙事清晰的文章。人工智能还通过创作交响乐、绘画和其他艺术作品进入了艺术界。

虽然人与人之间的接触对于医疗保健中的情感支持很重要，但日本的疗养院和医院已经在使用机器人将患者抬到病床上。机器人心理治疗师伊丽莎证明，人们对与机器的人际与情感互动的反应是积极的。Pepper是一个机器人朋友，它可以读取主人的情绪状态，并通过舞蹈、游戏或有趣的手势做出适当的回应，让其振作起来。在日本，医疗保健行业越来越多地使用机器人玩具进行拥抱和锻炼。当人们不知道他们正在与机器人互动时，机器也可以取代人际接触。实验表明，人们越来越难以区分人类和机器呼叫中心的操作员。在某些情况下，人们实际上更喜欢与机器互动而不是与人互动。

政治不稳定和意识形态选择

资本与劳动力的脱钩以及永久性技术失业的前景将产生对经济和政治改革的需求。资本主义由于其发展能力而一直是一个有弹性的经济体系。然而，资本主义的成功创造了意识形态的正统观念，并被用作抵制变革的理由。资本主义在冷战中的胜利，被认为会给西方带来了永久的意识形态胜利，这降低了重新开启意识形态辩论的政治意愿。然而，抵制变革的能力是有限的。资本主义面临的日益增长的压力将要求它进行改革，以防止替代性意识形态在真空中出现。尽管第四次工业革命诞生于资本主义，但它也将越来越多地激励产生资本主义的替代品。

随着以前繁荣的制造业城镇屈服于社会经济灾难，美国制造业的衰落可以作为其他行业的案例研究。当工作和金钱离开时，毒品进来了，反社会行为盛行。由于政治精英和繁荣的国际大都会看不起那些未能适应新经济的人，国家凝聚力和政治稳定受到影响。政治领导人无法推动变革和改革，导致这种变革被一群拒绝政治建制派并投票给民粹主义者和经济民族主义者的选民强加给这些政治领导人。拒绝这样的选举结果、妖魔化民粹主义者并试图推翻选举和公投的政治和媒体精英的行为，只能是治标不治本。事实上，资本主义自身的失败可能导致它的崩溃。

传统上，政府在减轻创造性破坏的影响方面承担着更大的责任。国家经常干预市场以保护现有工作并确保工人接受再培训，以获取高技能和高薪劳动力。对创造性破坏的影响进行干预已变成一项愈加重要和持续的任务，因为不会有足够的新工作来取代那些消失的工作。在镀金时代（19世纪70

年代至20世纪初）和喧嚣的20世纪20年代之后，美国曾两次从极端经济不平等中将自己挽救回来，但如今大公司的市场力量更具侵入性。

资本主义的失败自然会导致政治不稳定。随着劳动力市场对某些技能和职业需求的枯竭，收入的损失、搬迁的需要和基于职业的社会地位的丧失将导致社会混乱。对于尚未在就业市场上立足的年轻人来说，缺乏经济机会和社会流动性会引起挫折感和缺乏目标感。它还导致更高的犯罪率并导致人口结构混乱，因为年轻人需要等待更长的时间才能组建家庭。政治激进主义激增，因为在现实中获得既得利益较少的人更愿意在不明确保证提供任何可行替代方案的前提下动摇体制。

不平等总是存在的，但精英统治中的民众普遍认为这是可以接受的。美国梦在于相信社会流动性将来自努力工作。物质上的成功成为一种美德，财富被视为努力工作和智慧的结果。相比之下，贫穷成为懒惰的标志，也可能是愚蠢的标志。美国资本主义是一个运转良好的体系，因为不平等被解释为意味着富人应该被效仿而不是被辱骂。这成了新的价值体系。

随着新技术破坏社会流动性并将财富集中在少数人手中，越来越多的情绪已经堆积起来。随着财富积累逐渐失去

第六章　没有资本主义的地缘经济学：资本与劳动力脱钩

合法性，基于精英统治的向上流动激励体制被动摇了。在一个贫富悬殊两极分化的社会中，富裕和特权阶层被认为是通过剥削获得财富的，而穷人则免除了自我提升的个人责任，因为他们的痛苦被归咎于表现较好的个人。一旦要求重新分配财富的合理呼声由此而变得激进，（底层民众的）受害者情结和好战性就会诱发对富人的报复。尽管破坏性技术造成的创造性破坏是失业的主要原因，但政治领导人有很大的动机将这些问题大部分责任归咎于移民和进口。

例如，在2016年造访制造商开利（Carrier）时，特朗普总统承诺给予援助，以防止公司离岸外包。这一努力似乎是对将他送入白宫的选民的一种姿态，以扭转美国制造业的衰退。然而，开利则利用这笔资金支持使其工厂自动化并保持竞争力。多亏了纳税人，公司留在了美国，但工人还是被解雇了。政客们有强烈的动机将失业归咎于离岸外包和移民：这更容易将民族主义情绪作为解决紧迫问题的"快速解决方案"。在没有明确解决方案或任何可以归罪的人的情况下，解决永久性技术失业问题并不是职业政治家的获胜平台。

超级富豪的崛起腐蚀了民主和社会，其结果是马克思主义作为解决日益严重的经济和社会困境的方法再次受到关注。马克思和恩格斯认为，日益加深的不平等和对群众的剥削会激起人民攫取生产资料并发动革命。

再分配

社会的两极分化可以通过政府干预来减缓或逆转，政府干预要么重新分配财富，要么重新教育民众从事高技能和高工资的工作。任何关于日益加剧的不平等的争论都应该植根于两个简单的事实：第一，提高生产力的技术往往会加剧不平等，因为财富集中在资本所有者手中；第二，极端的经济不平等导致社会和政治不稳定。因此，关于应该如何以及在多大程度上重新分配财富的辩论是大家目前所感兴趣的议题，因为没有人会从社会动荡中受益。除非我们达成共识，否则激进和两极分化的替代方案将填补空白。对资本主义进行改革的手段包括将某些机构（例如教育）排除在市场之外，恢复由强大垄断寡头主导的市场的竞争，将税收负担从劳动力转移到资本，或为公司与工人分享利润创造税收激励措施。

我们必须为资本密集型技术日益集中的财富再分配找到合适的形式。授权官僚重新分配财富会产生相反的结果，因为他们更可能受到强大利益集团的影响，而不是受穷人的影响。能源公司和科技巨头游说政客向上转移财富，而不是向穷人转移财富。2008年的金融危机对美国不利：它加深了被视为"盗窃"而非"功绩"的不平等现象。这场危机使一

第六章 没有资本主义的地缘经济学：资本与劳动力脱钩

些主要银行处于危险之中。在真正的资本主义制度中，这些银行会被允许倒闭。相反，有权重新分配财富的政客们用纳税人的钱救助银行，这会成为世界上最大的财富从中产阶级向超级富豪的转移过程。关于这个主题的所有政治对话都应该认识到，这种不平等会导致政治不稳定，并且需要某种形式的再分配来避免这种情况。

资本主义促进了人类在统治等级中竞争和组织的倾向，从而鼓励创新、效率和发展。不应将呼吁再分配与对激进公平抱有幻想相混淆。帕累托法则（Pareto principle）表明，人们具有不同的生产能力，该原则认为80%的结果来自20%的原因。人类的表现是不平等的，不应取消对工作和效率的激励。国家应该对抗财富的集中，减轻资本主义的不利社会影响。而政治右翼和左翼的讽刺漫画暗示，市场要么是解决一切问题的工具，要么是压迫的工具。

平等主义是与生俱来的：人类本能地反对并试图扭转统治等级。进化起源可以这样追溯，领头人如果变得过于咄咄逼人和专制，灵长类动物就会联合起来打败他。因此，政府以及领导人不仅需要凭借其实力和支配地位，而且还需凭借其表现出的慷慨和同情心的能力来获得权威。甚至亚当·斯密也认识到财产私有制会造成社会紧张和流离失所，而经济收益可能会因为"（整个社会）倾向于崇拜有钱有势的人"

而败坏我们的道德情感。亚当·斯密认为，市场的"隐形之手"减少了对中央计划的需求，尽管他并不认为市场的完全自我调节总能带来社会产品。在20世纪80年代的里根主义和撒切尔主义出现之前，公司CEO的工资应该比公司平均工资高出几百倍的想法被认为是激进的。

　　再分配有两个核心组成部分：从人口中提取资源和再分配。钱从哪里来，如何重新分配？挑战在于确保财富的再分配从富人流向穷人，同时又不损害资本主义的利益。例如，大学"免费"很容易成为从穷人到中产阶级和富人的重大财富转移。大学学位通过创造更高的薪水来获得高投资回报。提供免费的大学教育意味着那些没有上过大学并且赚的钱少得多的人将不得不为那些赚得更多的人提供大学学位补贴。仅对富人征收相关税款会产生强烈的刺激，他们出于简单的自身利益的原因会将资本和资源转移到国外。然而，缺乏负担得起的教育将阻碍社会流动性，并使人们对第四次工业革命引起的剧烈的经济和社会变化准备不足。赋予人民适应新经济的能力需要知识民主化和负担得起的教育。需要扭转这种危险的趋势，尤其是在美国，教育成本越来越高，无法让学生为未来的职业做好准备。因此，如果高等教育与工作之间的契约开始破裂，它将抑制高等教育提供社会流动性的能力。无论是以哪种方式，第四次工业革命都将发生如此迅速的变化，以至于无论有多少教育和培训资源可供使用，工作者都无法完全适应。

对拥抱自动化的公司征税并征收关税以阻止公司将生产转移到海外是一种筹集资金进行再分配的手段。这些公司已经享受到提高生产力的好处，而无须向他们的机器人支付工资和福利。比尔·盖茨提议对机器人征税，韩国成为第一个这样做的国家，从而转移了税收负担并减缓了自动化，以减轻创造性破坏的影响。然而，对机器人征税在定义和量化自动化和机器人技术方面带来了立法挑战。或者说，一个临时和过渡性的解决方案可能是：停止对人类劳动力的征税，人类劳动力越来越受到自动化进程的压力。然而，对机器人征税或结束对人工征税会减慢公司实现自动化和提高生产力的进程。此外，应该补贴谁，如何补贴？为失业者提供月补助金作为援助会起到很小的作用，反而会造成有害的依赖。为一些人搭便车、而另一些人必须工作创造激励措施，会导致对不公平制度的政治反对。

通过使用新技术分散市场力量，可以恢复市场竞争。资本主义也可以实现自下而上的发展，因为权力下放的前景使人们能够重申他们的自主权并"夺取生产资料"。例如，共享经济使人们可以以牺牲酒店和汽车租赁公司为代价来出租汽车或公寓。3D 打印机等创新也可以刺激越来越多的个体实现大规模差异化。斯蒂格勒提到了"贡献经济"的扩张，它允许人们通过创新差异化而不是被动就业来提高生产力。由于在数字时代建立企业所需的固定资本较少，因此分散生产的潜力增加了。就像电子邮件在很大程度上取代了"蜗牛信件"一样，数字平台正在使没有银行的银行业务成为可能。

经济活动应该移出市场还是进入市场？一种解决方案是逐步扩大经济的非市场活动。例如，爱沙尼亚向其公民提供免费互联网是一项基本人权，还将像卢森堡所做的那样免费提供公共交通。可以优先考虑大学等机构和新闻业等领域，在这些领域中已经能够看到其预期功能被市场力量所破坏的可能性。破坏性经济决定论的一个典型例子是奥巴马政府提出的根据毕业生工资来对大学生进行补贴的提议。新闻业同样放弃展开负责任的报道，转而支持特殊利益的议程，或依赖于耸人听闻的骗取点击量的故事。就政治而言，最引人注目的是美国的超级政治行动委员会，进一步削弱了选民影响政策的能力。其主要的目标是激励公共交通的使用和教育民主化，这是社会最贫困成员的两项主要支出，然而在这一点却没有授权官员重新分配财富。

与其将经济活动拉出市场，不如让更多的社会活动进入市场以创造就业机会。目前，市场也可以提供儿童保育、烹饪、清洁和园艺等无偿工作。国家还可以通过奖励志愿服务和其他有益于社会的活动来促进市场的扩张。2020年美国总统候选人杨安泽建议，国家可以提供"数字社会信用"作为奖励，奖励为社区服务的人们。扩大市场的作用，将使人们的生活水平取决于通过完成国家支持的行为获得的信用积分。然而，这会通过社会工程赋予国家更多权力。

普遍基本收入

普遍基本收入（UBI）是一个系统，每个人都可以定期收到钱以支付基本费用。普遍基本收入解决了与失业相关的一些直接的实际问题，但它也可能破坏职业道德并加剧阶级关系中的紧张局势。普遍基本收入制度所提供的经济保障要么会降低人们追求创新和生产性产业的动力，要么会鼓励他们冒更大的风险来发展新产业。虽然普遍基本收入可能会带来巨大的成本，但罗斯福研究所的一项研究估计，美国的普遍基本收入可能会对经济产生积极影响，在8年内为GDP增加2.5万亿美元。

埃隆·马斯克和理查德·布兰森（Richard Branson）等创新商业领袖主张将普遍基本收入作为应对技术失业挑战的必要条件。芬兰、荷兰、西班牙、美国和肯尼亚等国家都在尝试普遍基本收入。这种方法也已实施。美国阿拉斯加州自

20世纪80年代以来就实行了一种普遍基本收入,向每个公民支付固定费用,以获取该州能源资源的开采权。普遍基本收入被认为成功的程度取决于何种变量用于测量。尽管对普遍基本收入的研究有限,但结果表明它对就业几乎没有影响,但确实增加了幸福感。普遍基本收入的大规模实施将面临巨大的文化对抗,特别是在美国,个人奋斗的美德被珍视,加尔文主义仍然很强烈。

自由市场资本主义或社会主义的简单意识形态二元化分散了关于再分配的理性辩论的注意力,它掩盖了普遍基本收入背后的思想左翼与右翼人士都推崇的事实。普遍基本收入将不可避免地影响国家与公民之间的关系。它可能会发展成一个数字社会信用系统,奖励最符合社会要求的行为,或者被用来减少国家对私人生活的侵入性影响。在没有经济自由的情况下,国家可以运用极权主义式的教育来促进良好的公民意识。

自由市场的著名支持者弗里德里希·哈耶克(Friedrich Hayek)认为,当传统的社会结构无法提供安全网时,国家的责任应该是保护社会中最脆弱的人:

> 一个已经达到一定财富水平的社会可以负担得起所有人的生活。保证每个人都有一定的最低收

入，或者即使在无法自给自足的情况下，也没有人（的收入）低于这个下限（最低收入），这似乎不仅是针对所有人共同风险的完全合法保护，而且是一个大社会必要的一部分。

自由市场资本主义直言不讳的支持者——米尔顿·弗里德曼（Milton Friedman）也是普遍基本收入的倡导者。弗里德曼将普遍基本收入称为"负所得税"或"保证收入"，他认为其以小政府原则和市场原则为牢固的基础。负所得税可以取代反贫困计划中不必要的、低效的和日益增长的官僚主义，而这些（反贫困）计划在再分配方面效果不佳。与传统的反贫困计划相反，负所得税还赋予人们权力，这些计划告诉穷人该如何花钱，向其灌输社会屈辱感，并将穷人变成顺从国家的被动接受者。此外，负所得税将通过扭转"福利陷阱"来增加社会流动性。如果福利支付与工资相同或更高，那么低薪工作者的就业并不会很理想。相比之下，就业不会牺牲掉保障性收入。如果不需要为最基本的生活收入而工作，不必承担失去生计和房子的风险，那么社会中的很大一部分人可能会灵活地冒险创业，以此来发展自己的技能，加强教育，为慈善机构工作，为孩子或父母提供额外的照顾，或追求理想主义的目标。

小结

我们拥有自由市场的假象正变得越来越空洞，因为科技巨头正在建立垄断地位，资本与劳动力脱钩，创造性破坏正在对整个地区造成社会经济破坏，世界各地的中央银行以前所未有的速度印钞以避免痛苦的市场调整。资本主义似乎正在失败，如果数百万人失业并陷入永久性技术失业，情况很快就会变得更加复杂。政府可以负责制订更多的社会计划，但需要进行更广泛的改革。此外，有权进行再分配的政府不会支持日益脆弱和被剥夺权利的工人阶级，而是可能将大部分财富从中产阶级转移到大公司。

对自由市场资本主义的破坏既带来了机遇，也带来了风险。尽管我们可以解决系统中的缺点，但各国还没有明确探索可提供的替代方案。随着越来越强大的数字公司攫取生产资料以及基因操纵等新技术变得商业化，各国将需要干预经济。国家更多地参与国内经济的后果是充满风险的。第一次工业革命为经济自由主义提供了动力，同时也培育了政治自由主义。第四次工业革命可能会创造出由技术人员和官僚驱动的经济，这会破坏个人自由。弗里德曼的负所得税概念通过在不放弃自由市场和不创建更大、更具侵入性的政府的情况下重新分配财富来解决这些问题。

第六章　没有资本主义的地缘经济学：资本与劳动力脱钩

自第一次工业革命以来，资本主义因其改革和适应能力而得以幸存。然而，今天的政治两极分化对资本主义构成了生存威胁，因为它破坏了适应当前和未来技术所必需的改革。在极左翼，社会主义和共产主义的倡导者威胁要完全放弃资本主义。在极右翼，那些资本主义意识形态坚定的支持者，忽视了一些最伟大的资本主义思想家承认改革是必要的这一事实。大卫·李嘉图和约翰·梅纳德·凯恩斯认识到通过技术的发展来提高生产力可能不会使劳动者受益。亚当·斯密认为，财富创造会腐蚀个人和机构并加剧社会紧张局势，弗里德里希·哈耶克和米尔顿·弗里德曼主张将再分配作为维护政治稳定的道德要求。资本主义的成功使其当代支持者变得激进，以至他们忽视了旨在保持其平稳运行的机制。

大的社会转型：没有礼俗社会的地缘经济学？

第七章

引言

波兰尼在《大转型》中指出，工业革命和随后引入的市场经济导致了社会动荡，因为经济活动"脱离"了社会的非经济制度。技术进步扰乱了国内社会组织，迫使国家调动资源来维持社会凝聚力。自第一次工业革命以来，技术创造了越来越理性、充满计算和复杂性的社会。然而，我们的进化生物学逻辑是这样的：人们倾向于基于亲属关系的较小的部落社区。

人类的理性往往被过度高估，这导致对适应新技术能力的期望存在缺陷。数万年来，人类及其先人凭借高度发达的本能生存下来，其中并不包含我们现在所说的"理性"和"意识"。由理性与本能之间的分裂所定义的人的二元性，几千年来一直是宗教和哲学的中心焦点。这被柏拉图定义为灵魂和智力之间的斗争。一种占主导地位的本能被组织进同质的群体中。这种形成群体的冲动已经被民族主义所利用，并且仍然是通过复制一个独特的群体来获得意义、安全感甚至不朽感的基础。随着人们努力在工业社会中生活和寻找意义，工业革命复兴了关于人性状况的哲学。现代化的困境在于，人类偏好以理性为基础的更大、更复杂的社会，同时又依赖于以人际关系为基础的更小的社区，这些社区唤起了人性中的天赋和本能。

第四次工业革命带来了前所未有的机遇，但若想追求这些机遇，则需要破坏我们现有的社会安排。技术创新如此迅速地改变了社会、经济、政治和文化格局，以至于人们很难在由此产生的混乱中找到归属感。保留过去和适应未来之间的平衡正在减弱。工业革命会带来一个乌托邦式的未来——休闲、摆脱贫困、致力于智力和艺术发展，还是会带来一个人们被剥夺目标和意义、社会分层和债务增加的反乌托邦未来？人类是在工作更少、权利更多的环境下茁壮成长，还是在斗争和责任中找到目标？看起来，通过认知自动化并将重复性工作外包给机器以提高生产力并用休闲代替辛勤工作，我们将使世界变得更美好。然而，在社会结构和生活意义往往等同于工作的时代，社会之中被颠覆的部分是什么？当人类劳动将竞争力拱手让给机器时，我们以金钱衡量所有价值的经济确定性社会将发生什么？我们会重新获得第一次工业革命前人类的某些收获，还是会受到大规模失业的困扰？人力会像曾经的马匹一样成为一种价值下降的商品吗？唯一可以确定的是，当代社会将消亡，并被另一个社会所取代。

本章首先探讨作为一种社会现象的创造性破坏。科学和技术使以前的社会结构和道德来源变得过时。未能重塑与人们的本能冲动保持联系的社会结构将导致虚无主义和衰败。其次，有人认为，过度关注技术的经济效用会分散其对社会的影响。技术本身没有好坏之分，它的使用必须与人性相协调。再次，有人认为，在第四次工业革命中可能有工具将礼俗社会与法理社会联系起来，并建立仁慈的边界，以作为工业对社会的破坏的补救措施。第四次工业革命将产生强大的动力，作为一种前沿事物大胆进入太空，用以补充意义感，以抵消社会性颠覆带来的破坏。最后，有人认为，国家之间的地缘经济竞争很大程度上受到社会稳定的影响。一个国家要想作为一个单一的行为者运作，就需要改造社会的道德、价值观和组织。否则，国际事务中的优先事项将在理性的、计算地缘经济利益的务实追求与以文化和精神术语定义其利益的被剥夺权利的民众之间形成两极分化。本章得出的结论是，大国必须利用技术来振兴礼俗社会和人民的本能特征，以便作为一个单一和理性的参与者在地缘经济上竞争。

创造性破坏的社会方面

巴勃罗·毕加索（Pablo Picasso）认为"每一种创造性

第七章 伟大的社会转型：没有礼俗社会的地缘经济学？

行为首先是一种破坏行为"。披头士乐队的著名歌曲《革命》(*Revolution*)包含了和平主义的声明："但是当你谈论破坏时，你不知道你可以把我排除在外吗？"考虑到所有革命都涉及破坏，这有点讽刺。今天的创造性破坏也不例外。在政治和工业革命中，破坏是创造的内在组成部分，因为必须拆散现有系统才能让位于新系统。旧系统被破坏的方式会影响取代它的新系统的性质。这就是为什么有必要详细研究社会（被）颠覆的原因。

科技的发展呈现出人类知识的线性进化，其速度超过了我们的生物进化。尽管新技术已经使以前的社会结构过时，但理性的头脑无法摆脱与生俱来的和非理性的特征。人类在数万年的时间里发展了在自然界中生存的原始本能，并且无法用最近才发展起来的理性过程来完全取代它们。本能在生物学上根深蒂固于神经系统和大脑中，以安全感和意义来奖励"正确"的行为，并以不适、不安全感和虚无主义的感觉来惩罚偏差。

科技应该将我们从过去的传统中解放出来，还是应该将我们与天生的冲动更紧密地联系起来？生产力越来越多地与社会组织发生冲突。托马斯·潘恩（Thomas Paine）一直坚决反对传统的力量，吉尔伯特·基思·切斯特顿（Gilbert Keith Chesterton）将传统描述为死者的民主，约翰·斯图尔特·穆勒将"习俗的专制"称为对人类进步的限制。本着解构过去的革命运动的精神,马克思同样主张:"所有死去的世代传统就像一座阿尔卑斯山压在生者的大脑上。"相比之下,埃德蒙·伯克(Edmund Burke)拥护连续性和传统的美德,作为对破坏社会的破坏性革命运动的平衡。

重塑一个日益由机器主导的文明的斗争是19世纪欧洲哲学的核心。知识分子认识到工业化揭示并加剧了人的二元性。人性的分裂,源于千百年来被局限在自然和以本能为基础的社会中,然后突然被迫按照与本能背道而驰的理性和算计来考虑生活。因此,哲学关注的是传统与现代、有机与机械、本能与理性、独特与普遍、过去与未来以及灵魂与智慧的竞争力量。在某种程度上,这些想法建立在柏拉图的基础之上,柏拉图认为人类必须平衡两个秩序——灵魂的内部和本能秩序,以及国家的外部和计算秩序。

创造性破坏及其补救措施主要集中在经济学上。然而,工作也是尊严、道德和意义的源泉。创造性破坏使政治领导人有必要解决失业带来的经济影响之外的社会问题,这需要对目的有哲学层面的理解。技术创新和工业化带来了违背人性的社会重组。熊彼特作为经济概念的创造性破坏主要建立在弗里德里希·尼采(Friedrich Nietzsche)的哲学之上。尚不清楚熊彼特是直接从尼采那里借用了这个概念,

第七章 伟大的社会转型：没有礼俗社会的地缘经济学？

还是间接通过维尔纳·桑巴特（Werner Sombart）的经济思想来形成的，而桑巴特的著作直接基于尼采的思想。无论哪种方式，经济原理都与对人性、社会和意义来源的哲学理解密切相关。

尼采认为创造者也是价值和法律的破坏者，因为旧事物的破坏必须先于新事物的创造。因此，创造者必须意识到旧的事物并准备摧毁它，以便新事物可以取代它。相反，不愿放下过去并摧毁它会导致停滞和衰败，因为旧事物最终会消散它的能量并枯萎。但是，破坏本身并不会自动导致创造。摧毁过去而不创造未来是虚无主义者和无政府主义者的目标，他们努力彻底地毁灭旧的结构。但用什么代替旧事物？关于现代化的一个常见误解是：它需要剔除和超越过去。相反，现代化需要在旧事物的基础上进行新的建设，就像年迈的父亲将他的遗产和传统传给儿子一样，可以促进世代的连续性和变化性。

尼采对欧洲创造性破坏的拥护并不意味着用完全不同的和优越的东西取代欧洲文化。相反，欧洲文化停滞不前和颓废的一面必须消亡，才能让文化通过创造符合当代现实的新事物来更新其基础。荣格（Jung）在"现代人的精神问题"中同样指出，新事物必须在对过去的深刻熟悉中发展。他警告说，现代化往往表现出"对传统观点和继承真理的根深蒂固的厌恶"。荣格担心技术会使人与他的个人意识、有用性和本能疏远。

尼采本人似乎从古代宗教和哲学思想中借用了创造性破坏的概念。尼采认为:"你一定希望在你自己的火焰中燃烧自己:除非你先化为灰烬,否则你怎么可能希望成为新的!"这句话类似于希腊神话中的凤凰,一种长寿的鸟,在它生命的尽头,凤凰会筑巢并点燃它,以净化自己的弱点和颓废,然后从灰烬中重生,变得更强大、更有活力。凤凰也成为早期基督教的象征,后者将基督的死和复活比喻为人类(社会)更新的先决条件。在东方哲学中也发现了创造和毁灭是矛盾的但相互依赖的想法。中国的阴阳哲学描述了人性中矛盾力量的相互依存关系。换句话说,随着旧秩序导致停滞和衰败,要想保持稳定性就需要发生变化。

技术与礼俗社会之死

费迪南德·托尼斯(Ferdinand Tönnies)提出了一种简洁的社会理论来解释工业化引起的社会紧张局势。托尼斯从社会学的角度将社区(礼俗社会)和社会(法理社会)加以区分。个人本能地倾向于小型传统社区或礼俗社会,这些社区由社会资本,以及基于共同传统、亲缘关系和亲属关系的

第七章 伟大的社会转型：没有礼俗社会的地缘经济学？

信任统一起来。同时，个人也倾向于更大、更复杂的社会或理性和计算的社会。必须平衡这两种相互矛盾的冲动，以维持社会稳定。否则，随着社会的进步，它会危及社区，引发反击。从历史上看，为了追求更复杂和更先进的社会而进行的创造性破坏逐渐瓦解了社区，并催生了涉及怀旧、传统和精神追求的回潮。决策者理性和有计划地行动的能力——根据新现实主义权力平衡的逻辑来最大化权力和安全性——在很大程度上取决于作为一个单一行为体的内部凝聚力。而这也取决于对古典现实主义所承认的人的非理性和原始本性的正确理解。

自从人类第一次在土地周围建立围栏以来，对资本主义的赞美和批评基本上没有改变。这为农业现代化和开启工业化所需的劳动力奠定了基础。圈地导致土地权的引入和共同权利的废除，导致社会流离失所和新的等级权力结构的形成。富人占用了公共土地，而无地农民失去了自主权，不得不依靠在市场上出售劳动力来生存。英格兰市场经济的发展导致国家将渔猎法的司法权委托给贵族，贵族利用此类法律迫使普通民众进入劳动力市场。国家的作用扩大到确保社会不会因为经济和社会混乱而完全屈服于市场力量。封建时代的强大国家为不受约束的市场力量提供了一些限制，"英格兰经受住了圈地的灾难而没有受到严重破坏"，因为国家设法"放慢了经济改善的进程,直到它变得社会可以承受"。

机械化彻底重组了社会:劳动本身具有了新的意义,社区和传统被撕裂,新的意识形态改变了个人、公司和国家之间的关系。在第一次工业革命之前,经济牢固地锚定在传统社区中,商业互动基于社会义务和人际关系。由于生产方式效率低下,人们不得不长时间从事体力劳动。然而,农民享有自主权,因为他们拥有资本——他们的土地。社区,不仅仅是职业或物质价值,定义了身份,而缺乏有组织的工作结构也使人们将工作与娱乐混合在一起,成为一种习惯。在第一次工业革命之前,工作和娱乐之间的区别更加模糊。从工业革命起,工作和娱乐就成为两个独立的追求,以帮助青少年为成年做好准备。第一次工业革命将自主农民变成了工厂员工。劳动力重组也分裂了家庭,因为从农场到工厂的转变意味着家庭成员在工作日的大部分时间里都是分开的。此外,由复杂的经济结构组织起来的铁路和电报等技术正在削弱人们保存传统——作为社会稳定和"持久性格"的基础——的能力。

工业革命提升了人类的潜力,并最终带来了前所未有的财富创造。然而,工业革命也激发了一个古老而危险的想法——人类的问题可以用无限的物质财富来解决。人们通常从经济角度来看待第一次工业革命,而对其社会影响的关注较少。查尔斯·狄更斯（Charles Dickens）和其他人的文献反映了有关铁路等技术产生的不稳定影响，以及有关机械对工人阶级产生的影响的担忧。维多利亚时代的英国知识分子和作家普遍将技术描述为"去人性化"。卢德分子的行动不仅出于对技能和收入损失的恐惧，也是对道德价值观所面临的挑战的回应。将农业社会转变为劳动力市场的有力推动导致了"传统社会结构的大规模破坏"。以下段落生动地描述了这是如何影响社区的：

> 社会结构正在被打乱；荒凉的村庄和住宅的废墟证明了革命的激烈程度：危及国家防御，荒废城镇，屠灭人口，将负担过重的土壤变成灰尘，骚扰人民，使他们从体面的农民变成一群乞丐和小偷。
>
> （Polanyi 1944：37）

市场自我调节的主流观念引起了激进的社会变革。技术和自由市场的力量导致人们从他们的社区中脱离出来：

> 什么样"撒旦磨坊"会把人磨成大众？新的外在状况造成了多少影响？在新条件下开展经营会产生多少经济依赖？致使旧的社会组织被破坏、

> 人类尝试与自然进行新的融合却以失败告终的机制是什么？
>
> （Polanyi 1944：35）

马克斯·韦伯后来警告说，工业化社会的理性计算剥夺了人们的人性，因为它"把每个工人都变成了这台（官僚）机器中的一个齿轮，如果从这个角度来看他自己，他只会问如何将自己从一个小齿轮转变为一个更大的齿轮"。这种情况最终会"让我们绝望"。

工业化的自由市场经济代表着与人类社会传统组织的决裂。市场不是自然组织起来的：人们会本能地抵制它，"19世纪的文明史主要是关于人类试图保护社会免受这种机制的破坏的"。一切神圣事物的商品化对社会秩序和人际关系产生了毁灭性的影响。这引发了一个辩证的过程，主张保护主义的新意识形态从中出现。工业市场社会引发了两种相互矛盾的运动——一种致力发展效率最大化的自我调节市场，另一种抵制破坏社会的市场力量。稳定性取决于在这两种相反的力量之间找到平衡，因为朝着任何一个方向的彻底转变最终都会证明是破坏性的。

人们普遍担心工业革命的技术使人们远离自然环境，导致社会变得软弱和颓废。工业革命被视为要么将

第七章 伟大的社会转型：没有礼俗社会的地缘经济学？

人类从自然中解放出来，要么将其奴役于技术。海德格尔（Heidegger）将现代工业社会描述为暴虐的，因为它抑制了人们与原始自然直接互动的能力。为了重获失去的东西，海德格尔的哲学被用作支持国家社会主义党恶性政治的理论源泉。

仅仅为了取得物质进步而寻求技术发展会破坏社会和文明本身。奥斯瓦尔德·斯宾格勒（Osvald Spengler）认为西方文明已经筋疲力尽，正在衰败，除非它能够找到一种方法来摆脱其颓废的一面并进行自我更新。斯宾格勒的主要论点是，一个因无法复制过去而与自身文化脱节的文明最终将像一棵没有根的树一样枯萎。詹巴蒂斯塔·维科（Giambattista Vico）认为，当现代和理性开始取代想象力和精神时，文明的衰败就开始了。布鲁克斯·亚当斯（Brooks Adams）和康斯坦丁·列昂蒂耶夫（Konstantin Leontiev）同样担心复杂的社会会侵蚀保持社会完整以及和谐社会的资本。皮蒂里姆·索罗金（Pitirim Sorokin）同样将日益理性和物质化的社会视为是与维持文明的精神和文化直接冲突的。索罗金告诫说，进步是走中间道路的结果。伯克哈特（Burckhardt）将文艺复兴和现代性描述为是具有有害特征的，文化成为商品，人们随后与过去失去联系。启蒙运动和文艺复兴的过激行为随后催生了反启蒙运动和浪漫主义。

资本主义无法解决这些社会混乱，这为激进的替代方案打开了大门。早在18世纪早期，欧洲大陆人就对英格兰的农业进步表示钦佩，但对由城市化和结构性变化引发的政治和社会后果感到担忧。在大西洋彼岸，托马斯·杰斐逊（Thomas Jefferson）试图避免北美发生西欧制造业社会的道德沦丧。对自由贸易的道德影响的担忧一直持续到西奥多·罗斯福（Theodore Roosevelt）。他在1895年写道："感谢上帝，我不是自由贸易者。在这个国家，对自由贸易学说有害的放纵似乎不可避免地会导致道德纤维的脂肪变性。"在前共产主义时代的俄罗斯，也有类似的政治力量试图描绘社会保守主义的未来。

到了20世纪初，技术对资本与劳动力之间的紧张关系的影响已在三种现代意识形态中达到顶峰：法西斯主义、共产主义和自由主义。正如波兰尼所说，对自由市场资本主义的推动创造了意识形态上的平衡。希特勒、墨索里尼和斯大林是为应对自由市场资本主义而出现的怪物。"法西斯主义与社会主义一样，植根于拒绝运作的市场社会。"卢特瓦克在1990年代初期同样预测"法西斯主义是未来的浪潮"，认为加速的全球化最终将被致力于加强个人经济安全并限制全球化对社区社会结构造成破坏性后果的政治力量所抵制。

第七章 伟大的社会转型：没有礼俗社会的地缘经济学?

劳动后的意义：作为无聊和神经质的家庭主妇的人性

自动化劳动有望将人类从生存斗争的历史中解放出来。然而，为了在几个世纪中生存下来，人类进化已经形成了奖励与意义感的斗争的本能。人类从劳动中获得更大自由的努力导致了两难境地，因为（劳动的）目的主要在于承担责任，而责任感通过照顾家庭或劳动来获得。现代社会面临着压力，因为道德本身正在从关注个人责任转向关注个人权利——例如，从抚养孩子的责任转向终止妊娠的权利。将人类从生存斗争和对他人的责任中解放出来，会产生虚无主义和自恋的危险结合，动摇当代社会的根基。

约翰·梅纳德·凯恩斯也认识到，由于事关经济和生存的斗争一直是（人类社会中）主要的斗争，人类的进化生物学相应地发展了我们的冲动和本能。他认为，人类应该小心地将自己从劳动中解放出来，因为"如果经济问题得到解决，人类将被剥夺其传统目的"。凯恩斯警告说，如果技术和自动化消除了对劳动力的需求，人类可能会经历类似于富有的家庭主妇没有生存目的的精神崩溃：

> 我们已经对我想表达的有了一点经验：在英

国和美国，在富裕阶层的妻子——不幸的妇女——中精神崩溃的现象已经很普遍了，其中许多人一直因其所有的财富被剥夺了他们过去拥有的任务和职业——一旦被剥夺了出于经济需要的物质刺激，她们便无法从烹饪、打扫和修理中找到乐趣了，但她们同时也找不到比这些活动更有趣的事情了。

因此，用普遍的基本收入来抵消永久失业是不够的，因为还需要解决由此导致的意义缺乏。马克思提出的"异化"或精神危机假定，人类在劳动中没有自主权，也没有能力塑造周围的世界。工作场所以及在其中发生的斗争是意义的重要来源，可以有把握地预测，技术失业所产生的后果超越随之而来的经济困顿。人们将陷入抑郁，通过虚拟现实娱乐等新技术寻求摆脱不适感，或寻求激进运动。高尔（Gore）认为，"原教旨主义的复苏"源于："现代文明（似乎是基于其中心的空虚）中的精神危机，以及更大的精神目标的缺乏"。研究发现，失业超过一年的美国人中，有20%可能患有抑郁症，这是在职人士的两倍。查看邮件不太可能解决此问题。随着财富的增加，心理健康下降。2009年，世界心理健康调查报告称，超过五分之一的美国人患有抑郁症，三分之一患有焦虑症，几乎一半人出现精神障碍症状。

第七章　伟大的社会转型：没有礼俗社会的地缘经济学？

作为一名在逆境和苦难中找到意义的神经学家、精神病学家和大屠杀幸存者，维克多·弗兰克尔（Viktor Frankl）总结道：

> 人真正需要的不是一种没有压力的状态，而是为了某个值得他为之付出的目标而追求和奋斗。他需要的不是不惜一切代价来释放紧张，而是召唤等待他实现的潜在意义……如果没有意义，人们就会用享乐主义的快乐、权力、物质主义、仇恨、无聊或神经质的痴迷以及强迫症来填补空虚。

陀思妥耶夫斯基（Dostoyevsky）还假设，如果人类从斗争中解放自己并建立乌托邦，人类将很快将其摧毁，以便在混乱中重新发现自己的人性：

> 理性是极好的东西，这一点无可争辩，但理性不过是理性，只满足人性理性的一面……即使人真的只是一个钢琴键，即使自然科学和数学都证明了这一点，即使那样他也不会变得通情达理，而是会出于单纯的忘恩负义而故意做一些变态的事情，只是为了证明他的观点……那么，毕竟，也许只有通

过他的诅咒才能达到他的目的,即真正说服自己,他是一个人而不是琴键!如果你说这一切也都可以通过计算和制表来实现……那么人类就会故意发疯,以摆脱理性并证明他的观点。

成功和胜利往往伴随着颓废,因为物质主义和消费成了意义和幸福的替代品。

使技术的效用与人性相协调

技术使我们通过点击与整个世界进行交流,并收集和检索大量信息。此外,人工智能有望产生人类并不总是完全理解的新知识。然而,这些强大的技术是出于什么目的呢?技术的作用是否会变得如此无所不在,以至于它定义了自己的目的和世界本身?尽管启蒙运动使用技术来传播关于人类、理性和世界的哲学思想,但这一过程似乎已经逆转,现在主流技术正在寻找目标和指导哲学。

技术本身并无好坏之分:它的本质取决于它的目的。尽管经济增长是开发新技术的主要驱动力,但斯宾格勒对过度关注新技术的经济效用的担忧值得进一步研究。斯宾格勒告诫说,英国唯物主义的"毁灭性肤浅"导致(人们)无法理

第七章 伟大的社会转型：没有礼俗社会的地缘经济学？

解技术带来的变化的深度，因为人类的成就和技术的效用完全由"节省劳动力和创造娱乐而非灵魂"来定义。同样，卡尔·施密特（Carl Schmitt）对自由主义的批评集中在其对经济、技术的过度理性和计算性处理是优先于用以灌输价值观的传统、文化和神圣性的。更近一些，圣雄甘地（Mahatma Gandhi）同样将"没有人性的科学"认定为七大罪之一。

如果新技术仅仅旨在降低劳动力成本和提高市场效率，第四次工业革命可能对社会和人类造成灾难。经济决定论的社会允许经济利益定义他们的技术、文化、政治和智力活动。希腊悲剧、拜伦的戏剧、莎士比亚的十四行诗以及陀思妥耶夫斯基和歌德的小说由于无法产生利润而在社会中失去了意义。我们逐渐从经济国家转变为国家经济，社会的所有领域都根据其经济效用进行评估。这贬低了信仰、家庭和传统，所有这些都被视为是没有多少效用和吸引力的。例如，人口下降主要被视为还是可以通过大规模移民来解决的经济问题。尽管经济决定论最初欢迎大规模移民，但现代社会对非熟练劳动力需求的减少可能会导致对移民的强烈反对，就像无家可归者被非人化一样。在所有价值都以经济效率衡量的社会中，当人类的生产价值下降时会发生什么？列昂季耶夫（Leontief）假设：

247

引入新的计算机化、自动化和机器人化设备有望减少劳动力的作用,这与引入拖拉机和其他机械的过程类似,首先减少然后完全消除了农业中的马和其他役畜。

如果不解决技术如何重塑目的和恢复礼俗社会的问题,技术将仅用于掩盖衰退的症状。技术剥夺了人们的人际关系,否认了他们本能的需求,同时也起到了镇静剂的作用,使他们忽视社会衰退的后果。乔治·凯南(George Kennan)假设"人们被汽车、广告、收音机和电影所迷惑并变得衰弱"。卡钦斯基(Kaczynski)认为,即使技术和现代社会使个体生病,他们也会用药物和电视节目来麻痹症状。同样,数字化创建的角色取代了真实可靠的社交互动,导致了更大的孤立感和社会资本的损失。随着越来越多的人决定不结婚和抚养孩子——就像在日本一样——机器人取代人类陪伴的市场也在增长。然而,机器人技术随后被应用于治疗症状,而不是用来治愈导致社区和家庭瓦解的疾病根源。人们因肤浅的伙伴关系而变得去社会化,这种伙伴关系没有对人们提出要求或责任。研究表明,孩子们越来越喜欢机器人玩具,它们可以与之互动并模仿人类或动物的行为。然而,这引起了人们对人类情感机械化的担忧。

第七章 伟大的社会转型：没有礼俗社会的地缘经济学？

社会和文明的拯救取决于提供使技术与人性相协调的哲学人类学。美国作为第一次工业革命期间有关社会经济（相对）稳定性的研究案例脱颖而出。杰斐逊总统深信西欧制造业社会侵蚀了道德。除了满足发展国内制造基地以摆脱英国统治的经济必要性之外，美国还引入了使这一过程与社会稳定相协调的社会准则。

美国的自由理想——被定义为由强大的财产权支持的自力更生和个人责任——确保工作不会被简化为仅仅将食物放在餐桌上的活动，而是保持尊严、道德和意义的源泉。随着第二次工业革命中大规模生产和大公司的出现，经济和社会结构之间开始出现不和谐。尽管产权是小规模生产者和农民获得自由和自主的源泉，但产权也为大公司决定其员工的生活条件并将自力更生的工人转变为工薪劳动者提供了法律基础。20世纪后期美国制造业工作岗位的流失除了降低了工人阶级的收入，还产生了深远的影响。制造业与美国文化息息相关，这些职业的消失削弱了职业自豪感。

第二次世界大战后，西方资本主义经济体系赋予政府重要的权力来进行干预，以保护传统社区免受日益增长的市场效率和由此产生的创造性破坏所带来的负面影响。鲁吉（Ruggie）将冷战后的资本主义制度定义为"嵌入式自由主义"，波兰尼关于19世纪市场已经脱离社会的论点参考了鲁吉的定义。在将自由贸易与福利计划和社会责任相结合的过程中，各国政府不再只是确保没有任何事情干扰自由市场的管理者。尽管亚当·斯密被誉为自由市场经济的"典型代表"，但他也认识到政府干预市场以履行国家的社会义务的必要性。

尽管如此，自第二次世界大战以来，西方政府几乎完全将其政治合法性押注于其实现永无止境的经济增长的能力。20世纪70年代的经济停滞标志着根深蒂固的自由主义的消亡，最大限度地提高市场效率的需要降低政府履行社会责任的能力。20世纪80年代的里根主义和撒切尔主义是对经济停滞的回应，但它们并没有成为重启经济的临时解决方案，而是被誉为解决所有问题的意识形态解决方案。在美国，传统资本主义因彻底放松管制、接受更高的失业率、缩减工会规模和国家社会责任的解除而受到破坏。在新意识形态下，充分就业高于市场效率等概念被视为对资本主义的背叛。尽管国家以前是公众利益的保证者，但现在它已成为腐败、官僚机构低效和技术惰性的象征。20世纪90年代经济的数字化和全球化提高了社会成本，灵活的劳动力市场需要较少的法规和工作者保护，经济变化对工资施加了下行压力。使社会屈服于市场力量的做法催生了民族国家的经济决定论。由于缺乏经济效用，宗教、文化、家庭和传统的重要性下降了。

第七章 伟大的社会转型：没有礼俗社会的地缘经济学？

随着政治左派放弃经济再分配，政治右派放弃社会保守主义，社会责任开始在政治上萎缩。克林顿政府开始远离与左派相关的传统再分配和经济正义平台。当自由市场成为最高价值时，保守派开始忽视定义了传统价值观、家庭、信仰和社区的社会责任。

> 定居社区的悲凉和既定期望的破灭不会受到原教旨主义市场自由主义者的哀悼，而很可能会受到欢迎。对他们来说，没有任何价值会受到市场机构不受约束的运作的威胁。无法通过消费者选择来更新自己的社区和生活方式应该消亡。保护有价值的文化形式不受市场力量的影响是一种不可接受的家长式作风。就这样，熟悉而乏味的长篇大论还在继续。
>
> （Gray 1995：100）

这些情绪也是炸弹客（Unabomber，即泰德·卡辛斯基）宣言的一部分，这是一位著名的美国学者出身的恐怖分子：

> 他们抱怨传统价值观的衰落，但他们热情地支持技术进步和经济增长。显然，他们从来没有想过，你不能在不引起社会所有其他方面的快速变化

的情况下，对一个社会的技术和经济做出快速、剧烈的变革，而这种快速变革不可避免地会打破传统价值观。

（Kaczynski 1995：7）

对传统价值观和道德的模糊提及也被转化为对治理、意义以及理解和塑造世界的能力的具体关注。在20世纪90年代的数字革命期间，萨根（Sagan）质疑社会适应快速技术变革的能力：

> 科学不仅仅是一个知识体系，这是一种思维方式。我对我的子孙时代的美国有一种预感——那时美国会是一个服务和信息经济体系；当几乎所有的关键制造业都流向其他国家时；当令人敬畏的技术力量掌握在极少数人手中，代表公共利益的人甚至无法把握问题时；当人们失去了制定自己议程或明智地质疑当权者的能力时；当我们抓着水晶球，紧张地查看我们的星座时，我们的批判能力正在衰退，无法区分感觉良好和真实，我们几乎没有注意到，我们倒退回了迷信和黑暗的时代。

第七章 伟大的社会转型：没有礼俗社会的地缘经济学？

地缘经济学的社会困境

从19世纪末到20世纪初，沙俄拥抱工业化，在谢尔盖·维特的政策下，成为大国中增长最快的经济体。1891年的关税法案促进了沙俄的棉花、钢铁和工业机械产业，而斯托雷平（Stolypin）后来通过市场化改革推进了农业发展，并在1906年建立了农民土地银行。从圣彼得堡延伸到太平洋的铁路网络在沙俄创造了前所未有的经济连通性，这使得麦金德（Mackinder）相信，大英帝国的市场也将落入沙俄手中。然而，到了1917年，布尔什维克革命者放弃了资本主义，从而降低了其运用经济治国的能力。沙俄在快速工业化期间，未能认识到也未能缓解社会混乱和恶劣的工作条件，这为激进的马克思主义替代方案奠定了基础，但这种替代方案很难在经济上发挥作用，并以破坏力试图创造出从过去和本能冲动中被解放出来的共产主义者。

当代地缘经济的社会困境在于，其对技术的重视主要是因为技术具有经济效用，并且当代地缘经济可以发展法理社会以获得市场效率和实力，即使由此产生的对礼俗社会的颠覆破坏了社会稳定。社会两极分化和政治不稳定威胁到国家作为单一行动者和为战略目的调动资源的能力。

19世纪70年代和80年代，在第一波全球化浪潮中人们见证了跨境国际贸易和人员流动的爆炸式增长。在德国，经济和社会利益出现分歧，企业和政府需要通过引进移民来满足对劳动力的需求，而民众开始对人口结构混乱持谨慎态度。他们想要工人，但得到了人。加利福尼亚州的经济和社会发展之间的脱节也很明显，工会领袖丹尼斯·科尔尼（Denis Kearney）以"中国人必须离开"的口号要求减少中国劳工和移民。

过去和现在的民粹主义运动都接受过关于精英利益与普通民众利益之间日益脱节的言论。认为过去的消亡是进步的世界主义精英与寻求振兴传统社会的"内部无产阶级"之间的分歧导致了社会的分裂。汤因比（Toynbee）明白，两极分化的文明最终将无法在国际事务中基于共同的利益行事，因为"内部无产阶级"总是与"外部无产阶级"——两者构成一个边缘化的基于礼俗社会的文明——进行接触，以共同反对他们共同的对手——世界主义精英。

亨廷顿认为，社会混乱最终将被提升到经济学家定义的理性利益之上，从而推动地缘经济竞争。经济上强大的"达沃斯人"（Davos Man）已然崛起，正如塞缪尔·亨廷顿（Samuel Huntington）和史蒂夫·班农（Steve Bannon）所描述的那样，达沃斯人是不依附于过去或一个地方的世界性生物，只忠于自身利益的人。达沃斯人是西方日益成功的民

第七章 伟大的社会转型：没有礼俗社会的地缘经济学？

粹主义者的目标——这种现象深深植根于身份问题和文化。与此同时，普通公民本能地寻求保护传统价值观、民族认同、文化和制造业工作。

> 对许多精英来说，这些担忧仅次于参与全球经济、支持国际贸易和移民、加强国际机构、在国外推广美国价值观以及在国内鼓励少数族裔身份和文化。公众和精英之间的核心区别不是孤立主义与国际主义，而是民族主义与世界主义。
>
> （Huntington 2004：5）

罗迪（Rorty）预计，由超然的世界精英支持的过度经济自由主义会产生政治激进主义：

> 工会成员以及无组织和不熟练的工人迟早会意识到，他们的政府甚至没有试图阻止工资下降或阻止工作外包。大约在同一时间，他们会意识到郊区的白领——那些非常害怕被裁员的人——不会让自己被征税来为其他人提供社会福利。到那时，有些东西会彻底破碎。郊区外的选民会认为这个系统已经失败，并开始四处寻找一个可以投票的强人——

一个愿意向他们保证，一旦他当选，沾沾自喜的官僚、狡猾的律师、高薪的债券推销员和后现代主义教授将不再发号施令……一旦这个强人上台，没人能预测会发生什么。

国家利益和联盟从经济实用主义转变为文化保护主义。帕特里克·布坎南（Patrick Buchanan）认为，未来几年世界将沿着全球主义与民族主义的鸿沟进行重组：

> 由于20世纪下半叶的决定性斗争是纵向的、东方与西方的斗争，因此21世纪的斗争可能是横向的，每个国家的保守派和传统主义者都排成一列，反对多元文化和跨国精英的激进世俗主义。

民粹主义者通常将移民、激进的世俗主义和多元文化主义视为对文化的主要威胁，但科技巨头使用的机器人技术和人工智能将越来越成为精英与人民之间日益分裂的原因之一。就像卢德分子摧毁了破坏他们生活方式的机器一样，越来越多的愤怒将直接针对那些将经济利益提升到社会利益之上的技术。

第七章 伟大的社会转型：没有礼俗社会的地缘经济学？

弥合礼俗社会与法理社会

人工智能试图理解智能实体。因此，研究它的一个目的是更多地了解我们自己。但与同样关注智能的哲学和心理学不同，人工智能致力于构建智能实体并理解它们。早在古希腊，苏格拉底就试图定义虔诚的特征，放在现代语境下可以理解为区分虔诚与非虔诚的算法。柏拉图认为，人必须平衡灵魂的本能秩序和理性头脑的基于计算的外部秩序。因此，人工智能必须努力满足的不仅仅是理性和物质上的需求。

第四次工业革命为重新平衡礼俗社会和法理社会提供了工具。第一次工业革命的自动化改变了农村社区，把曾经自治的农民变成了工厂里依赖薪酬生存的工人。技术使发展更大、更理性和复杂的社会成为可能，鼓励人类走出小而有限的社区。第四次工业革命的技术使人们能够与复杂的社会联系以获取知识、科学并发展理性思维。同时，无须集中繁重的体力劳动，他们可以撤回到当地社区。新技术可以增强自给自足和所有权的过度生产，使经济活动再次区域化，并刺激制造业的激进回流。第四次工业革命的技术不会像第一次工业革命中所担心的那样将人变成机器，而是可以使人重新获得人性。

第四次工业革命还可以开辟新的良性前沿事物，来作为社会混乱的补救措施。科学技术的进步对道德秩序和意义造成了创造性破坏。尼采认为，启蒙运动越来越多地导致"上帝之死"，这是有问题的，因为对上帝的信仰为人们提供了意义。随着价值和道德源泉的减少，虚无主义将摧毁社会。因此，对社会和文化的创造性破坏引发了对"超人"的需求——新价值观和道德的创造者，以填补因失去对神圣规定的道德秩序的信仰而留下的真空。与上帝不同，超人属于物质世界，并被定义为拥有强大能力，因为它体现了人的二元性。超人是一位强大的战士，可以处理由本能冲动造成的混乱，但在推进理性和科学方面的能力也很出色。

超人代表了一个深刻的真理，它本身就奠定了宗教的基础——在人类平衡本能与理性的能力中可以找到卓越价值。在希腊神话中，宙斯有两个儿子：阿波罗是理性思考、逻辑和秩序之神，而狄俄尼索斯是非理性、本能和混乱之神。古代美索不达米亚的神话讲述了关于两个原始神灵的类似故事：代表秩序的父亲阿勃祖（Abzu）和代表原始混乱的母亲提亚玛特（Tiamat）。相应地，埃及的奥西里斯之神以智慧和美德的统治体现了慈父般的精神，而他的妻子伊西斯则是黑暗与混沌女神。随着宗教和上帝的衰落，这个世界的超人将通过平衡人的二元性来灌输新的价值观和道德。

第七章 伟大的社会转型：没有礼俗社会的地缘经济学？

工业革命造成的社会混乱刺激了殖民主义的兴起，（殖民地）定居者成为超人的体现。尽管市场的扩张势在必行，但与活跃的边境和野蛮的遭遇也通过培养共同的目标和精神，使社区意识重新焕发活力。由于传统社会的破坏，工业资本主义通常与文化衰退有关。人们试图通过迁移到欠发达地区来平衡技术对社会的破坏，试图重新发现传统并与自然联系起来。移民缓解了一些社会压力，因为从社会变革中诞生的激进分子可以简单地离开。然而，人们担心这会耗尽国家的精力，而这种移民会"滋养"其他国家。例如，德国担心移民到美国的浪潮会导致德国文化的终结。然而，德国文化在巴西的定居点繁荣起来。殖民主义成为最好的解决方案，定居者将自己安置在"新土地"上，在那里文化可以得到保存，不会因与当地人混在一起而被破坏。

殖民定居向制造业社会灌输了作为礼俗社会和法理社会混合体的意义。实现荣耀和美德的马基雅维利策略吸引了人类的二元性，而殖民化为欧洲人提供了一个出口，可以根据原始冲动对"未开化"采取行动，同时在欧洲同胞眼中保持文明。"边疆理论"（frontier thesis）假设美国的个人主义、进步和美德特征在很大程度上是其（开拓）西部边疆的结果。向西扩张分散了人们对工业化社会的社会混乱的注意力，并灌输了对美好未来的乐观情绪。持"美国的天定命运论"（America's Manifest Destiny）的定居者本质在很大程度上体现了边疆精神。泰纳（Turner）警告说，到达太平洋海岸将是一场代价高昂的胜利，因为它将迫使美国面对工业化社会的社会弊端。由于"不进步文明的衰落"，冒险进入太平洋并模仿欧洲殖民主义可以推迟这一清算日。西奥多·罗斯福同样相信，通过在国际事务中开辟新的疆域，可以扭转恶化的过程并振兴社会。俄罗斯也出现了类似的前沿理论，人们认为可以通过发展铁路和冒险进入广阔的东部草原发展欧亚未来，进而平衡工业化的负面影响：

> 当我们抱着对亚洲的新观点来转向亚洲时，可能会发生与发现美洲时欧洲发生的事情相同的事情。因为，事实上，对我们而言，亚洲就是我们尚未发现的那个美洲。随着我们向亚洲的推进，我们将拥有新的精神和力量的高潮。只要我们变得更加独立，我们就会立即发现我们必须做的事情；但是在欧洲生活了两个世纪后，我们已经不习惯任何形式的活动，变成了喋喋不休的人和闲散者。
>
> （Dostoyevsky 1994）

第七章 伟大的社会转型：没有礼俗社会的地缘经济学？

作为新超人的太空牛仔

第四次工业革命将创造强大的动力，建立一个类似的前沿阵地（边疆），将其作为社会颠覆的压力阀，并灌输对美好未来的愿景。在一个劳动甚至驾驶等日常任务都外包给机器的世界中，让人类重新确立其自主权并塑造周围世界可以提供意义。人性的二元性要求用阿波罗的理性思维和技术创新来应对混沌与狄俄尼索斯的狂野本质。

新技术将推动人类走向无尽的太空前沿。太空探索为世界大国提供了一个争夺地位的重要舞台、一个未开发的矿产资源区域，以及一个能够吸引顶尖科学家进行实验以产生新技术的领域。然而，太空也通过将文明和秩序推进到混乱和野蛮的领域来诉诸人类的二元性。汤因比认为，繁荣的文明需要能够找到解决方案并迎接有意义的挑战的"有创造力的少数群体"。否则，社会就会过分沉迷于过去的成就，并开始停滞和衰退。作为对虚无主义的回应，太空探索是发现新挑战的健康出路。

艺术家和流行文化倾向于呈现一个技术未来主义的社会，它借鉴了19世纪美国浪漫主义的前沿美学，本着美国的天定命运论的精神将自由派个体投射到外太空。从小说到好莱坞有这样一个共同的故事，关于善良的主人公在缺乏目标的情况下挣扎。他钻研混乱，并以精力充沛的精神取得胜利。地理学会成为"对外层空间进行广泛的文化、历史、政治和经济调查的学科"。太空计划对于美国征服自然，以及强化国家力量具有更高、更神圣目的的观念至关重要。一些人甚至认为太空探索创造了现代美国。甚至公司也可以通过将自己建立为类似于美国航空航天局（NASA）的理想化技术官僚组织来获利。

如果人类无法找到合适的边界，国家就更有可能在这个星球上与对手对抗。过去，西欧的海上强国可以通过发展殖民地而不是直接冲突来消耗多余的精力并相互竞争。不受殖民控制的地区数量的减少导致殖民大国之间更加直接的对抗。

更大的机遇和更激烈的竞争将推动航天工业在未来十年大幅发展。太空探索的主要制约因素是高昂的成本和地球大气层以外不利于人类健康的不稳定的条件（环境）。此外，技术上和经济上的准入壁垒意味着很少有人可以参与太空探索，而那些参与太空探索的人则依赖公共资金。现在，进入太空所需的技术成本正在迅速下降，而保护人类免受健康危害的新技术不断改进。廉价卫星可用于改善农业、交通和其他行业。使人类成为星际物种的关键，是将经济价值创造与社会愿望结合起来。随着生产力超过需求，喜欢冒险的人可

第七章 伟大的社会转型：没有礼俗社会的地缘经济学？

以将过剩的产能引向太空。

科技使太空探索变得更便宜、更安全。太阳辐射的问题可以用纳米技术制造的先进材料来解决。可以通过地球工程对建立永久的外星人定居点进行试验，以找到改变大气的方法，从而改善对人类生物不太友好的行星上的生存条件。协同效应是存在的，私营工业的创新改善了太空工业，太空技术的进步为地球上的人类活动和市场提供了洞见和实际应用。3D打印还可以彻底改变太空探索。一个关键的瓶颈是，向国际空间站运送和储存备件的后勤问题——这一挑战在月球或火星上变得更加艰巨。在太空中进行3D打印实验使得任何备件都可以打印出来并立即可用。欧洲航天局打算使用3D打印在火星上开发永久殖民地。甚至在第一个人到达之前，3D打印机器人就会到达并建造每个房屋和辅助结构，使用来自月球的当地材料来减少从地球运送的成本。同样，虽然每个太空任务都需要大量的备件，但太空中的3D打印机可以根据需要简单地打印组件。此外，在太空探索中使用人工智能和先进的机器人技术可能会带来更令人兴奋和不可预见的发展。

随着准入壁垒的降低，私营公司和许多新的国家之间对太空探索的竞争正在加剧。SpaceX和蓝色起源等私营公司处于领先地位。那些参与太空探索的人正在寻找市场来推

263

动扩张。太空制造潜力巨大。例如，如果在微重力环境下建造，一些高科技材料会得到改进。环绕地球的太空旅游和酒店可以提供的不仅仅是赢利的机会。"火星一号"（Mars One）通过出让电视转播权获得收入，标志着另一项商业化运作的成功。作为一档真人秀节目，"火星一号"的运作也产生了积极的社会影响。它是由对太空探索的兴奋和好奇心驱动的，不像庸俗的老大哥式的真人秀节目，从道德颓废中获利。该计划可能无法实现其远大目标，但它是展现雄心壮志与创新是如何相结合起来，以使太空探索自筹资金的有力指标。虚拟现实（VR）的发展，可以为更广泛的人群提供间接太空旅游，这将彻底改变娱乐业。通过VR体验太空的能力，使得二线消费的包容性成为可能。

尽管如此，第四次工业革命中的太空探索对国家提出了挑战，该领域成为科技巨头和亿万富翁的领域，如杰夫·贝佐斯、埃隆·马斯克和理查德·布兰森。科技巨头财富的日益集中是合法的，因为这些亿万富翁通常被描绘成独狼或为人类提供共同利益的个人主义"太空牛仔"。然而，蓝色起源和SpaceX依靠美国航空航天局的技术和政府合同来打造太空技术性技能。通过这种方式，太空探索的成本被社会化了，因为纳税人承担了负担，但利润被私有化，科技亿万富翁得以进一步集中财富。尽管政府以前被认为是公共利益的保证者，但它们可能会因为效率太低和技术停滞不前的论点而被边缘化。就市值而言，亚马逊是世界上最大的公司之一，但它也以对员工的恶劣待遇而闻名。随着科技巨头越来越多地吸引最熟练的工人并创造出最先进的技术，私营企业技术娴熟而政府落后的神话可能成为一个自我实现的预言。科技巨头通过获取权力和合法性来追求类似于汉密尔顿和李斯特的新重商主义发展战略，这可能使它们成为太空中的最高主权者。如果没有在经济上或社会上为公共利益服务的负担，太空探索可能会成为将人类边缘化的另一个领域，而不是架起礼俗社会和法理社会的桥梁。

小结

大国必须认识到，社会动荡是理性和基于计算的外交政策的障碍，因为没有礼俗社会就无法实践地缘经济学。正如几个世纪前的哲学家所警告的那样，谴责和超越人性中本能冲动的努力将产生破坏性的结果。技术不会使人类克服其部落主义。但技术可以利用和管理这些冲动，以防止它们以恶意的方式表达出来。虽然前几次工业革命给环境和人性的先天和非理性方面带来了巨大的负担，但第四次工业革命可以扭转这种格局。在经济决定论的社会中，技术仅限于其经济效用，仅作为一种节省劳动力的工具，可能会降低人类的价值，而不是为他们的利益服务。正如尼采明确指出的那样，增强社会资本的道德和价值观的源泉，并非民主人道主义或其他自由主义和理想主义的观念，而是协调理性思维与非理性、混乱秩序的能力。因此，人们会预测并提倡政府将第四次工业革命的技术导向太空探索，以此作为减轻社会混乱及其对地缘经济影响的终极前沿。

第八章 杀手机器人与大国战争的回归

引言

纵观历史，战争一直是国家之间竞争的手段。在第一次工业革命中，国家创造了财富而非掠夺财富，但矛盾的是，武器工业一直是技术创新的重要推动力。第二次工业革命通过大规模生产开启了工业化杀戮时代。第三次工业革命给人类社会带来了能够摧毁地球的武器。然而，随着越来越强的破坏性武器与更加紧密的市场经济联系出现，国际关系已然从军事化的地缘政治向地缘经济转变。

第四次工业革命是否会导致从地缘经济向军事化地缘政治的回归？美国、中国和俄罗斯是发展人工智能军事应用的三个主要国家。继火药和核武器的发明之后，现在世界正面临着战争形态的第三次革命：全自主武器系统（fully autonomous weapons systems），其运作更加快速，并可使用各种不同的武器。目前，世界各国尚未理解或学会如何去管控这些武器，大国也从来不喜欢将军事力量限制作为外交政策的工具。自冷战结束以来，美国所享有的军事优势已逐渐下降，其他大国如俄罗斯和中国在现代武器方面一直在追赶。第四次工业革命可能会从根本上打破大国之间力量的平衡：美国会再次提升其领导地位，或者是，随着美国将资金投入维护日益陈旧的军事装备，其竞争对手将超越美国。

长矛、马克沁重机枪、飞机、化学武器和核武器改变了战争的方式以及进攻和防守之间的关系。第四次工业革命所带来的人工智能、机器人、纳米技术、生物技术和其他技术的发展，将通过暂时的先发优势给对方国家造成破坏，并永远改变战争形态。正如先前技术的情况一样，一旦获得了知识和开发了武器，世界各国将不得不学会与它们共存。

本章将首先探讨安全困境和攻防平衡背后的理论假设，这些假设是战争发生可能性的主要参考指标；其次，由于核报复能力受到威胁、战争蔓延到太空，反制措施进一步加剧了安全困境，本章将评估"核和平"是否即将结束；再次，本章探讨大国利用自动化武器发挥其力量的代理人战争的回归；最后，随着数字世界与现实世界的融合，网络武器开辟了一个全新的冲突领域。本章结论为军事技术领域的创新性破坏导致了以往军备控制制度的瓦解，并且随着主要大国寻求获得战略优势，涉及新武器技术的条约也一直未能落地实施。

进攻/防御平衡与军备控制

安全困境（Security Dilemma）是国际关系和安全研究

领域中的一个关键概念，它定义了国际社会的无政府状态中的安全问题：一个国家为了保障自身安全而采取的措施，反而会降低其他国家的安全感，促使其他国家增强军事力量以提高其安全性。但问题是，虽然各国只是出于防御和寻求增加自身安全的目的而采取的措施，却无意中陷入了冲突、军备竞赛甚至战争之中。处于这种困境的国家将面临两种不利的选择：国家加强军备能力，会促使他国因恐惧而采取相应的军事行为；国家不加强军备能力，就要承担遭受他国军事进攻的风险。

进攻/防御理论是解决安全困境的一个重要方法。考虑到对于武器技术的评估取决于它们导致战争发生的可能性，进攻/防御理论认为，如果防御比进攻更有优势，那么战争是可以避免的。这表明，军备控制在防止战争发生方面有很大的潜力。我们可以根据军事技术是进攻性的还是防御性的，以及两者的区别程度来评估军事技术，军事技术改变了"进攻或防御的相对容易性"。一个国家如果拥有进攻性的优势，促成谈判的动力就会减少，而更有可能进行预防性战争和机会主义扩张。防御性不足也会鼓励攻击性行为，例如为了生存和"防御性扩张"而先发制人发动战争。

防御方通过堡垒、战壕和铁丝网等工具创新有效地威慑侵略者，且不让侵略者担心这些工具会被用于进攻目的，从而为防御提供了优势。相反，机械化骑兵和空军实力则给进攻带来了优势。因此，德国军队的技术发展可以说是第二次世界大战中德国进行军事冒险的主要原因。然而，大多数军事能力都有双重作用，这使得我们难以清楚地区分进攻性和防御性武器。例如，在1973年，埃及使用用于防空的防御性武器对以色列发动了攻击。但非进攻性防御的论点——鼓励各国组织建设军事基础设施以最大限度地提高防御能力和减少进攻能力——在20世纪80年代具有较大的影响力。在1986年和1987年，苏联开始支持非进攻性防御理念，这使北约也重新考虑之前对非进攻性防御持有的怀疑态度。随后，非进攻性防御成了军备控制中的一个重要概念。

核革命的出现被看作是从进攻/防御的平衡转向了防御。自第二次世界大战爆发以来，核武器通常被认为是大国没有实施公开敌对行动的主要原因。对立的双方都不使用核武器时才是战略稳定——之所以与核武器有关，是因为双方出于对相互保证毁灭（mutually assured destruction，简称为MAD）的恐惧从而被迫保持和平。美国前国防部长罗伯特·麦克纳马拉（Robert McNamara）认为："我们任何的核力量都没有合理的军事用途，它们唯一合理的用途是威慑我们的对手。"

维持核和平的关键在于维护战略平衡。如果对手的第二次打击能力（在第一次核打击中幸存并可用于报复的核导弹）具有同样的破坏性，或至少能够造成无法容忍的破坏，那么第一次核打击的动机就会被削弱。由此可见，首发核武器是为了摧毁对手的报复能力，而具备第二次打击能力则是为了通过报复来实现最大限度的破坏，从而起到威慑的作用。

军备控制：在战略优势和战略平衡之间

全球武器扩散控制的有效性取决于各国接受和遵守条约的动机、技术的准入壁垒以及核查遵守情况所需的透明程度。军备控制在很大程度上依赖于技术能力的平衡，各国之所以曾经尝试禁止弩箭、火器和潜艇的做法都基本失败了，是因为谁先违反协议谁就能获得军事上的优势。各国只有在能够与其他国家达成互惠协议的情况下，才会接受对特定武器的开发和使用的限制。换句话说，国际法和协议的成立需要公平交易，即国家愿意牺牲其外交政策中的部分自由，以换取互惠性和可预测性。

创新型国家能暂时不受约束地使用高级武器，直到出现具有相同能力的竞争对手为止，这表明新军事技术会破坏制度体系。反过来说，这会促使各国同意接受管理和限制这些技术的条约和法律。由于垄断了军事技术，美国可以对日本使用原子弹，也可以拒绝任何对无人机的限制。随着这些军事技术的扩散，美国致力于巩固自身的战略优势，同时通过军备控制和限制使用技术来促进战略稳定。

在大国限制小国发展特殊武器的情况下，军备控制最为有效。例如，1970年生效的《核不扩散条约》（Non-Proliferation Treaty，简称为NPT）一直是防止核武器扩散的重要政策工具。《核不扩散条约》条约规定核武器国家有义务停止发展此类武器并解除武装，无核武器国家则有义务不发展此类武器，该条约使核武器国家能够巩固其战略优势并同时建立战略稳定。《核不扩散条约》有效防止了核武器向其他国家的横向扩散，但核武器国家致力于实现核武器现代化而不是放弃它。因此，《核不扩散条约》框架下的这种不平衡的状态被批评为巩固了"核隔离"（nuclear apartheid）。随着先进的技术能力提高了行业准入壁垒，国家开发的复杂硬件设备应该受到监管和限制。例如，国家发展核武器所需的（高度）技术成熟度和相关资源的稀缺使其更容易被监管。此外，大国可以通过建立法律框架以赋予自身使用这些核武器的特殊权限，同时禁止小国使用这些核武器，从而实现权力平衡。

同样，生物和化学武器的废除为大国提供了对新型武器的垄断权。核武器有极高的技术壁垒，而生物和化学武器的开发成本则要低得多。1988年，伊朗议会议长哈什米·拉夫桑贾尼（Hashemi Rafsanjani）将生物和化学武器称为"穷人的原子弹"。为了提高本国的军事威慑力，较贫穷和欠发达的国家也在寻求强大的武器装备，以在对抗大国的过程中起到平衡器的作用。这些国家会立即抓住那些不因道德原因而被禁止的新技术，此类技术很便宜，研发过程不那么复杂，也不需要稀缺资源。

第四次工业革命中出现的新型武器通常具有双重作用且更容易扩散。此外，与曼哈顿计划（Manhattan Project）不同的是，数字科技创新是由私营公司驱动的。随着战争越来越依赖于科学技术，军方和私营公司之间日益增长的合作是未来的发展趋势，甚至美国军方也愈发依赖与私营公司的合作研发新型武器。新技术的数字化特性也使新型武器更容易被复制。

终止核和平？

第二次世界大战后各国都在研发将核武器转化为进攻性军备的技术，核和平只是暂时的和平，而不是永久的和平。仅在核武器研发出现10年之后，各国开始探讨"有限使用"

（limited use）核武器的概念，目的是摧毁对手的二次核打击能力。合理但危险的逻辑是，如果与二次核打击相比，在第一次核打击中遭受较少的损失就会具有进攻性优势，那么在战争迫在眉睫的情况下，"有限使用"核武器将是更有利的选择。然而，这可能是一个自我实现的预言，（拥有）第一轮核打击能力或许会使紧张的局势升级到发生战争的地步。（拥有）第一次核打击能力旨在通过实现控制升级或支配升级来推进更加好战的外交政策——这是将增加和减少军事压力（作为限制使用武力的条件）的能力。支配升级意味着可以不断增加压力，直到对方国家被迫投降。

美国总统罗纳德·里根（Ronald Reagan）发展所谓的星球大战计划（Star Wars Program）的野心威胁到了战略平衡。星球大战计划是一个早期带有天基组件的导弹防御计划，其中包含以苏联弹道导弹为目标的"空间激光战斗站"（laser battle stations in space）等。导弹防御系统能将核武器转化为进攻性武器，进而有可能拦截敌国的二次核打击。如果国家间紧张局势加剧，美国则有更大的动力选择先发制人，而美国先发制人的可能性越高，也就越会刺激苏联准备先发制人，那么进攻/防御的平衡就会被打破了。1972年，美苏决定签署《反弹道导弹条约》（Treaty on the Limitation of Anti-Ballistic Missile Systems，简称为ABM），以确保发动第一次核打击不会比第二次核打击更可取,从而消除双方的进攻性优势。

第一次核打击成功与否取决于能否在对手做出反应之前快速打击,而摧毁可以授权和发动报复性打击的控制中心可以进一步协助这种打击的实施。武器改进迫使国家要在更短的反应时间内评估攻击是否实际发生了,并促使他们通过让更多的官员接触"红色按钮"来分散决策权。当然,战争意外爆发的可能性也在增加。例如,在1983年,一个技术缺陷导致苏联的计算机错误地检测到美国发起核攻击。苏联军官斯坦尼斯拉夫·彼得罗夫(Stanislav Petrov)审查了数据并得出结论,判断出这是一个假警报,因而没有下令进行报复性核打击。人类可以通过评估机器提供的信息制止一场核战争。基于对进攻性优势和意外核战争威胁的认知,美国和苏联在1987年签署了《中程导弹条约》(Intermediate-Range Nuclear Forces Treaty,简称为INF),禁止在所有中程(射程为500~5500千米)的地面发射导弹。

然而,在苏联解体一个月后,美国总统乔治·布什(George Bush)利用他的国情咨文演讲,呼吁重新引入导弹防御,并制订了一个被称为战略防御计划的方案。五角大楼曾泄露出一份文件,即1992年制订的国防规划指导(Defence Planning Guidance,简称为DPG),文件概述了通过防止任何潜在的竞争对手出现以实现其军事霸权的目标。文件中指出俄罗斯是"世界上唯一有能力摧毁美国的国家",并敦促尽早引入全球反导弹系统。2002年的美国国家安全战略部门同样宣布,"我们的力量将足以强大到能够使那些追求军事集结且希望超越或等同于美国力量的潜在对手们放弃这种想法"。以军事霸权为基础的安全战略,不仅是对作为军备控制协议基础的战略平衡概念的否定,也是对通过维持进攻/防御平衡来缓解安全困境问题这一策略的否决。

21世纪初,美国核武器的数量和操作程序表明其目标已经脱离了具备单纯的核威慑力,而转向为发展第一次核打击能力。2013年,美国的《核运用战略》(*Nuclear Employment Strategy*)文件呼吁保持"对潜在对手的重要反击能力"。换句话说,它主张保持在对手的核武器和运载系统被使用之前就将其摧毁的能力。通过核武器打击和导弹防御系统的结合,美国能够拦截对手国家在攻击中幸存下来的武器的报复性打击,从而提高了自身的第一次核打击能力。常规深度打击能力的进步被认为是增强了美国对俄罗斯进行更有效的第一次核打击的能力。由于美国的核进攻将只给俄罗斯或中国留下一个"小规模核武器库"和诱饵,所以结论为"即使是一个相对温和或低效的导弹防御系统,也很可能足以抵御任何报复性打击"。核武器在战场上的实用性也增强了它们的进攻潜力。美国科学家联合会（Federation of American Scientists，简称为FAS）的核信息项目主任克里斯滕森（Kristensen）提醒说，美国正在对其在欧洲的核武器进行升级，使其具有"导向性"，从而更加"适用"于战场。技术升级需要在导弹上增加可控制的尾翼，从而能够更接近目标进行核打击。核武器使用的门槛降低原因在于"较低的爆炸当量和较少的核辐射"。

第四次工业革命中的核和平

第四次工业革命加剧了研发提升核武器进攻威力的趋势。人工智能和智能武器推进了核武器发展进程和导弹防御能力，高超音速武器可以重组力量平衡，并被用来淘汰原来的导弹防御系统。美国前国防部长吉姆·马蒂斯（Jim Mattis）表示，"高超音速技术是美国军事研究和发展的头等大事，既要为自己研发它们，也要防御它们"。俄罗斯公开宣布开发高超音速武器，以对抗导弹防御系统。更快的武器会减少可用于做出反应的决定时间，这会迫使决策权力下放。随着核武器的风险越来越高，先发制人发起核打击的动机也随之增加。如果大国的技术进步得让其他国家远远落后且无法追赶，那他们就会有动力来发起先发制人的核打击。同样，如果任何一个大国开发出可以肆无忌惮地攻击对手的武器技术，这些国家可能会选择将进攻性战斗作为更有利的战略来做出反应。

俄罗斯进行军事创新主要是出于保护其核力量不受美国和北约导弹防御系统影响的目的。俄罗斯政府担心北约推出导弹防御系统是为了阻止遭受美国第一次核打击后的俄罗斯拥有二次核打击能力。配备核武器的潜射无人艇通常被认为不会受到导弹攻击的影响。在敌人发动第一次核打击时，潜射无人艇会趴在海底附近，之后自动浮出水面以发动报复性打击，这种武器被称为末日装置。俄罗斯的"海神（波塞冬）"核鱼雷能够让导弹防御系统失去作用。"海神"核鱼雷是一种核无人艇，击中目标后将引起四五百米高的海啸，摧毁沿岸1500千米范围内的所有生物，并传播不可遏制的放射性污染。来自美国科学家联合会的克里斯滕森将其界定为"一种疯狂的武器，因为它可能是最无差别攻击和致命的核武器"。在海底保留具有巨大破坏力的无人艇可能会导致意外的战争。例如，操作可能会发生技术错误，攻击卫星可能会破坏与无人机的通信，或者敌国入侵武器的计算机系统等。入侵军事超级计算机和操作系统是可行的，这一事实引发了人们对未来有人入侵核武器系统的真实恐惧。

随着军事力量越来越依赖于天基组件，战区正在向太空扩展。一般而言，国家对另一个核大国的第一次核打击目标是该国的核武器和指挥中心。然而，能否瞄准敌国军用卫星将决定可否进一步削弱其报复能力。在一场新军备竞赛中，美国将加强本国天基导弹防御组件，同时抵制敌国发展相同技术能力来寻求其霸权地位。美国国家太空政策规定，美国将"维护其在空间的权利、能力和行动自由"，同时"在必要时拒绝对手使用有损美国国家利益的空间能力"。2007年，中国用一枚弹道导弹摧毁了本国一颗老化的气象卫星，从而展示了其在太空的科技能力。随后，在2019年，印度重复了这种武力展示，成功击落了一颗卫星，并宣布自己是一个"太空大国"。俄罗斯也成功测试了反卫星导弹。此外，据报道，俄罗斯新的S-500导弹防御系统有能力瞄准地球低轨道卫星。美国前国防部长吉姆·马蒂斯曾郑重告诫，太空已经成为一个有争议的领域，美国军队对卫星的依赖程度很高。特朗普总统的"太空部队"是对美国国防部呼吁在太空中发展更高军事能力的回应。美国国防部正计划建造一个机器人空间站，其大小相当于一个大型冰箱。机器人空间站将进行轨道监视，并为支持导弹防御的战斗任务做出贡献，其他大国将通过提升创新军事能力来应对美国的太空军事化。

杀手机器人的安全困境

通过提高武器的破坏力、威胁首次使用核武力和分散决策权可以缓解对军事力量平衡的破坏。虽然在冷战期间，北约采取先发制人的政策以解决其军事劣势地位。但冷战结束后，俄罗斯之所以采取了先发制人的策略，原因在于北约已经拥有了具有优势的常规军事力量。在第四次工业革命中，各国将致力于研究更多的军事决策自动化，以更迅速地应对潜在威胁，从而弥补军备实力上的不平等。尽管现在部署的许多武器系统都是半自动化的，但人类仍有强烈的动机亲自参与军事行动，以便做出对目标开火和摧毁目标的实际决策。

杀手机器人的安全困境表明，各国将面临越来越大的压力，使其军队自动化以保持竞争力，这增加了战略稳定被破坏的风险，甚至容易失去对军队的实际控制权。中国通过在陆军、海军和空军中实现了武器装备和人工智能的自动化来应对美国军事优势。人工智能控制武器系统提高了国家的军事能力，使其能够快速地攻击对方国家，并迅速取得决定性的胜利。然而，更短的战争反应时间也会破坏战略稳定的状态。未来战争的快节奏要求政治和军事领导人做到快速反应，这使得依靠人工智能来处理大量的情报数据并迅速实施决策成为当务之急。美国只有在控制了世界上所有的空域时，才会将杀戮的决定权交给人类，所以半自动无人机很可能会过渡到全自动的无人机。

人工智能带来的挑战不是获得像人类一样的自我意识或变得无所不能，而是在识别和攻击潜在目标方面变得更加高效。由于人工智能没有为武器系统预设识别和攻击目标的算法，所以很可能会产生不确定性和误差。人工智能需要依靠经验不断学习并完善自身的算法。可能出现的情况是，人工智能操作系统没有具体的算法来解释为什么或如何应对。因此，军事和政治领导人计划在战争的军事、社会、人道主义和政治方面保留大量的控制权，而机器评估战争的社会和政治背景的能力较差，在没有人类监督的情况下机器控制更有可能会激化冲突。

随着自动化、机器人和人工智能等新技术革命的到来，专家们正试图限制杀手机器人的技术。很多国家已经获得该新技术并取得了突破，从而出现了"自动化安全困境"。对新一代杀手机器人施加限制对每个人都是有利的，但遵守这些限制的风险和放弃这些限制的动机太大了。尽管防止这些新武器的出现是不可行的，但各国为其奠定必要的法律基础是至关重要的。总体来说，新的武器技术会破坏国家之间的进攻/防御平衡，使非国家行为体有可能获得强大的武器，消解武器的威慑作用，并从根本上破坏国际力量的平衡。

代理人战争：机器人、无人机和蜂群

在代理人战争（Proxy Wars）中使用自动化武器容易造成大国冲突。大国获得核武器后，转而在第三方国家进行间接竞争。在冷战期间，美国和苏联的军队在第三方国家进行了代理人战争。冷战结束后，在军事力量不平衡的情况下，美国以人道主义干预、全球反恐战争、防止大规模杀伤性武器扩散和对抗"流氓国家"（Rogue States）的需要为借口开始重组世界。

美国政权逐渐发生变化，战争力量越发平衡。2008年，俄罗斯在美国支持和训练的格鲁吉亚（Georgian）军队入侵南奥塞梯（South Ossetia）时进行了干预；2014年，美国支持乌克兰政变后，俄罗斯为乌克兰顿巴斯（Donbas）的反政府武装提供支持；俄罗斯从2015年开始支持叙利亚政府，以抵制美国支持的试图推翻政府的武装分子；现在俄罗斯正向委内瑞拉（Venezuela）提供军事支持，以回应美国为推翻该政府而进行的努力。大国之间日益增多的"前线"增加了误判的可能性，第四次工业革命带来的自动化武器进一步加剧了这个问题。新武器使军事干预主义成为一种更具吸引力的外交政策选择。

将机器人技术用于战争是"自原子弹以来武装部队内部最大的革命"。美国最初垄断了无人机等自动化武器技术，通过与弱国和劣势国家作战，在战斗过程中美国的战争成本很低，伤亡也较少。无人机降低了使用军事力量的门槛，提高了战争的可接受性。虽然减少血战和国库成本似乎是一个积极的发展，但会使战争更容易被公众所接受。只有当士兵躺在棺材里回家，国家预算被耗尽，平民沉浸在痛苦中，社会道德和人类尊严被挑战时，群众往往才会反对战争。战争只有更加"人性化"，才能成为一个更可行的外交政策工具。公众对政府军事活动的自满和无知，会不断减少文职人员对军队的控制力。

自动化武器改变了战争的规则。例如，攻击无人驾驶车辆和无人机的门槛比攻击有人驾驶的军事装备要低。无人机被击落后正确的应对方式是什么？正如华尔兹所问："什么才更糟糕——误判还是过度反应？"2019年6月，伊朗击落了一架据称侵犯了伊朗领空的美国无人机，这便陷入了两难困境。无人机管理规则的不明确性也给了美国一定的自由度，要么把这当作是对美军的攻击，要么通过将无人机视作一般的装备来缓和紧张局势。

过去几十年，各国都在发展更加专业的军队，致力于从数量到质量的转变。随着蜂群和其他廉价武器平台等低成本军事硬件的出现，各国可能再次将重点转变为数量，从而有可能创建数量达数百万甚至数十亿的自动化战斗单位。集群技术是指中央决策的大脑控制多达数万架小型无人机以集群方式运行，这项技术将彻底改变城市战争，甚至消除恐怖主义。

然而，第四次工业革命也可以分散权力，使较弱的国家能够跨越技术鸿沟，使非国家行为体能够获得以往只有国家才能获得的新能力。如果支撑美国主导地位的军事技术，被相对容易获得和低成本的技术（如小型潜艇无人机）变得越来越不重要，权力的平衡会被迅速地改变。从一开始，无人机就需要相当复杂的硬件和软件，这为技术先进的国家提供了优势，但新的无人机可能会变得更小，且制造成本更低。如果一个相对较小的国家能够开发出大量小型、廉价和强大的无人机，权力的平衡就会迅速改变。不太发达的国家也可以对大国构成威胁，例如，让机器优先于人类做出攻击决定。那些劳动力成本高或人口稀少的国家对组建机器人军队非常感兴趣。

当拥有大型武器装备成为一个核心目标时，战争中的组织必须进行重组。例如，在2017年，顿巴斯的反政府武装有几次使用小型、廉价的无人机对付乌克兰军队。每次都是用玩具店里可以买到的廉价无人机来投掷手榴弹,但仅仅一次这样的攻击就摧毁了乌克兰军队价值10亿美元的武器装备。自20世纪90年代以来,美国的全球主导地位基于其控制世界海洋和领空的能力:美国战斗航空母舰群可以被派往世界任何角落,以最低的伤亡代价和资金成本与对手交战。然而,随着新的、致命的、廉价的武器技术被引入,这种局面在很大程度上会被改变。

网络武器:一个新的战争领域

核武器的存在阻止了大国之间的直接冲突,并刺激了它们在第三国的军事对抗,而数字技术在网络空间开辟了一个全新的战场。

数字革命与过去的重大变革不同。以往的武器技术创新是渐进的,每一步都代表着对现有武器的改进。甚至革命性的创新也与以前的技术有可比性:火药是在弓箭的基础上改进的,而核武器本质上只是更大、更具破坏性的炸弹。现实世界中的术语经常被用来描述网络恐怖主义、网络间谍和网络战争等概念,但也出现了一些概念上的差距。例如,恐怖主义涉及对平民使用武力以散布恐惧,以此作为其实现政治目标的一种手段。这在网络空间中还有其他含义。

在军备控制和威慑力等方面指导合作和冲突的理论并不总是适用于网络空间。因此，网络安全在很大程度上是作为国际关系和安全研究中的一个独立和具体的领域发展起来的。在网络空间里攻击比防御更为容易，（彼此之间）威慑力被严重削弱。此外，反击是否必须发生在网络空间，对于网络攻击是否需要用常规武器进行反击？在这个领域，如果没有国际规则和治理，战略稳定是无法实现的。美国坚称其他国家不应从事网络间谍活动或网络攻击，自身却不愿意做出同样的承诺。美国和以色列通过使用"震网病毒"对伊朗核离心机进行网络攻击，这会引发一场堪比常规攻击的核灾难。如果网络空间的和平与战争没有明确区分，世界是否会走向无休止的网络战争，而没有任何一方声称对此负责？

美国试图弥合网络空间规则与现实世界规则之间的差距。2011年美国发布的《网络空间国际战略》（*International Strategy for Cyberspace*）声称，"有权在适当的时候使用一切必要并符合国际法的手段，即外交、信息、军事和经济手段"来应对网络攻击。在指责俄罗斯在2016年美国总统大选期间对民主党全国委员会进行黑客攻击后，希拉里·克林顿承诺："作为总统，我将明确表示，美国将像对待任何其他攻击一样对待网络攻击。我们将准备好严肃的政治、经济和军事应对措施"。由于难以确定网络间谍或网络攻击的来源，所谓的"通俄门"（Russia-gate）指责带来了若干风险。此外，有关网络空间事件的模糊性使得与俄罗斯的关系有可能成为国内权力斗争的工具。将网络攻击与现实世界的攻击联系起来也存在问题，因为美国已经公开承认对俄罗斯电网进行了网络攻击。同样，在美中网络峰会上，贝拉克·奥巴马（Barack Obama）就中国对美国发起网络攻击的指控，因斯诺登披露了美国对中国发动的网络攻击而被打脸。未来几年的挑战将是在网络技术方面建立权力平衡，将其作为国际法的目标之一，然后制定可以验证和执行的协议。协议内容包括必须对网络攻击和防御进行基本定义。同样，必须概述网络冲突升级和缓和的方式，以建立新的规范和程序。

为了避免应对非国家行为者获得授权的挑战，美国无根据地指控爱德华·斯诺登或朱利安·阿桑奇是俄罗斯或中国间谍。2001年9月11日的袭击引发了人们对非国家行为者获得核武器的趋势的担忧。事实证明，这种担心是多余的，因为非国家行为者只有在国家赞助者的帮助下才能克服相关的技术障碍，而国家赞助者将会被追究责任。然而，这个问题不应该被搁置不管，因为新技术正在扩散，并且越来越多地被非国家行为者所利用。

在网络时代，当一个人坐在他母亲家的地下室里就可以破坏整个电网的时候，（彼此之间）威慑力是如何发挥作用的？随着数字世界与现实世界的融合，第四次工业革命正在消弭物理安全与网络安全之间的鸿沟。社会、经济和军事越来越依赖数字工具，创造了新的漏洞和史无前例的武器。随着关键基础设施的数字化和智能基础设施的发展，网络武器将在未来发挥更大的作用。甚至网络恐怖主义也会影响着现实世界，因为智能城市、自动驾驶汽车、智能电网、智能道路和其他物联网元素将数字与现实世界连接了起来。随着越来越多的战场涉及数字领域，识别和威慑侵略者变得越来越困难。甚至枪支暴力、恐怖主义和暗杀也可能变得更加匿名化。例如，一个将枪支所有权与个人自由联系起来的去中心化的枪支拥护者网络，正在使用互联网分享可以安装在休闲无人机上的3D打印枪支的设计。

小结

第四次工业革命会在未来几年加剧军事冲突问题，极易导致大国之间重新爆发战争。第三次工业革命引入了核能、数字技术，并开启太空探索的进程。尽管这些技术进步给世界带来了网络武器、太空竞赛和核武器，但后者可以通过军备控制加以管理。核武器作为一种防御性武器被保留下来，而太空和网络空间并没有成为全面军事对抗的竞争场所。第四次工业革命可能会通过赋予核武器进攻性角色的方式来揭开核和平的面纱，而核潜艇无人机等应对措施可能会加剧安全困境问题，增加发生意外战争的可能性。随着数字世界与现实世界的连接，太空军事化越来越明显，网络攻击的破坏力也越来越大。在多极力量平衡重新出现的时候，越来越多的代理人战争领域也将配备着自动化武器。

世界迫切需要军备控制来管理破坏性武器技术。技术颠覆正在致使之前的武器管理条约废止，例如美国在2002年退出了《反弹道导弹条约》，在2019年退出了《中程核力量条约》。同时，新的国际条约仍未被制定，这是因为各国都在寻求先发制人的战略优势，而不是努力实现战略平衡。一旦人类认识到武器本身才是最大的威胁，新武器技术日益增长所导致的破坏性和混乱最终究竟是会将人类团结起来，还是会让世界重新陷入大国之间的战争？

though
第九章 全球治理：权力、合法性与难以控制的现代技术

引言

工业革命扰乱了国际秩序和生产力的全球治理。全球治理取决于两个关键变量,即合法性与权力。如同19世纪英国霸权的衰落,21世纪美国地缘经济主导地位的衰落正将全球治理从霸权体系转变为多极体系。重新建立一个有弹性的全球治理体系,需要在合法性和权力之间取得平衡,以反映第四次工业革命所带来的技术的性质。

近几十年来,世界开始在共同利益和指导原则趋同的基础上团结起来。新技术刺激了全球经济的一体化,世界走向了共同的治理体系,世界贸易组织的成立就是证明。数亿人以历史上前所未有的速度摆脱了贫困。民主越来越被认为是唯一合法的治理形式,即使是非民主国家,至少也会努力去操纵选举,而不是质疑民主的合法性。仅仅在几十年前,人类与互联网全球传播之间前所未有的联系似乎还像科幻小说。专家们得出了合理的结论,需求和条件为推进全球治理提供了契机。

然而,各国政府未考虑到国内存在日益严重的经济不平等,撕裂与混乱的社会结构,(彼此间)更加疏远的全球治理形式削弱了民主问责制，以及国际权力分配从西方到东方的迅速转移等问题。人类在共同利益、价值观和共同命运的基础上团结起来的期望已经迅速退化。为了应对超全球化的不利后果，各国政府保护主义倾向显著：他们以前强调的普世价值已被鲜明的国家身份所取代。因此，全球治理体系正面临着改革的压力。

随着第四次工业革命的到来，全球治理体系面临着瓦解，国际体系管理颠覆性技术和建立合作与竞争规则的能力下降。由于第四次工业革命的技术超越了国界，不能完全领土化或国有化，因此有必要制定一个全球性的规则、规范和法律体系。全球治理必须平衡三个关键点：建立共同利益，维持权力平衡，以及缓解文化差异、价值体系冲突问题。

新技术的发展速度超过了国内监管机构和立法者的应对能力。2018年4月，当马克·扎克伯格在美国国会就社交媒体的运作作证时，政治领导人对这些技术的理解非常有限。国会议员的相关提问表明了他们对互联网和数字平台的了解甚少。由于需要解决各种利益相关者的需求，治理这些现代技术变得非常复杂：企业界、公众社会、政府和军队之间存在巨大的不同甚至相互冲突的利益关系。这些技术的破坏性也表明，仅仅改革现有的程序和机构是不够的。相反，亟须制定出新的治理结构。

此外，当试图在全球范围内对技术进行管理时，还会出现其他的复杂情况。例如，当一个国家开创了一项技术时，它不可能接受多边的监管方式。国家不会约束自己，只有在力量平衡的情况下才会合作。全球治理需要一个"技术力量的平衡"。例如，美国将抵制对无人机、网络间谍、人工智能、生物工程和其他技术的监管，直到竞争对手拥有类似的能力。

本章探讨了扩大工业实力的全球治理以及从霸权体系向平衡多极体系转变所造成的破坏。如何治理一个由无政府状态定义的、以国家为最高主权的国际体系？国际机构促进了全球治理，然而机构是权力的反映，只有在强国允许的情况下才会发展强大。因此，机构只有在反映国际权力平衡的情况下才会发挥效用。国际体系只有在霸权式或权力平衡式这两种形式下才能稳定发展。霸权式的稳定是随着工业力量的集中和国际无政府状态的缓解而出现的。如果霸权能够提供共同利益，它就被认为是合法的。但由于全球系统自然会向权力平衡倾斜，生产能力的集中和其他地缘经济的权力工具只是暂时的。占主导地位的大国就会失去其合法性，变得越来越好战。这是因为将新兴大国边缘化是占据主导地位的主要方式，这些新兴大国的反应是联合起来制衡霸主。全球治理的第二种形式是在权力平衡下出现的，其治理方式也是基

第九章 全球治理：权力、合法性与难以控制的现代技术

于共同的原则。然而，这种体系是不稳定的，因为它推动形成地缘经济集团以转变依赖性的平衡。地缘经济集团可以用来建立平衡，作为战略稳定的基础，但也可以导致地缘经济集团发展战略优势，甚至是霸权。

本章将首先探讨英国霸权的衰落和竞争性工业强国之间的竞争，它们无法将其经济活动只限制在民族国家的边界内。自19世纪70年代，新技术掀起了第一波全球化浪潮。这一发展趋势在初始阶段看似削弱了主权国家的作用，但全球化浪潮带来的冲击力可被民族主义的崛起所抵制。其次，通过建立欧洲合众国来管理欧洲工业强国，通常被视为是超越民族国家的倡议。然而，欧盟的成功和失败经验表明，国家发展前景需要始终被优先考虑，欧洲的可持续性治理取决于国家之间的共同利益管理。最后，在冷战后，全球治理试图基于自由主义国际秩序的合法性建立一个霸权和平。由于该秩序未充分容纳中国和俄罗斯，导致二者与失败的自由主义霸权体系的脱钩和抵抗。治理体系正在分裂成区域地缘经济集团，使全球治理依赖于区域一体化的形式。尽管欧亚地缘经济机构正在促进全球多极化合作，但试图扩大霸权的西方机构基本拒绝与它们进行任何合作。结论表明，与19世纪的情况一样，当前从霸权体系向多极体系的转变正在引发一系列的动荡，并削弱了对新技术的管理能力。

英国地缘经济霸权的兴起与衰落

第一次工业革命催生了对全球治理的迫切需要。威斯特伐利亚体系将社会和经济活动限制在领土边界内，受到了工业社会的挑战。托洛茨基简明扼要地指出这个挑战是指试图将生产力日益提高的工业社会中的经济活动融入民族国家的文化和政治范围之内。

全球治理始于工业革命的发源地欧洲。经济的兴起需要获取自然资源的可靠途径、出口市场、安全的运输走廊和资本。最初，英国的工业在欧洲占据领先地位。英国的领先优势最终使其掌控了工业制成品的主要产业，以及为新经济基础设施提供资金的银行。此外，作为占主导地位的海上强国，英国还控制了促进或拒绝贸易所需的安全运输走廊。

在19世纪早期，在英国霸权统治下建立的欧洲贸易体系受到了法国的挑战，拿破仑大陆体系（Napoleonic Continental System）旨在通过阻止英国贸易而使欧洲大陆其他国家在经济上实现独立。大陆体系是一个早期管理欧洲大陆的地缘经济集团，它旨在改善与英国关系的对称性，并以权力平衡取代英国的霸权。然而，为了建立大陆体系，拿破仑不断阻止各国与英国进行贸易，并入侵了西班牙，随后于1812年对俄国发动了灾难性的入侵。在俄国战胜了法国后，英国得以扩大其统治，并在1860年英法两国签订了《科布登—谢瓦利埃贸易协定》（Cobden–Chevalier trade agreement），该协定为其他欧洲国家提供了一个可借鉴的模式。在俄国胜利后欧洲首次建立起了集体安全体系，从1815年持续到1914年的"欧洲协调"（Concert of Europe）局面的出现。"欧洲协调"的创建成员为当时的主要大国，以及近来被打败的法国，为稳定的全球治理提供了条件。

然而，托洛茨基指出根本问题尚未得到解决，即生产力不断提高、经济联系不断扩大的经济体如何能适应民族国家的有限形式？如果没有治理机构来管理地缘经济格局，冲突和战争始终在未来很有可能发生。

随着其他大国建立起竞争性的工业、运输走廊和关税联盟，英国的领先优势和地缘经济领导地位逐渐衰弱。从19世纪30年代开始，以铁路系统和经济同盟为基础的经济互联互通与德国国家建设是"连体双胞胎"（Siamese twins）。但德意志关税同盟（German Customs Union），即关税同盟（Zollverein）也被用作非德国国家进行区域建设的工具。关税同盟在一定程度上受到了拿破仑大陆体系的影响，在该体系下德国曾经繁荣昌盛。此外，有形基础设施增强了与德国各州以外市场的经济联系。例如，德国的柏林—巴格达铁路（Berlin–Baghdad Railway）和一支强大的海军对英国、俄国和法国的利益构成了威胁。国家通过增加自主权和提高影响力来改变依赖性的平衡,这与扩张领土以推进自给自足的目标不谋而合。

1869年,法国掌控下的苏伊士运河开通,威胁到英国对国际运输走廊的主导地位。作为回应,英国伦敦抗议使用奴隶劳工,并在其建设过程中煽动起义。到1898年,美国在美西战争(American-Spanish War)中取得了胜利,并夺取了对几个西班牙殖民地的控制权,例如菲律宾,这确立了美国在太平洋地区地缘经济大国的地位。1903年华盛顿胁迫巴拿马从哥伦比亚分裂出去后,美国还可以利用具有战略意义的巴拿马运河连接太平洋和大西洋,以挑战英国的海洋霸权。俄国对英国构成了独特的挑战,因为俄国在19世纪末已经成为增长最快的经济体,并通过横贯大陆的铁路连接广大的欧亚大陆,威胁到所有海洋大国的地位。然而,德国发动了第一次世界大战,主要战场在欧洲。托洛茨基后来指出欧洲各国为何会迈向战争:

> 这个世纪的基本趋势是国家主权与经济活动之间的矛盾越来越大。在欧洲,这种矛盾已经变得愈益尖锐……引发世界大战的主要原因之一是德国资本力图突破到一个更广阔的舞台上。1914—1918年

第九章　全球治理：权力、合法性与难以控制的现代技术

希特勒作为下士作战，不是为了团结德意志民族，而是为了一个超国家的帝国主义计划，这个计划用著名的"组织欧洲"方案来表达……但德国也不例外，只是以更强烈和更有侵略性的形式表达了所有其他国家资本主义经济的趋势。

合法性与全球治理的局限性——作为最大部落的国家

全球化最初似乎不断弱化民族国家的认同，作为全球治理的基础。由于经济和社会活动的无国界，似乎可以合理地推断出民族国家的重要性会降低。然而，19世纪末的第一次全球化浪潮的矛盾之处在于，它通过强调各国重新确立其权威，并促使人民群众以国家身份寻求庇护，从而重申了国家的地位。第一波全球化浪潮从19世纪70年代延伸至1914年[①]。制造业的重大进步以及蒸汽船和铁路的发明，极大地促进了前所未有的贸易和人类思想进步运动。资本开始相对自由流动，金融一体化随之而来。向德国移民的人数仅次于

---

① 全球化的概念是有争议的，有的学者认为第一波全球化始于15世纪的克里斯托弗·哥伦布（Christopher Columbus）发现新大陆。

美国，大约有6000万欧洲人前往美国。欧洲列强的帝国主义扩张将世界其他国家卷入了欧洲掌控下的一个复杂全球治理权力结构。自此，主权不是一个绝对的概念。作为经常被违反的国际体系的基本准则，国家主权被定义为"有组织的伪善"。然而，全球化在很大程度上与国家主权和民主是不相容的。因此，全球化将作为对民主与民族国家的威胁而被憎恶和抵制。

工业化发展颠覆了传统社区模式，引起了大规模的移民和迁徙，强化了国家的官僚体制。大量移民需要建立边境管制、卫生控制、发放旅行证件和其他国家职能。由于"我们"和"他们"之间的民族文化区别变得更加明显，全球化也助长了民族主义的反弹和海外流散人口的民族主义。工业社会和大规模移民激起了浪漫民族主义的兴起，出于对被敌对势力在文化上同化的恐惧，政府和人民开始区分起"本地人"和"非本地人"。从19世纪70年代开始，法国将重点从文化普世主义转向民族文化，作为文明的指标。法国文化对外发展也激励了德国坚持其独特的文化自主性。

工业革命带来的现代化使社会两极分化，一方是在经济上受益于全球化的资产阶级世界主义者，另一方是因快速工业化而离开传统社区的穷人。工人们越发认为世界主义精英们是在牺牲人民利益的基础上来获得经济利益的，而精英们则认为工人阶级始终停留在过去的时代。19世纪90年代，生活在美国的外来移民比例增长到14.8%，创下历史新高。在19世纪90年代，整个西方国家的民族主义发展出了强烈的种族成分，作为巩固国家意识形态边界的一种手段。由于未能解决被剥夺权利的人的忧虑，以致产生了反对全球化的民粹主义者。在美国加州，极具影响力的工会领袖丹尼斯·科尔尼提出了广为流行的"中国人必须离开"口号，他不仅蔑视中国劳工，还蔑视资本主义、媒体和政治精英，认为他们推动的工业社会并没有为人民带来好处。在德国，大量来自波兰的劳工和来自俄国的犹太人涌入城市，这引发了人们对文化混乱的担忧，以致出现了一种更极端的民族主义形式。

超越民族国家是一项革命性的努力：它消除了政治实体以前独特的民族文化基础，取而代之的是须为社会凝聚力奠定物质和非物质基础的未经验证的特征。民族的独特特征能否被超越，或者说，"从最完整的意义上说，原始思想是不朽的吗"？此外，是否有可能塑造区域化、文明化或全球化的身份认同？

超越民族国家，走向地缘经济集团

全球治理的目的是建立起工业社会发展应遵循的统一原

则，如何制约威斯特伐利亚体系下领土范围内独特的民族主义不断崛起是主要问题。工业革命催生了一个至今仍未解决的关键问题：全球治理的目的是克服和超越民族国家，还是维护主权国家？如果民族国家被整合到更大的国家结构中，这些结构是应该复制各加盟国的经济协议，还是重新组织其资本和生产力量？

托洛茨基认为民族国家是一个陈旧的概念，不断提高的生产能力催生的需求不啻解体欧洲民族国家：

> 如何保证欧洲的经济统一，同时为生活在那里的人民保留文化发展的完全自由？如何将统一的欧洲纳入一个协调的世界经济之中？要解决此类问题，不是要神化民族，而是要将生产力从民族国家强加给它们的束缚中彻底解放出来。

托洛茨基的建议被转化为一次巨大的社会主义实验，即俄罗斯通过放弃民族国家和资本主义来应对第一次世界大战。实验的目的是用一种更有效的工业社会治理模式来取代过去的国家。除了有缺陷的共产主义经济学和苏联的专制治理之外，这个模式还存在两个主要问题。

首先，正如苏联和南斯拉夫的经验所示，不应超越国家认同。苏联的民族联邦制结构是建立在承认民族文化独特性的基础上的。虽然超越国家认同是一个长期目标，但苏联实际上通过划定明确的、公认的行政边界来创造历史上不存在的政治实体，为民族国家奠定了基础。

其次，苏联没有超越国际体系中的国家竞争，这是因为它把共产主义的理想与权力实体联系在一起。赫兹（Herz）将"理想主义者的国际主义"概念化，认为它试图将国际体系中人类自由规范的传播与克服国际关系中的"现实主义"和权力竞争联系起来。但理想主义者的国际主义最终"服从的主要是'国家'的事业，或者更确切地说，维护特定'大国'的政权"。俄国革命成功后，之所以宣布其意在建立世界无产阶级专政，是因为列宁预计"世界苏维埃联邦共和国"即将出现。将理想与争夺权力联系起来，导致了以排外、扩张主义、侵略和帝国主义为表现的民族主义回归。"铁托主义"（Titoism）体现了苏联拒绝和反对独立于苏联的权力结构，这源于其集中权力的"联邦主义意识形态"。

迈向欧洲联合国家

地缘经济集团是从松散的经济联盟到吸收国家职能和特权的政治联盟。就管理内部竞争和与外部对手的竞争而言，地缘经济集团的功能与军事联盟非常相似。地缘经济集团以两种方式进行治理，即管理成员国之间的地缘经济竞争以及将治理扩展到成员国之外。由于一个国家愿意将部分主权出让给地缘经济集团的意愿在很大程度上取决于组织承诺的影响力，所以两种治理方式之间有着内在的联系。虽然地缘经济集团更有能力管理相互关联的工业社会不断增长的生产力，但地缘经济集团也有一定的局限性，即地缘经济集团内部凝聚力弱于民族国家，且地缘经济集团往往只是创造了大型经济权力主体。

一个集团的成员国期望通过改变与世界其他地区的依赖关系，进而获得更大的集体自主权和影响力来弥补共享、让渡主权的"代价"，这种以国家为中心的做法表明地缘经济集团具有一定的局限性。当地缘经济一体化发展没有为成员国带来足够的物质收益、集体自主权和影响力时，成员国就会收回其经济主权，民族主义就会报复性地回归。地缘经济集团通过不断增加成员国数量使得规模不断扩大，但也可能会破坏其内部的权力平衡，此后成员国之间的合作将会失去合法性，组织内部凝聚力也会被削弱。此外，地缘经济集团只是创建了较大的权力主体，仍需建立起与世界其他地区有效互动的治理体系。地缘经济集团最初之所以发展霸权和平，原因在于集体谈判能力造成了与世界其他地区不对称的

第九章 全球治理：权力、合法性与难以控制的现代技术

依赖关系。随着非成员国也参加地缘经济集团以纠正不平衡依赖，国际体系逐渐走向平衡。届时，全球治理将从霸权模式转向以地缘经济跨区域主义为基础的多极化模式。

第一次世界大战爆发后工业生产遭到破坏，领导人面临着欧洲工业化的治理问题，主要是导致战争的问题并没有得到解决。《凡尔赛条约》（Treaty of Versailles）只是限制了德国扩大工业生产的能力，欧洲的和平是以削弱德国为条件的。这种现状对德国来说是不可容忍的，民族耻辱助长了好战的民族主义。在第二次世界大战爆发之前的几年里，卡尔·豪斯霍夫（Karl Haushofer）是20世纪30年代和40年代德国的一位重要学者，他认为德国的大国地位只能通过获得更多的领土或"生活区"（生存空间）来实现，从而在经济上做到自给自足。除其他提议外，法国政治家和金融家约瑟夫·卡约（Joseph Caillaux）建议通过监管限制工业发展和技术进步，托洛茨基将其界定为不可行和不可取的卢德主义战略。

取代"欧洲协调"的国际联盟（League of Nations）是一个管理国家间关系的薄弱组织。1929年，法国总理阿里斯蒂德·布里安（Aristide Briand）的野心更大，他在国际联盟的一次演讲中呼吁建立起欧罗巴合众国（United States of Europe）。理查德·库登霍夫—卡勒吉伯爵（Richard von

305

Coudenhove-Kalergi）在1923年出版的《泛欧论》（Pan-Europa）为统一欧洲大陆做出了巨大的贡献。这个想法并不新鲜，法国国民议会（French National Assembly）曾在1871年倡导建立一个欧罗巴合众国。甚至拿破仑此前也曾提到过，他征服欧洲的动机是发展"欧罗巴合众国"，由"欧洲制度、欧洲法典、欧洲司法机构管理，欧洲将只有一个民族"。由于未能通过外交手段统一欧洲，德国最终试图通过武力将欧洲大陆团结起来，从而发动了第二次世界大战。在军国主义和邪恶的种族理论的指导下，德国法西斯主义治下的欧洲统一将缺乏合法性。国际劳动分工将根据种族来构建，东欧人被派去从事艰苦的体力劳动，而荷兰、比利时和斯堪的纳维亚半岛的日耳曼人则在全球范围内占据了更高的地位。

德国战败后，盟国最初计划实施《凡尔赛条约》2.0版，使德国去工业化并永久消除德国利用机械化部队发动侵略战争的可能性。根据当时的美国前总统赫伯特·胡佛（Herbert Hoover）的说法，摩根索计划（Morgenthau Plan），也被称为美国JSC 1067号指令，要求美国"消灭或转移25000000人"。然而，苏联共产主义作为敌对势力和意识形态的出现，促使了美国人和英国人转而与德国合作，重振德国的工业力量是重建西欧工业资本主义和集体对抗苏联的必要条件。在发表铁幕演说（Iron Curtain speech）6个月后，丘吉尔在1946年9月指出，来自苏联的威胁要求西方放下过去并拥抱德国。此外，丘吉尔呼吁建立"一个欧罗巴合众国"。

海洋强国领导的欧洲组织实施了遏制俄国的系统性激励措施。英国和美国作为非陆地强国，一直奉行传统的离岸战略，旨在确保霸权不会出现在欧亚大陆。麦金德认为，英国海上强国的主导地位取决于能否阻止陆地强国德国和俄国建立伙伴关系。当美国取代英国领先成为海洋强国时，斯皮克曼（Spykman）进一步发展了麦金德的观点，主张"前沿部署"。斯皮克曼认为，包围和遏制俄国是华盛顿的历史责任：

> 自彼得大帝时代起的两百多年来，俄国一直试图冲破边境各国的包围，将边界推进到海洋。但是，地理和海权（等客观条件）一直持续地阻挠着它。

全球治理的前提是维护欧洲和欧亚大陆的权力划分和平衡。1988年的美国国家安全战略（US National Security Strategy）重申了关于欧亚大陆的陆权的基本观点：

> 如果一个敌对的国家或国家集团统治了欧亚大陆——那个通常被称为世界大陆心脏的地区，那么美国最基本的国家安全利益将处于危险之中。我们曾打过两次世界大战，就是为了防止发生这类事件。而且，1945年以来，我们一直竭力阻止苏联利用其地缘战略优势来控制它在西欧、亚洲和中东的邻国，进而从根本上改变了对我们不利的世界力量对比。
>
> （White House 1988: 1）

美国和英国转变了立场，支持欧洲大陆大国之间的一体化以制衡苏联。随后在1952年成立了欧盟的前身——欧洲煤钢共同体（European Coal and Steel Community），该共同体在一个集中的权力机构下管理六个西欧国家的工业生产。

欧洲一体化理论出现了分歧，即分为了联邦主义和功能主义。支持"联邦主义一体化"的人认为主权国家的功能服从于形态。联邦主义者的核心政治目标是通过转移国家权限来集中权力，而政治实体的功能将取决于这种国家形态。例如，欧盟之所以会成为一个军事行为体，是因为整合军事能力对联邦化很有帮助。相比之下，"功能主义一体化"意味着主权国家的形态服从于功能。在这种情况下，只有在为成员国提供经济、政治和安全利益时，才会实现一体化。如果

第九章 全球治理：权力、合法性与难以控制的现代技术

不能确保欧洲一体化带来的利益大于国家主权遭受的损失，一体化就不得不在没有欧洲人民同意的情况下进行，甚至是通过胁迫的方式进行。米特兰尼（Mitrany）告诫说，采取联邦主义理论成立的"欧罗巴合众国"，是类似于苏联的非民主和独裁的组织架构，而不是美国的。在整个冷战时期，美国在西方的领导地位限制了欧洲共同体的治理范围。但在苏联解体后不到两个月，1992年2月《马斯特里赫特条约》（Maastricht Treaty in February）通过，欧盟正式成立。

欧盟的成功和失败都可以归因于作为国家发展战略的地缘经济学。地缘经济学是建立欧洲国家的重要理论基础，但地缘经济学理论仍然受制于民族国家。欧盟早期的成功在于获得了权力和合法性，（对欧洲的）治理并未超越民族国家，相反，其稳定依赖于德国、法国、英国和意大利等各大经济体之间的权力平衡。联盟内部的权力平衡确保没有一个权力主体可以支配其他成员国，并从其他成员国那里获得政治让步。因此，当成员国的经济规模相近时，一体化有更多的积极作用。1987年的单一市场（Single Market）建设和申根协定（Schengen Agreement）的免签证旅行增加了欧盟内部国家之间的贸易，这转化为政治上的忠诚和团结。欧盟的集体谈判能力助长了与邻国的不对称的依赖关系，欧盟利用这种依赖关系来治理欧盟边界以外的地区。这为欧盟的单

一市场建设创造了必要的政治和经济条件。因此，欧盟通常被视为"监管权力"或"监管帝国"，它的经济主导地位有利于构建其法律制度框架。欧盟可以只专注于监管成员国的经济市场，以实现超越国界的影响力，"欧盟市场的规模和对外资的吸引力决定了其他事情"。欧盟吸收的领土和经济力量越多，其治理能力就越强，其他国家就越难处于联盟之外。挪威和瑞士等非成员国陷入了"无声付出"的情境，这些国家必须执行欧盟的所有指令，但在政策决策中没有发言权。法国前总统瓦莱里·吉斯卡尔·德斯坦（Valery Giscard d'Estaing）是被否决的欧盟首部宪法的关键修订者，他认为欧盟成立的新目标是（拥有）国家权力：

> 几十年来，欧盟存在的基础条件已经改变。我们已经从寻求和平转向寻求伟大。目标很明确："我们必须成为世界上三个主要参与者之一，美国、中国和欧盟将在20年内控制世界上最重要的三种货币。"
>
> （Rettman 2013）

欧盟失败的原因在于其无法超越的国家利益。虽然煤钢共同体成立的目标是调节工业生产，以克服生产力日益提高的工业社会中的问题，但是新成立的欧盟使德国以牺牲其邻国的利益为代价来推行新经济主义的发展战略。在德国生产和存储的同时，南方成员国的经济变得依赖借贷和消费。美国财政部报告谴责德国以牺牲邻国的利益来振兴本国的经济：

> 在欧元区内，拥有大量和持续盈余的国家需要采取行动，拉动本国内需，缩小盈余规模。在整个欧元区金融危机期间，德国一直保持着巨额的经常账户盈余，在2012年，德国的名义经常账户盈余超过了中国。在许多其他欧元区国家为促进调整而面临抑制需求和压缩进口的巨大压力时，德国国内需求的无力和对出口的依赖已经阻碍到了再平衡。最终的结果是，欧元区以及整个世界经济都出现了通货紧缩的倾向。
>
> （US Treasury 2013: 3）

欧盟扩张和欧元流通进一步打破了欧盟内部的权力平衡。首先，欧盟权力开始转向德国。德国经济从与新成员国的贸易中获益最多，而欧元为德国提供了严重贬值的货币，助长了其出口驱动的发展战略。即使公众没有对加快一体化以超越民族国家明确表示支持，政治精英仍会无视人民的意见（而擅自行事）。例如，法国和荷兰对《建立欧洲宪法条约》（Treaty for Establishing a Constitution of Europe）的否决，仅仅是通过将其修改为《里斯本条约》（Lisbon Treaty）来解决，并没有举行全民公决。欧元的诞生在很大程度上是为了在未经（民众）同意的情况下实现政治一体化。货币联盟需要财政联盟，财政联盟需要政治联盟。在未能达成政治联盟的情况下，欧盟继续推动一体化进程，希望共同货币会造成经济危机，从而启动走向政治联盟的"连锁反应"。

随着欧盟提供物质利益的能力下降，欧盟开始逐渐依赖于强制手段。德国起带头作用，"帮助"地中海成员国设定了条件，使这些国家一直未能从对德国丧失生产力或全球金融危机的状态中恢复过来。随着激励政策的减少和对欧洲计划热情的减弱，欧盟实行一体化和治理变得愈发依赖于恐吓和威胁的手段，以阻止各国与欧盟脱钩。在大西洋的另一边，美国也不断依赖胁迫的手段来获得对其指令的遵守，这最终引发了对欧盟、伊朗、印度、俄罗斯、中国和其他国家的威胁和关税制裁。

欧盟的扩张使不同经济体之间的人员自由流动，改变了人口结构，欧盟内部凝聚力因而受到冲击。英国政治家通过承诺减少波兰移民人数来赢得选票，而波兰政治家则呼吁其公民回国以解决灾难性的人口减少问题。虽然移民到英国的人数增加使得富人更加富裕，但移民增加劳动力供给也给工资带来了下行压力，民族文化的独特性日益削弱。2011年舆观调查网（YouGov）的一项民意调查显示，62%的英国人同意以下说法："在最近一段时间内，英国发生了难以想象的变化，有时感觉像在异国他乡，这让我感到不舒服。"2015年，德国在未与其他欧盟成员国协商的情况下决定向移民开放边界，欧洲民族国家的压力进一步加大。德国因提倡基于自由价值观的欧洲身份认同，有义务帮助移民和寻求庇护者。然而，对于匈牙利和波兰等国家来说，欧洲身份认同是建立在由共同的历史、文化、种族和传统所界定的民主基础上的，这使他们抵制来自中东的大规模移民。随后，德国对不遵守其"欧洲价值观"的成员国实施制裁。这种不匹配民族国家独特价值观的行为也促使民粹主义者向俄罗斯靠拢，俄罗斯将自己定位为倡导基督教美德、传统家庭和保护传统文化的国际保守势力。

美国地缘经济霸权的兴衰

美国作为一个看似温和的霸主，其政治合法性植根于推进入人类自由的历史。与欧洲相比，由于与欧洲的距离和国家的规模等地理因素，美国起初奉行温和的政策。美国庞大的国内市场可消化其不断增长的工业产出。布鲁克斯·亚当斯在比较德国和美国时指出："德国人不能提高他们的速度，因为他们无法扩大基地建设和提升质量。而我们可以，也确实如此。"。然而，随着美国开始向太平洋地区扩展，美国参议员阿尔伯特·贝弗里奇（Albert Beveridge）主张进行帝国主义扩张，以回应不断增长的生产力：

> 美国的工厂正在制造比美国人所能利用的更多的东西，美国的土地正生产出比美国人所能消费的更多的东西，命运已经为我们制定我国的政策；世界的贸易应该必须是属于我们的……我们将在全世界建立贸易站，以此作为美国产品的分配点。我们将派我们的商船队驶过海洋。悬挂起我们的旗帜并与我们通商的殖民地将在我们的贸易站周围成长。
>
> （Bowers 1932: 67）

自由主义理念曾为美国在美洲的区域工业扩张政策以及避免与欧洲人结盟的愿望提供了依据。随着国家实力的增强，伍德罗·威尔逊（Woodrow Wilson）将美国的立场从被动的民主灯塔转变为积极履行传教士职责,其中德国的军事失败将是"终结所有战争的战争"并使世界"民主安全"。托洛茨基预言美国的帝国主义野心将会增长,因为他认为"美国资本主义迟早要在我们整个地球的长度和宽度上为自己开辟道路":

> 其内部相对均衡和似乎取之不尽的市场保证美国对欧洲具有决定性的技术和经济优势。但其干预世界大战的事实则说明内部平衡已经被打破。由战争引入美国的国家/社会结构所带来的变革影响了全世界同时也给美国资本主义本身带来了生死攸关的问题。有充分证据表明,这个影响具有极端的戏剧性。

欧洲在第二次世界大战中遭到毁灭性打击,此后美国成为最大的工业国,并在地缘经济中占据主导地位,从而取代了英国自第一次工业革命以来的霸权地位。全球治理规制了受到两极国际权力分配格局,以及由两极对立意识形态催生的合法性认知差异影响,日益分裂的世界。西欧已丧失对旧殖民体系的工业控制力,因为美国和苏联都意图取代其影响力。资本主义和共产主义意识形态都提供了有关促进人类自由的理念，这使它们取代西欧在殖民地的权力具有合法性。

在西方资本主义国家中，美国建立了自由主义霸权，其地缘经济优势明显。马歇尔计划（The Marshal Plan）启动后，欧洲得以向有较强竞争力的美国开放。华盛顿宣称其对中东石油的控制权，1945年，美国近东部门负责人表示，"在沙特阿拉伯，石油资源是战略力量的巨大来源，也是世界历史上最大的物质财富之一，而石油的特许权在名义上由美国控制"。美国不仅控制了海上的主要运输走廊，且凭借布雷顿森林体系成为国际货币基金组织和世界银行的领导者。布雷顿森林体系使美元成为世界贸易和储备货币。而美国对于沙特阿拉伯和海湾国家的军事支持是以这些国家完全以美元进行能源交易为条件的，美元的这一地位由此得到加强。乔治·凯南告诫说，美国不要过度扩展其理想主义使命感，尤其是在亚洲，因为在东方追求领导地位只会激怒和疏远潜在的合作者：

> 我们拥有世界上约50%的财富，却只有世界人口的6.3%……在这种形势下，我们的任务是设计一种在不危及美国国家安全情况下，保持这种优势的"关系模式"……我们不必自欺欺人地认为我们如今有能力花费大量资源以实现利他主义和

世界利益。

然而，冷战期间西方国家主要的竞争对手是几乎与国际市场脱节的共产主义国家，在西方国际治理体系下助长了自由和平的假象。资本主义盟国面对共同的敌人，有强烈的动机来缓解彼此之间的地缘经济紧张局势。

后冷战时代：没有中国和俄罗斯的全球治理

世界秩序必须有大国在内才能成为真正的国际秩序。冷战结束之后的全球治理未能建立一个真正的世界秩序，这是因为其结构旨在巩固单极时代。中国和俄罗斯计划融入该体系并遵守秩序规则，但世界秩序内的西方国家没有准备好改革，未能达成一个充分容纳其前对手的政治解决方案。因此，中国和俄罗斯正在通过推进欧亚大陆整合战略来应对以西方国家为中心的世界秩序。

"单极时刻"（Unipolar Moment）被认为是一种将霸权与普世价值相结合的自由国际秩序。这种自由主义的国际秩序将以前的资本主义/共产主义分界线重塑为自由主义/威权主义分界线，以避免改革并限制以前的对手的参与。肯南批评美国将国家利益伪装成价值观："俄罗斯的民主与我们刚刚签约结盟以防止俄罗斯入侵的这些国家一样先进"。国际自由主义秩序的捍卫者倾向于将其描述为一个多边的、基于规则的、良性的秩序，使西方大国之间的和平共处成为可能。然而，在冷战之后，西方集体领导下的基于规则的自由国际秩序变成了矛盾体，西方大国之间团结的要求将永远压倒对国际法和规则的一致应用。换句话说，在西方大国领导的规则体系中，俄罗斯和中国将永远处于劣势。

全球治理过于依赖先进的战略优势来维持单极化时代和集体霸权，削弱了实现战略稳定的能力。由于治理的合法性建立在自由价值观之上——相对于君主制、宗教或民族文化的独特性——美国认为自己扮演着决定道德真理合法性的仲裁者角色。

与法国大革命和布尔什维克革命背后理想主义者的国际主义一样，服务于国家事业是西方大国主张自由民主的国际主义的原因。西方仿效"铁托主义"实践，将自由民主理念作为一种普世价值和国际霸权准则提出来。政治体制越是民主，国家领导人就越会捍卫其民主价值观。全球治理能够缓解和协调国家之间相互冲突的利益关系，但对西方国家来说，全球治理已成为纠正对手行为的手段。西方战略规划暗示了一种教学式师生关系，要将西方塑造成俄罗斯文明的社会化代理人。俄罗斯要么接受北约和欧盟在欧洲的主导作用，要么因为拒绝西方霸权被认为等同于拒绝自由主义价值观的"反文明力量"。此外，自由主义国际秩序是自相矛盾的，表现在它以维护世界格局的单极化为存在条件却推动了中国的崛起，并且促使世界从单极秩序转变为多极秩序。

国家和地缘经济集团在无其他大国参与的情况下致力于推进全球治理，结果往往是国际体系支离破碎并加剧了国家之间的冲突。举例来说，欧盟试图将法规、标准和立法的治理范围扩大到其邻国，导致其寻求治理的国家和俄罗斯等与之竞争的国家关系紧张。欧盟威胁要对邻国进行经济孤立，以将其能源市场立法强加于邻国。当白俄罗斯拒绝采用基于欧盟能源立法的能源折扣时，欧盟能源专员指责俄罗斯向白俄罗斯提供能源折扣是"纯粹的敲诈"，这表明了治理体系中的竞争关系。没有任何讽刺的意思，欧盟能源专员继续威胁摩尔多瓦和乌克兰，如果他们也接受俄罗斯的提议，就会被经济孤立。"谁离开能源共同体，谁就是间接离开了与欧盟的伙伴关系，很明显它将成为下一个白俄罗斯。"第二年，乌克兰因拒绝欧盟结盟协议而受到的惩罚超出了经济范畴，欧盟支持乌克兰暴乱和最终推翻其政府的统治。2014年波兰总理唐纳德·图斯克（Donald Tusk）成为欧洲理事会主席，他呼吁超越政治立场，在暴乱高峰期为乌克兰的反政府运动提供了300万欧元的资金支持。

利用国家法律对不受国家边界约束的数字技术进行立法，显然是有问题的。随着世界分裂为超越本国边界进行治理的区域，国际法的效力也会被削弱。现在已经出现了治外法权的趋势，各国试图将其法律范围扩大到其管辖的领土之外，已然违背了国际习惯法。美国控制着以美元为基础的SWIFT交易系统等关键地缘经济工具，完全能够单方面将其国内立法强加给世界其他国家。例如，一家法国银行，即法国巴黎银行（BNP Paribas），因与苏丹、伊朗和古巴进行双边贸易，不得不接受美国政府对其近90亿美元的罚款要求。华为首席财务官因涉嫌违反美国法律而在加拿大被捕，英国因其违反欧盟法律而扣押一艘驶往叙利亚的伊朗油轮，这些都表明了美国治外法权的行径以及随后全球治理的碎片化。在伊朗核协议问题上美国法律甚至代替了国际法，美国退出了该协议并对仍然遵守该协议的国家实施制裁。正如美国财政部长史蒂文·姆努钦（Steven Mnuchin）告知七国集团（G7）财长的那样："如果你想参与美元体系，你就必须遵守美国的制裁措施。"

第四次工业革命将加大国家施行治外法权对他国的威胁。2018年美国颁布的《云法案》（Cloud Act）——全称为《澄清境外数据的合法使用法》（Clarifying Lawful Overseas Use of Data）——宣布美国公司有权从美国提供云服务的外国公司中跨境调取数据。《云法案》破坏了国内隐私法，并赋予美国在数字技术领域的竞争优势，使其能够收获更多的数据来开发卓越的人工智能软件。将美国国内的立法空间扩展到其他国家的领土上，表明了地缘经济的作用，即美国利用不对称的技术和经济依赖性，试图在全球治理中获得特权地位。美国似乎不太可能接受欧盟、中国或俄罗斯在美国本土享受他们的治外法权。全球治理的崩溃，促使国家和地缘经济集团与外国数字平台脱钩，转而制订他们自己的解决方案。

美国自由主义霸权下的中国

中国、俄罗斯和其他新兴大国不接受自由主义国际秩序的双重结构，即美国执行规则但不受规则约束。中国的经济实力不断增强，边境上没有寻求扩张的军事力量和地缘经济集团，这是中国不断积累实力的结果。相比之下，由于经济体系在20世纪90年代已经崩溃，且越发被不断扩张的北约和欧盟所边缘化，俄罗斯迫切期望制衡西方国家。因此，中国继续保持低调以延迟对抗，而俄罗斯则不得不主动出击，并承担更大的风险。

中国最初试图将其在全球治理中的足迹降到最低，以防止引起不必要的关注和被其他大国制衡。中国从20世纪70年代开始致力于"和平崛起"的战略计划。中国的发展意图是"隐藏和等待"——隐藏其能力并等待时机。中国没有挑战美国的地缘经济权力工具，如其战略产业、运输走廊和布雷顿森林体系。

美国起初支持中国在全球治理中的消极立场，从而维持西方的特权。然而，美国的做法逐渐遭到了质疑，中国被鼓励在以西方为中心的国际体系中提升其影响力。国际关注的问题是，中国只有在以后有能力挑战和推翻现有国际秩序时，才会在全球治理中发挥其影响力。依照国际发展理念，中国政府被鼓励在国际体系中承担更大的责任。维持中国的"和平崛起"是一个双重过程，中国必须准备好融入现有的规则体系，而主导现有体系的大国必须改革和调整以适应中国的发展。然而，美国并没有正视中国的发展，美国不愿意放弃自身在国际货币基金组织、世界银行和亚洲开发银行等机构中的领导地位。

中国实行出口导向型发展战略，通过从生产力较低的农业部门汲取无限供给的劳动力，中国成为世界工厂，以缓解被抑制的货币流通问题。通过学习吸收在中国经营的外国公司的技术和知识，中国在全球价值链中快速攀升。然后，中国的巨额贸易顺差为美国提供了债务融资，降低了美国对华的敌意。

随着中国生产力水平的持续增长，工业力量和经济活动不再局限于国界范围内。国内的基础设施项目造就发展了能够在国际市场上具备竞争力的大型企业。中国为确保能源资源的可靠供应，大力拓展非洲、中亚和世界其他地区的市场。到2008年全球金融危机爆发时，中国大量的美元储备已显现出弊端。美国通过增加借贷和支出来应对过度借贷和支出的财政问题。

在接下来的几年里，中国通过重组全球价值链极大地改变了自身参与全球治理的路径。中国表示计划在第四次工业革命的关键技术方面发挥重要作用，并开发一条数字丝绸之路。2013年，北京提出了"一带一路"倡议，沿着中国的陆路和海上走廊构建世界共同体。2015年，中国倡议设立的亚投行不仅成为布雷顿森林体系机构的竞争对手，而且推动实现人民币国际化。

美国自由主义霸权下的俄罗斯

在冷战即将结束时，俄罗斯试图通过改变其基于集团对抗的安全体系结构来改善全球治理体系。戈尔巴乔夫（Gorbachev）提议建立从温哥华到符拉迪沃斯托克的"欧洲共同家园"（Common European Home），以协调资本主义和社会主义国家之间的利益问题。美国的反击是倡导"完整和自由的欧洲"（Europe Whole and Free），将在共同的自由民主原则下将东方和西方联合起来——其含义是，它将增强而不是限制美国的领导地位。苏联解体后，叶利钦（Yeltsin）在最大限度上将俄罗斯的倡导与"完整和自由的欧洲"的模式结合起来，基本上同意在资本主义和民主的共同原则基础上与西方国家融合。然而，若是将俄罗斯融入其中，会瓦解美国的领导地位。美国没有从欧洲领土撤出，而是选择了继续扩张。苏联解体一个月后，布什总统宣称：

> 感谢上帝的怜悯，美国赢得了冷战……有些人说，现在我们可以远离世界舞台了，我们没有特殊的作用，没有特殊的地位。但我们是美利坚合众国，是已经成为世界领袖的西方国家的领导者。只要我是总统，我将继续领导维护世界和平自由。

西方未能与俄罗斯就融入欧洲问题达成一致的政治解决方案，自此成为全球治理体系中的冲突根源。一个新崛起的欧洲将俄罗斯降级为非欧洲国家。通过扩大北约和欧盟使欧洲大陆统一起来，随后使"欧洲一体化"成为一个零和过程，东欧各国将与俄罗斯脱钩，并向华盛顿和布鲁塞尔寻求领导。凯南预言，北约的扩张主义将是"新冷战的开始……俄罗斯会有强烈的反应，然后（北约扩张者）会说，我们总是告诉你俄罗斯人是这样的。但这大错特错"。冷战的结局与其他战争很相似，北约代表战胜国向被征服的领土扩张，为未来的冲突奠定了基础。米尔斯海默同样将与俄罗斯关系的恶化和随后的乌克兰战争归咎于西方的扩张主义政策。

俄罗斯曾多次提出建立大欧洲的建议，叶利钦和普京最初都表示愿意加入北约。"9·11"事件发生后，俄罗斯试图将自己定位为美国在反恐战争中的主要盟友。2008年，梅德韦杰夫（Medvedev）总统提出了一个新的欧洲安全架构。最后在2010年，普京提出了建立欧盟—俄罗斯联盟的建议（Diesen and Wood 2012）。普京表示：

> 最初，我们就没能克服欧洲分裂的危机。25年前，柏林墙倒下了，无形的墙却被转移到了欧洲的东部。这些导致了国家之间的相互误解和推卸罪责，也是此后所有危机发生的根源。
>
> （Bertrand 2016）

欧盟同样不得不与一个正在崛起的俄罗斯打交道，因为俄罗斯国家领土太大，无法作为欧盟成员国纳入，也无法作为非成员国进行治理。东方伙伴关系（Eastern Partnership）计划则公然将东欧各国在经济上对莫斯科的依赖转移到布鲁塞尔。到2013年，欧盟曾推进其与东欧各国的结盟协议。从本质上讲，这是文明地发出最后通牒，据此"他们最终必须在东方和西方之间做出选择"。这就造成了一个两难的局面，因为"它将一体化，即定义上的正和过程，转变为国家的零和游戏"。2014年西方支持的乌克兰政变表明了所谓"米特兰尼悖论"（Mitrany paradox），即一体化过程构建了更少、更大和更不兼容的权力实体。

在戈尔巴乔夫提议"欧洲共同家园"基础上，俄罗斯提出了大欧洲理念，但从地缘经济的角度来看这个理念存在缺陷。由于致力于建立大欧洲，俄罗斯将过度依赖与更强大的欧盟的不对称伙伴关系，使得欧盟能够最大限度地发挥其自主性和影响力。因此，布鲁塞尔没有动力允许俄罗斯融入欧洲体系的大国关系之中，而是专注于通过能源来源多样化来减少对俄罗斯能源的依赖，并使俄罗斯的邻国与莫斯科的地缘经济脱钩。当其民选领导层试图与俄罗斯和欧盟融合时，乌克兰成为实践大欧洲可行性的试金石，这与俄罗斯的泛欧野心相吻合。2014年，西方支持推翻亚努科维奇（Yanukovich）总统的统治，并成立了一个反俄政府，这打

第九章 全球治理：权力、合法性与难以控制的现代技术

破了莫斯科对逐步融入大欧洲的幻想。

俄罗斯利用"大欧亚倡议"取代了其大欧洲计划。俄罗斯前外长伊戈尔·伊万诺夫曾是大欧洲计划的倡导者，他认为大欧洲计划是一个乌托邦式的构想，应该支持更可行的大欧亚倡议。大欧亚大陆的地缘经济学改善了"依赖平衡"的现状，促使俄罗斯的经济形式多样化，从而避免过度依赖于任何一个国家或地区。大欧亚倡议将俄罗斯定位为多极秩序和经济一体化的大欧亚大陆的重要力量，大欧亚大陆包括欧洲、中国、韩国、印度、伊朗以及介于欧亚之间的一切国家。克里米亚事件后的反俄制裁为俄罗斯提供了额外的驱动力，俄罗斯通过迅速实现现代化和伙伴关系的多样化，使自身的技术主权和地缘经济独立于西方。

大欧亚大陆终结了欧洲共同体发展的前景和全球集中治理的愿景。大欧亚理念旨在与西方的地缘经济权力工具脱钩，在权力平衡的基础上发展全球治理。俄罗斯打算发展美国无法控制的战略产业、运输走廊和金融工具，这包括技术主权、北极走廊、欧亚地区机构和开发银行、国际支付系统和使用区域货币。由于中国有能力并有意挑战西方的地缘经济领导地位，将不可避免地成为俄罗斯组建大欧亚大陆的主要伙伴。

作为跨地区主义的全球化

全球化并没有完全终结，而是已重组为跨地区主义。世界各国倾向于构建地缘经济发展格局，将其作为一种更可行的方式来平衡超越民族国家范围的需要，以及与其他权力实体竞争的需要。盟国和对手之间的地区主义削弱了美国的霸权。美国为了维持其全球霸权地位，依靠自己的能力"在各'诸侯'之间保持安全的依赖性，避免相互串通。让附庸者保持顺从、得到保护，防止野蛮人聚成一伙"。

在冷战结束后的几年里，地区主义已成为经济全球化的一个日益重要的驱动力。地缘经济之所以推动了区域一体化，作为增强集体谈判能力的手段，是因为"在国家层面上自力更生是永远不可行的"。欧盟的形成在很大程度上是出于改善与美国关系的对称性的需要。同样，北美自由贸易协定（North American Free Trade Agreement，简称为NAFTA）也是对欧洲和日本竞争力增强的回应策略。这种现象持续发生，西方强大的地缘经济集团为整个欧亚大陆的新区域一体化倡议产生了系统性的激励。正如海特妮（Hettne）所预测的："鉴于欧洲和北美正出现的堡垒，东亚国家必须为区域之间相互依赖性更强的未来进行规划。"区域一体化倡议并不总是符合自由国际秩序，亚洲的区域主义往往旨在保护国

第九章　全球治理：权力、合法性与难以控制的现代技术

家免于遭受美国的影响。

欧亚主义旨在建筑横跨广袤欧亚大陆的地区主义发展的基础。中国与俄罗斯联合创立上海合作组织（Shanghai Cooperation Organisation，简称为SCO），以协调两国在中亚的利益，并削弱西方大国的影响力。此后，上海合作组织开始承担经济职能，并接收了印度和巴基斯坦成为成员国，为扩大范围未来可能还会吸收伊朗。金砖国家（BRICS）（巴西、俄罗斯、印度、中国和南非）的开发银行同样也是重要的金融机构，可以使其远离西方资本，统一成员国的外交政策立场。"俄罗斯联邦外交政策构想"（Foreign Policy Concept of the Russian Federation）重视与俄罗斯-印度-中国（RIC）三国组合的接触，以有助于重构全球治理。2015年5月，俄罗斯和中国同意在上海合作组织的支持下将欧亚经济联盟（Eurasian Economic Union，简称为EAEU）与"一带一路"倡议对接。在2015年7月举行的欧亚经济联盟-上海合作组织-金砖国家联合峰会上，普京称欧亚治理是为了制衡美国霸权的野心：

> 对我们来说，欧亚大陆不是一个棋盘，不是一个地缘政治游乐场，而是我们的家园，我们所有人都希望我们的家园和平繁荣，不希望它成为一个极端主义的地方，不希望以牺牲他人的利益来保护自

己的利益……我们团结一致，因为只有在真正的伙伴关系、信任、平等权利、尊重和承认彼此利益的基础上集体行动，才能实现已设定的目标。

（Sakwa 2016）

西方机构不太愿意与欧亚机构合作，因为这会削弱他们的霸权地位。西方不是通过协调各地区的利益来推进战略稳定的，而是与这些地区的个别国家接触来寻求战略优势，以扭曲依赖平衡并最大限度地提高其自主权和影响力。俄罗斯在2004年提出的在俄罗斯、乌克兰、白俄罗斯和哈萨克斯坦之间建立单一经济空间的建议，立即被华盛顿和布鲁塞尔斥责为帝国主义的野心。欧盟反对与欧亚经济联盟接触。2012年，美国国务卿希拉里·克林顿表示，美国决心"找出有效的方法来减缓或阻止"欧亚经济联盟的一体化。两年后，乌克兰的政变使其未来可能加入欧亚经济联盟成为一个有争议的问题。新区域被构建起来，以边缘化俄罗斯和中国。克林顿将美国和欧洲之间的跨大西洋贸易和投资伙伴关系（Transatlantic Trade and Investment Partnership，简称为TTIP）称为"经济北约"，而奥巴马总统则主张以跨太平洋伙伴关系（Trans-Pacific Partnership，简称为TPP）来抵制中国，他表示"其他国家应该按照美国和我们的伙伴制定的规则行事，而不是相反……应该

第九章　全球治理：权力、合法性与难以控制的现代技术

由美国而非中国这样的国家来书写规则"。

小结

国际体系如何应对第四次工业革命？新技术呈指数级增长，但自1648年《威斯特伐利亚和约》以来，处理人类公共事务的国际体系几乎没有发生任何变化。在第四次工业革命中，全球治理体系中的资本扩张、生产力和地缘经济工具将面临调整。随着数字技术取代战略产业、运输走廊和金融工具，地缘经济的竞争可能会发生根本性的重组。

由于数字技术加强了经济体之间的互动，刺激了新武器的产生，并促使相互竞争的价值体系之间的相互影响，战略产业受到破坏。监管数据存储、知识产权、无人机、自动驾驶汽车、物联网、数字货币和分布式账本需要国际规则和规范。生物工程、基因编辑和神经技术使控制进化过程和创造超级人类也成为可能。一些国家将选择在这条道路上小心翼翼地冒险，同时管理由此产生的干扰和冲突，以保持自身的竞争优势。不是所有国家都能分享操纵环境所获得的潜在利益，也不是同样都准备好了应对风险。因此，要想推行地球工程倡议，例如在平流层散布硫黄来操纵气候，需要制定一套共同的规则。所有的工业革命都有意想不到的创新前景。

可再生能源方面的创新可能对能源出口国产生破坏性影响；涉及连通性的物理基础设施已经在发生变化；对传统运输走廊的治理现在也包括作为全球经济动脉的数字航道和卫星；最后，数字化解决方案有可能破坏银行和货币等金融工具的强大地缘经济力量。

第四次工业革命中的全球治理与19世纪末的欧洲体系有许多共同的特点。当时，英国的首要地位正在下降，对技术领导权、工业权力和市场控制权的竞争将世界推向了战争的边缘。在这个时代，世界各国还没有达成可以作为全球治理基础的冷战后安排。正如凯南所认为的，重构各国（包括俄罗斯在内）参与其中的全球治理，需要有想象力和勇气的伟大政治家，但不幸的是，"我们处在侏儒的时代"。在美国，尽管关于替代方案和后果的争论很少，但人们普遍认为"单极时刻"已经结束。相反，世界正在从单极化向多极化过渡，东方和西方的大国试图同时向两个方向推动世界。俄罗斯前外交部长伊戈尔·伊万诺夫警示说，世界仍处于一个危险的过渡阶段：

> 在冷战结束后的20年里，以前基于雅尔塔体系的全球政治体系几乎被摧毁。然而，却没有人设计出任何东西来取代它。世界正在逐渐滑向失序，这

第九章 全球治理：权力、合法性与难以控制的现代技术

不仅威胁着个别国家或地区，而且威胁着整个国际社会。

新技术究竟会迫使人类团结起来，发展出能够管理各国竞争性工业扩张的全球治理体系，还是会将世界推入混乱和危机之中，这仍然是个未知数。政治领导人似乎缺乏必要的战略思维，无法理解正在发生的权力结构性转变，也无法理解其影响力。显然，西方领导人认为这些混乱只不过是一种不正常的现象，他们只是试图应付目前存在的困难，而不是为一个截然不同的未来做好计划。

结语 走向技术主权

由于技术主权重要性的提高和劳动分工的减少，第四次工业革命可能会改变地缘经济竞争的性质。通过认知自动化和使数字技术接管现实世界的产业，权力会更加集中。由于新技术带来了范围经济、破坏了供应链，以及因（供应链）回流改变了发展战略，大国将更不愿意接受对技术的依赖。此外，考虑到社会经济混乱和潜在的创造性破坏问题，国家将积极地干预市场经济。

尽管国际分工被用来建立不对称的依赖关系以获取政治权力，但工业革命为国家进一步深化和扩大经济联系提供了动力。国家需要干预经济，以提高其在权力竞争中的相对地位，并缓解随后的社会经济危机。第四次工业革命与以往的工业革命截然不同，它使人们的认知自动化，然后可以操纵现实世界。国家控制下的技术生态系统对于保持国际体系的自主性和影响力，以及缓解社会经济危机是必不可少的。技术的作用越来越大意味着大国地位在很大程度上取决于技术主权之争。

"双重脱钩"之下，几十年来形成的国际分工体系目前正在分崩离析。首先，大国将供应链迁回国以缩减与其他大国的相互依存关系，他们坚信现在所有的东西都是关键的基础设施，因此不能委托给竞争对手。其次，大国将摆脱对供应链的依赖，制造业的回流使之成为可能。以往依赖出口型发展战略的发展中国家需要实现进口替代，通过供应国内市场和发展国内技术生态系统来实现经济增长。第四次工业革命中的地理经济学促进了技术生态系统的地域化，中国和俄罗斯已经为减少地缘经济对美国技术、产业、运输走廊、金融机构和美元的依赖做出了巨大的努力。美国的外交政策同样寻求减少对竞争对手战略产业的依赖——无论是它自己的还是盟友。美国已经禁止或限制中国的5G网络建设和领先技术研发，而欧洲认为减少对俄罗斯天然气的依赖是一个战略目标。随着新技术平台在经济中发挥越来越重要的作用，各国将继续迁回其供应链，以改善依赖性平衡。大国正在刻意地瓦解其他国家利用技术生态系统施加影响的能力。

大国需要通过地区、国家和国际体系来管理技术发展。根据定义，体系是指在混乱中建立秩序。面对迫在眉睫的社会经济、政治和军事挑战，我们亟需一种能够缓解因当前世界秩序变得过时而混乱的体系。尽管有些技术创新是地方性的而非国家的，目前大多数技术创新超越了国界。这就产生了巨大的压力，需要找到不单单基于国家的解决方案。弗里德里希·李斯特在《政治经济学的国民体系》（*The National System of Political Economy*）中的主要论点是，自由市场资本主义的世界主义理论不符合分裂成相互竞争的民族国家的世界现实。一个正常运作的民族国家是国际合作体系的基础，国家是国际体系中的主要行为者，也将是发展技术体系的主要行为者，以应对国内混乱和重组国际关系。随着新制度秩序的出现，了解旧秩序的机制至关重要。转型和更新需要摆脱旧系统的消极和落后的部分，并以崭新的和有弹性的制度秩序取而代之。由于缺乏对旧秩序的正确认识，扫除旧制度的革命往往具有过高的，甚至是难以承受的转型成本。与民族国家或资本主义彻底决裂以适应新技术的幻想可能会像其他大多数革命一样以悲剧告终。善良的意图最终会让位于无情的现实，因为如果没有有效的全球政府体系，废除资本主义只是用威权官僚主义者取代强大的资本所有者。

国家的回归

随着数字化平台整合了现实世界的产品和服务，并积累了资本密集型的垄断力量，自由市场资本主义遭到了质疑。国家必须通过监管或掌握所有权来加强对生产资料的控制，以防止科技巨头腐蚀国内政治。简单地拆分科技巨头也会消除它们所产生的积极协同效应，并导致它们在国际市场上的竞争力下降。随着通信技术创新不断加强，各国必须重申自己的立场，以保持对叙事创作和政治话语方向的控制。各国已经开始倾向于将数字空间领土化和发展"互联网主权"，以缓解国内组织之间的混乱并对抗外国势力的恶意影响。

随着对国家控制技术、管理地缘经济竞争和克服社会经济混乱的需求增加，国家将重新开始意识形态竞争。福山（Fukuyama）提出"历史的终结"（End of History），称自由民主和自由市场资本主义从冷战中最终取得了胜利。在30年后，各国开始重新审视和考虑一系列意识形态的替代方案及其哲学基础。随着国家主张控制生产资料以推动代表国家利益的外交政策并协调国内的社会与经济发展，自由主义逐渐走向衰弱。国家更依赖于利用监管的方式来控制私营企业，导致国家逐渐倾向于法西斯主义的政治经济学。同样，关于国家所有制和收入再分配的论点也重新为社会主义辩护。共产主义计划经济在很大程度上造成了苏联解体，而中国通过行政性分权和市场化改革得以发展。极权国家从数字化革命中获益的能力较低，原因在于数据处理在权力下放的国家中效率更高。然而，使用人工智能来管理获取现实社会中全部经济活动的实时数据的能力转变了数字技术的性质，这可能导致权力更加集中而不是权力下放。

地缘经济竞争不可避免地受到以创造性破坏为特征的

经济和社会影响。当创造性破坏比较持久时,新的工作岗位不会取代旧的工作岗位,资本主义的基本原理就会瓦解。此外,自动化的快速发展促使资本与劳动力脱钩,导致权力集中在前者,并使财富的再分配成为维护政治稳定的必要条件。同样地,创造性破坏作为一种社会现象,在意义和目的上造成了危机。创新技术不能仅以自由经济原则为指导,也不能仅作为提高效率但服务于享乐主义冲动的节省劳动力的工具。创新技术需被用于解决社会的弊病,以避免出现礼俗社会的服从现象。政府绝不能被动,任由新技术塑造自己。相反,技术的实施应该注重将哲学、经济和社会相结合起来考虑。自由的治理能否将技术用于提高效率、减少对人类劳动的依赖和增加自我放纵以外的目的?对创新技术的治理也可以用来与自然相联系,使家庭团聚,恢复社会凝聚力和社区复原力,并开辟出新的领域。

一个新的国际体系

国际体系和国内社会都没有准备好应对第四次工业革命带来的挑战。人类面临着人工智能失去控制、大规模失业、资本主义民主的崩溃、政治不稳定、与现实世界相关的网络战争、核浩劫、基因操作的不可预见后果和其他的危险。然而，由于人类正应对着人口过剩、能源消耗不断增长、宗派主义、恐怖主义、环境恶化、金融不稳定、资源稀缺、财富集中、虚无主义日益严重等问题，当前的现状也变得难以为继。政治领导人的任务无非是摆脱旧秩序的缺点，代之以符合新现实的最优解决方案。在任何一次工业革命中，政治领导人都必须注意他们所在监督的创造性破坏，并在动荡时期为平稳地过渡做好计划。

政治领导人要在无视重大风险的乌托邦幻想和忽视可能性的反乌托邦思维之间进行权衡。资本主义已暴露了它的结构性缺陷——不可持续的资本集中会导致剥削。然而，资本主义自身具有较强的社会适应性，并且可以刺激市场竞争。以利润为导向有助于提升效率和竞争力，但技术必须有更广泛的应用范围，从更高层面去考虑问题，而不是仅以利润为主。民族主义可能会造成国家分裂，并以仇外和破坏性的方式表达立场。然而，具有部落特征的集体认同是人类与生俱来的，因此必须加以利用和管理而不是压制。政府权力可能具有侵入性，可能会限制个人自由的充分表达，但一定程度的中央集权对于缓解混乱、提供集体产品和重新分配财富以保持稳定是必要的。自由冲动、普世主义和全球连通性是发展人与人之间联系所必需的，然而保守主义、独特性和民族国家在维护必要的边界方面发挥着重要作用。

技术需要负责任地开发，尽管不那么有原则的对手可以获得竞争优势。出于对潜在的社会经济、政治或军事破坏的担忧，未能最大限度地发挥人工智能优势甚至抵制人工智能的国家可能会落后于其他国家。此外，这可能导致这些国家成为其他国家的"技术殖民地"，最终导致过度的经济依赖，甚至在战场上被打败。从历史上看，那些在工业革命带来的地缘经济和安全进步中落后的国家，都面临着生存的威胁。国际关系组织必须建立在战略优势与战略稳定之间的平衡之上。政府应避免得不偿失的胜利，因为过度的战略优势会产生不利于战略稳定的反应。如果一个国家提升了地缘经济能力，使其能够远远超越世界上的其他国家，那么其余国家很可能会争取全部技术和经济的自给自足，而不是接受统治。如果一个国家发展出摧毁敌对国实施核报复的能力，那么敌对国的反应可能是先发制人地打击其卫星或天基军事能力，而不是投降。同样，不平等的军事能力将刺激较弱的国家对人工智能系统进行更多的决策自动化，从而放弃更重要的人类控制。

技术就是权力，工业革命可以从根本上改变国际权力分配，也会破坏国家、国内企业和个人之间的关系。当前由民粹主义、本土主义、保护主义、贸易战和技术民族主义高涨造成的混乱局面，只是第四次工业革命中人类将面临的困局的先兆。革命使过去的东西过时，并引发一系列的混乱。这种状况会一直持续直到一个新的系统出现来取代旧的系统。与所有革命一样，第四次工业革命将摧毁旧事物并让位给新事物。安东尼奥·葛兰西（Antonio Gramsci）在他的牢房里写道："危机恰恰在于，旧的正在死亡，而新的无法诞生；在这期间出现了各种各样的病态症状。"现在，"过渡期"（interregnum）指的是旧制度消亡和新制度诞生之间的不确定时期。第四次工业革命对地缘经济的影响无异于创造一个新的工业社会，这种社会将在旧有的资本主义经济体系，以及现有价值体系、意识形态和社会结构遭到破坏后出现，最终体现出国家的作用。

参考文献

Adams, B., 1897. *The Law of Civilisation and Decay*, Macmillan, London.

Adams, B., 1900. *America's Economic Supremacy*, Macmillan, New York.

Adams, H., 1956. 'The New York Gold Conspiracy', in H. Adams and C.F. Adams (eds.),

Chapters of Erie, Cornell University Press, Ithaca, pp.100–134.

Agnew, J. and Corbridge, S., 2002. *Mastering Space: Hegemony, Territory and International Political Economy*, Routledge, New York.

Al-Azmeh, A., 2012. 'Civilization as a Political Disposition', *Economy and Society*, vol.41, no.4, pp.501–12.

Anderson, B., 2006. *Imagined Communities: Reflections on the Origin and Spread of Nationalism*, Verso Books, London.

Ashworth, W.J., 2017. *The Industrial Revolution: The State, Knowledge and Global Trade*, Bloomsbury Publishing, London.

Babones, S., 2018a. 'How Netware Apps Are Reshaping the Personal Transportation Technosystem', *The Zhongguo Institute*, 18 August.

Babones, S., 2018b. 'China Could Be the World's First All Electric Vehicle Ecosystem', *Forbes*, 6 March.

Babones, S., 2018c. *The New Authoritarianism: Trump, Populism, and the Tyranny of Experts*, John Wiley & Sons, New York.

Baer, D., 2016. 'A Lot of People Who Make Over $350,000 are about to Get Replaced by Software', *Business Insider*, 17 March.

Baldwin, D.A., 1985. *Economic Statecraft*, Princeton University Press, Princeton. Balzer, H., 2005. 'The Putin Thesis and Russian Energy Policy', *Post-Soviet Affairs*, vol.21, no.3, pp.210–25.

Baru, S., 2012. 'Geo-economics and Strategy', *Survival*, vol.54, no.3, pp.47–58. Baruch, L., 2001. *Intangibles: Management, Measuring and*

Reporting, Brookings Institution Press, Washington, DC.

Bebel, A., 1876. *Fur und wider die Commune: Disputation zwischen den Herren Bebel und Sparig in der 'Tonhalle' zu Leipzig*, Genossenschaftsbuchdruckerei, Leipzig.

Bell, D., 1973. 'The Coming of the Post-industrial Society', *The Educational Forum*, vol.40, no.4, pp.574–9.

Bell, D., 2008. *The Cultural Contradictions of Capitalism*, Basic Books, New York. Bendett, S., 2019. 'Putin Drops Hints about Upcoming National AI Strategy', *Defense One*, 30 May.

Benner, C., 2002. *Work in the New Economy: Flexible Labor Markets in Silicon Valley*, Blackwell Publishing, Malden, MA.

Berend, I.T., 2000. 'The Failure of Economic Nationalism: Central and Eastern Europe before World War II', *Revue économique*, vol.51, no.2, pp.315–22.

Bertrand, N., 2016. 'Putin: The Deterioration of Russia's Relationship with the West Is the Result of Many "Mistakes"', *Business Insider*, 11 January.

Birtchnell, T. and Hoyle, W., 2014. *3D Printing for Development in the Global South: The 3D4D Challenge*, Palgrave, Basingstoke.

Birnbaum, E., 2019. 'DHS Wants to Use Facial Recognition on 97 Percent of Departing Air Passengers by 2023', *The Hill*, 18 April.

Block, F., 2008. 'Swimming Against the Current: The Rise of a Hidden Developmental State in the United States', *Politics & Society*, vol.36, no.2, pp.169–206.

Boehm, C., 2009. *Hierarchy in the Forest: The Evolution of Egalitarian Behaviour*, Harvard University Press, Cambridge.

Booth, K. and Wheeler, N., 2008. *The Security Dilemma: Fear, Cooperation, and Trust in World Politics*, Palgrave, London.

Borger, J., 2013. 'Obama Accused of Nuclear U-turn as Guided Weapons Plan Emerges', *The Guardian*, 21 April.

Bowers, C.G., 1932. *Beveridge and the Progressive Era*, The Literary Guild, Boston. Boyd, D., Levy, K. and Marwick, A., 2014. 'The Networked Nature of Algorithmic

Discrimination: Data and Discrimination: Collected Essays', *Open Technology Institute*. Bradford, A., 2012. 'The Brussels Effect', *Northwestern University Law Review*, vol.107, no.1, pp.1–67.

Bradshaw, T., 2019. 'The Start-ups Building "Dark Kitchens" for Uber Eats and Deliveroo', *Financial Times*, 21 May.

Brain, M., 2013. *Robotic Nation and Robotic Freedom – Tenth Anniversary Edition*, BYG Publishing, North Carolina.

Breslin, S., 2010. 'Comparative Theory, China, and the Future of East Asian Regionalism(s)', *Review of International Studies*, vol.36, no.3, pp.709–29.

Bretherton, C. and Vogler, J., 1999. *The European Union as a Global Actor*, Routledge, New York.

Brynjolfsson, E. and McAfee, A., 2012. *Race Against the Machine: How the Digital Revolution Is Accelerating Innovation, Driving Productivity, and Irreversibly Transforming Employment and the Economy*, The MIT Center for Digital Business, Middletown.

Brynjolfsson, E. and McAfee, A., 2013. 'The Great Decoupling', *New Perspectives Quarterly*, vol.30, no.1, pp.61–3.

Brzezinski, Z., 1997. *The Grand Chessboard*, Basic Books, New York.

Buchan, G.C., 2003. *Future Roles of US Nuclear Forces: Implications for US Strategy*, vol.1231, Rand Corporation, Arlington.

Buchanan, P., 2013. 'Is Putin One of Us?' *Official Website of Patrick J Buchanan*, 17 December.

Burns, J., 2016. 'Scientists at Northwestern Restore Fertility in Mice with 3D-Printed Ovary', *Forbes*, 7 April.

Burckhardt, J., 2010 [1878]. *The Civilisation of the Renaissance in Italy*, Dover Publications, New York.

Bush, G., 1992. 'Address Before a Joint Session of the Congress on the State of the Union', *The American Presidency Project*, 28 January.

Buzan, B., 2010, 'China in International Society: Is "Peaceful Rise" Possible?' *The Chinese Journal of International Politics*, vol.3, no.1, pp.5–36.

Carbone, C., 2018. 'Leaked Google Employee's Email Reveals Effort to Boost Latino Vote, Surprise That Some Voted for Trump', *Fox News*, 12 August.

Cellan-Jones, R., 2014. 'Stephen Hawking Warns Artificial Intelligence Could End Mankind', *BBC*, 2 December.

Chace, C., 2016. *The Economic Singularity: Artificial Intelligence and the Death of Capitalism*, Three Cs Publishing, London.

Chandler, A.D., 1993. *The Visible Hand*, Harvard University Press, London. Chang, J., Rynhart, G. and Huynh P., 2016. 'ASEAN in Transformation: How Technology Is Changing Jobs and Enterprises', *International Labour Organisation*, Working Paper No. 10, July.

Chang, H.J., 2003. *Rethinking Development Economics*, Anthem Press, New York. Charap, S. and Troitskiy, M., 2013. 'Russia, the West and the Integration Dilemma', *Survival*, vol.55, no.6, pp.49–62.

Chesney, R. and Citron, D.K., 2018. 'Disinformation of Steroids', *Council on Foreign Relations*, 16 October.

China State Council, 2015. 'Made in China 2025', 7 July.

Christensen, C., 2011. 'Twitter Revolutions? Addressing Social Media and Dissent', *The Communication Review*, vol.14, no.3, pp.155–7.

Chui, M., Manyika, J. and Miremadi, M., 2015. 'Four Fundamentals of Workplace Automation', *McKinsey Quarterly*, vol.29, no. 3, pp.1–9.

Chui, M., Manyika, J. and Miremadi, M., 2016. 'Where Machines could Replace Humans – and Where They Can't (yet)', *McKinsey Quarterly*, vol.30, no.2, pp.1–12.

Churchill, W.S., 1994. 'The Tragedy of Europe', in B.F. Nelsen and A.

Stubb (eds.), *The European Union*, Palgrave, London, pp.5–9.

Cimbala, S.J., 2012. 'Chasing Its Tail: Nuclear Deterrence in the Information Age', *Strategic Studies Quarterly*, Summer 2012, vol.6, no.2, pp.18–34.

Clifford, C., 2018. 'Billionaire Richard Branson: A.I. Is Going to Eliminate Jobs and Free Cash Handouts Will Be Necessary', *CNBC*, 20 February.

Coker, C., Roscini, M. and Haynes, D., 2013. *Drones: The Future of War?* Chatham House, London, pp.3–4.

Columbus, L., 2018. 'IoT Market Predicted to Double by 2021, Reaching $520B', *Forbes*, 16 August.

Cooper, D.E., 1995. 'Technology: Liberation or Enslavement?' *Royal Institute of Philosophy Supplements*, vol.38, pp.7–18.

Crabtree, S., 2014. 'In U.S., Depression Rates Higher for Long-Term Unemployed', *Gallup*, 9 June.

Cross, G., 1990. *A Social History of Leisure since 1600*, Venture Publishing, London. Cwik, P.F., 2011. 'The New Neo Mercantilism: Currency Manipulation as a Form of Protectionism', *Economic Affairs*, vol.31, no. 3, pp.7–11.

Dahl, R.A., 1957. 'The Concept of Power', *Behavioral science*, vol.2, no.3, pp.201–15. Damro, C., 2015. 'Market Power Europe: Exploring a Dynamic Conceptual Framework', *Journal of European Public Policy*, vol.22, no.9, pp.1336–54.

David, P.A. and Van de Klundert, T., 1965. 'Biased Efficiency Growth and Capital-labor Substitution in the US, 1899–1960', *The American Economic Review*, vol.55, no.3, pp.357–94.

Davidson, G. and Davidson, P., 1988. *Economics for a Civilized Society*, W. W. Norton, New York.

Davis, G., 2011. *Managed by the Markets: How Finance Reshaped America*, Oxford University Press, London.

De Backer, K. et al., 2016. 'Reshoring: Myth or Reality?' OECD Science,

Technology and Industry Policy Papers, No. 27, OECD Publishing, Paris.

De Tocqueville, A., 2003. *Democracy in America*, Barnes & Noble Books, New York. Del Giudice, M., Campanella, F. and Dezi, L., 2016. 'The Bank of Things: An Empirical Investigation on the Profitability of the Financial Services of the Future', *Business Process Management Journal*, vol.22, no.2, pp.324–40.

Department of Defence, 2019. 'Summary of the 2018 Department of Defense Artificial Intelligence Strategy: Harnessing AI to Advance Our Security and Prosperity', *US Department of Defence*, 12 December.

Diao, X., McMillan, M. and Rodrik, D., 2019. '*The Recent Growth Boom in Developing Economies: A Structural Change Perspective'*, in M. Nissanke and J.A. Ocampo (eds.), *The Palgrave Handbook of Development Economics*, Palgrave Macmillan, London, pp. 281–334.

Diesen, G., 2016. *EU and NATO Relations with Russia: After the Collapse of the Soviet Union*, Routledge, London.

Diesen, G., 2017a. *Russia's Geoeconomic Strategy for a Greater Eurasia*, Routledge, London. Diesen, G., 2017b. 'The EU, Russia and the Manichean Trap', *Cambridge Review of International Affairs*, vol.30, pp.177–94.

Diesen, G., 2018. *The Decay of Western Civilisation and Resurgence of Russia: Between Gemeinschaft and Gesellschaft*, Routledge, London.

Diesen, G., 2020. 'Towards an EU Strategy for Technological Sovereignty', *Valdai Discussion Club*, 3 March.

Diesen, G., 2021. *Russian Conservatism: Managing Change under Permanent Revolution*, Rowman & Littlefield, London.

Diesen, G. and Keane, C., 2017. 'The Two-tiered Division of Ukraine: Historical Narratives in Nation-building and Region-building', *Journal of Balkan and Near Eastern Studies*, vol.19, no.3, pp.313–29.

Diesen, G. and Keane, C., 2018. 'The Offensive Posture of NATO's

Missile Defence System', *Communist and Post-Communist Studies*, vol.51, no.2, pp.91–100.

Diesen, G. and Wood, S., 2012. 'Russia's Proposal for a New Security System: Confirming Diverse Perspectives', *Australian Journal of International Affairs*, vol.66, no.4, pp.450–67.

Dittmar, J.E., 2011. 'Information Technology and Economic Change: The Impact of the Printing Press', *The Quarterly Journal of Economics*, vol.126, no.3, pp.1133–72.

Dostoyevsky, F., 1994. *A Writer's Diary: Volume 2 – 1887–1881*, Northwestern University Press, Illinois.

Dostoyevsky, F., 2009 [1864]. *Notes from Underground*, translated by Constance Garnett, Hackett Publishing Company, Cambridge.

Dougherty, J. and Jay, M., 2018. 'Russia Tries to Get Smart about Artificial Intelligence', *The Wilson Quarterly*, vol.42, no.2, Spring.

Drell, S.D. and Von Hippel, F., 1976. 'Limited Nuclear War', *Scientific American*, vol.235, no.5, pp.27–37.

Du Bois, W.E.B., 1941. 'Neuropa: Hitler's New World Order', *The Journal of Negro Education*, vol.10, no.3, pp.380–6.

Dyer, T.G., 1992. *Theodore Roosevelt and the Idea of Race*, Louisiana University Press, Louisiana.

Earle, E.M., 1943. 'Friedrich List, Forerunner of Pan-Germanism', *The American Scholar*, vol.12, no.4, pp.430–43.

Eberlein, B. and Grande, E., 2005. 'Beyond Delegation: Transnational Regulatory Regimes and the EU Regulatory State', *Journal of European Public Policy*, vol.12, no.1, pp.89–112.

Eckes, A.E., 1999. *Opening America's Market: US Foreign Trade Policy since 1776*, University of North Carolina Press, North Carolina.

Economy, E.C., 2018. *The Third Revolution: Xi Jinping and the New Chinese State*, Oxford University Press, Cambridge.

Engelke, P. and Manning, R.A., 2017. 'Keeping America's Innovative

Edge', *The Atlantic Council*, 4 April.

Eisenstein, E.L., 1979. *The Printing Press as an Agent of Change*, Cambridge University Press, London.

Epstein, R., 2018. 'Not Just Conservatives: Google and Big Tech Can Shift Millions of Votes in Any Direction', *USA Today*, 13 September.

Ermolaeva, S., 2018. 'UAVs Drove to Israel [in Russian: Bespilotniki "Yandex" doehali do Izrailya]', *Avtovzglyad*, 25 December.

Felten, E. and Lyons, T., 2016. 'The Administration's Report on the Future of Artificial Intelligence', *White House*, 12 October.

Ferguson, N., 2019. *The Square and the Tower: Networks, Hierarchies and the Struggle for Global Power*, Penguin Books, London.

Fielding, N. and Cobain, I., 2011. 'Revealed: US Spy Operation That Manipulates Social Media', *The Guardian*, 17 March.

Flood, B., 2019. 'Google Favors Left-leaning Outlets CNN, New York Times in Its Top Stories Algorithm, Study Says', *Fox News*, 13 May.

Ford, M., 2009. *The Lights in the Tunnel: Automation, Accelerating Technology and the Economy of the Future*, Acculant Publishing, New York.

Ford, M., 2015. *Rise of the Robots: Technology and the Threat of a Jobless Future*, Basic Books, New York.

Ford, M., 2018. *Architects of Intelligence: The Truth about AI from the People Building It*, Packt Publishing Ltd, New York.

Ford, H., Dubois, E. and Puschmann, C., 2016. 'Keeping Ottawa Honest – One Tweet at a Time? Politicians, Journalists, Wikipedians and Their Twitter Bots', *International Journal of Communication*, vol.10, pp.4891–914.

Fox, 2018. 'Tucker Takes on Migrant Caravan Supporter; Rep. Jim Jordan Talks Big Tech Bias', *Fox News*, 18 October.

Frankl, V.E., 1992. *Man's Search for Meaning*, Simon and Schuster, New York. Fratocchi, L. et al., 2016. 'Motivations of Manufacturing

Reshoring: An Interpretative Framework', *International Journal of Physical Distribution & Logistics Management*, vol.46, no.2, pp.98–127.

Freud, S., 1963. 'Reflections upon War and Death', in P. Rieff (ed.), *Character and Culture*, Collier Books, New York, pp.107–134.

Frey, C.B. and Osborne, M.A., 2013. 'The Future of Employment: How Susceptible Are Jobs to Computerisation?' *Technological Forecasting and Social Change*, vol.114, pp.254–80.

Frey, C.B. and Osborne, M., 2015. 'Technology at Work: The Future of Innovation and Employment', *Citi GPS: Global Perspectives & Solutions*, February.

Friedman, M., 2009. *Capitalism and Freedom*, University of Chicago press, Chicago. Friedmand, T.L., 1998. 'Foreign Affairs; Now a Word From X', *The New York Times*, 2 May. Fuchs, C., 2012. 'Social Media, Riots, and Revolutions', *Capital & Class*, vol.36, no.3, pp.383–91.

Fukuyama, F., 1989. 'The End of History?' *The National Interest*, vol.16, pp.3–18. Futter, A., 2018. *Hacking the Bomb: Cyber Threats and Nuclear Weapons*, Georgetown University Press, Washington, DC.

Gallagher, J. and Robinson, R., 1953. 'The Imperialism of Free Trade', *The Economic History Review*, vol.6, no.1, pp.1–15.

Gates, B., 2007. 'A Robot in Every Home. The Leader of the PC Revolution Predicts That the Next Hot Field Will Be Robotics', *Sci Am*, vol.296, pp.58–65.

Gatev, I. and Diesen, G., 2016. 'Eurasian Encounters: The Eurasian Economic Union and the Shanghai Cooperation Organisation', *European Politics and Society*, vol.17, no.1, pp.133–50.

Geist, E.M., 2016. 'Would Russia's Undersea "Doomsday Drone" Carry a Cobalt Bomb?' *Bulletin of the Atomic Scientists*, vol.72, no.4, pp.238–42.

Gerschenkron, A., 1963. *Economic Backwardness in Historical*

Perspective: A Book of Essays, Harvard University Press, Cambridge.

Gibson-Graham, J.K., 2008. 'Diverse Economies: Performative Practices for Other Worlds', *Progress in Human Geography*, vol.32, no.5, pp.613–32.

Gilpin, R., 1983. *War and Change in World Politics*, Cambridge University Press, Cambridge.

Gilpin, R., 2001. *The Political Economy of International Relations*, Princeton University Press, Princeton.

Gilpin, R., 2011. *Global Political Economy: Understanding the International Economic Order*, Princeton University Press, Princeton.

Glaser, C.L., 2010. *Rational Theory of International Politics: The Logic of Competition and Cooperation*, Princeton University Press, Princeton.

Goel, V., 2019. 'India Proposes Chinese-Style Internet Censorship', *The New York Times*, 14 February.

Goldman, E.O., 2006. 'Cultural Foundations of Military Diffusion', *Review of International Studies*, vol.32, no.1, pp.69–91.

Gore, A., 2013. *Earth in the Balance: Forging a New Common Purpose*, Routledge, New York.

Gramsci, A., 1971. *Selections from the Prison Notebooks of Antonio Gramsci*, Lawrence & Wishart, London.

Gray, J., 1995. *Enlightenment's Wake: Politics and Culture at the Close of the Modern Age*, Routledge, London.

Greenhouse, S., 2016. 'Autonomous Vehicles Could Cost America 5 Million Jobs. What Should We do about It?' *LA Times*, 22 September.

Greenwald, G. and MacAskill, E., 2013. 'Obama Orders US to Draw Up Overseas Target List for Cyber-attacks', *The Guardian*, 8 June.

Grush, B. and Niles, J., 2018. *The End of Driving: Transportation Systems and Public Policy Planning for Autonomous Vehicles*, Elsevier, Amsterdam.

Guldi, J., 2012. *Roads to Power: Britain Invents the Infrastructure State*,

Harvard University Press, Cambridge.

Guzzini, S., 1997. 'Robert Gilpin: the Realist Quest for the Dynamics of Power', in I.B. Neumann and O. Wæver (eds.), *The Future of International Relations*, Routledge, London, pp.129–54.

Hammes, T.X., 2018. 'Navy Aircraft Carriers Are Expensive and Vulnerable to Attack.

Here's How to Replace Them', *The National Interest*, 17 October.

Harari, Y.N., 2016. *Homo Deus: A Brief History of Tomorrow*, Random House, London. Hartog, E., 2017. 'How a New Law Is Making It Difficult for Russia's Aggregators to Tell What's New(s)', *The Moscow Times*, 7 April.

Hayek, F.A., 1979. *Law, Legislation, and Liberty: The Political Order of a Free People*, Chicago University Press, Chicago.

Heckscher, E., 1955. *Mercantilism*, George Allen and Unwin, London. Heidegger, M., 2010 [1927]. *Being and Time*, State University of New York Press, Albany.

Heilmann, S., Rudolf, M., Huotari, M. and Buckow, J., 2014. 'China's Shadow Foreign Policy: Parallel Structures Challenge the Established International Order', *China Monitor*, vol.18, October, pp.1–9.

Herz, J.H., 1950a. 'Idealist Internationalism and the Security Dilemma', *World Politics*, vol.2, no.2, pp.157–80.

Herz, J.H., 1950b. 'Political Ideas and Political Reality', *Political Research Quarterly*, vol.3, no.2, pp.161–78.

Herz, J.H., 1981. 'Political Realism Revisited', *International Studies Quarterly*, vol.25, no.2, pp.182–97.

Hettne, B., 1993, 'Neo-mercantilism: The Pursuit of Regionness', *Cooperation and Conflict*, vol.28, no.3, pp.211–32.

Hilferding, R., 1910 [1985]. *Finance Capital: A Study of the Latest Phase of Capitalist Development*, Routledge, London.

Hilpert, H.G. and Wacker, G., 2015. 'Geoeconomics Meets Geopolitics:

China's New Economic and Foreign Policy Initiatives', *Stiftung Wissenschaft und Politik*, June, pp.1–7.

Hilton, B., 1977. *Corn, Cash, Commerce: The Economic Policies of the Tory Governments, 1815–1830*, Oxford University Press, New York.

Hirschman, A., 1945, *National Power and the Structure of Foreign Trade*, University of California Press, Berkeley.

Hobsbawm, E.J., 1968. *Industry and Empire: An Economic History of Britain since 1750*, Weidenfeld and Nicolson, London.

Hobsbawm, E.J., 2007. *Globalisation, Democracy and Terrorism*, Little Brown, London. Holloway, L., Bear, C. and Wilkinson, K., 2014. 'Robotic Milking Technologies and

Renegotiating Situated Ethical Relationships on UK Dairy Farms', *Agriculture and Human Values*, vol.31, pp.185–99.

Hopkins, M. and Lazonick, W., 2014. 'Who Invests in the High-Tech Knowledge Base', *Institute for New Economic Thinking*, Working Paper no.6.

Horowitz, M.C., 2018. 'Artificial Intelligence, International Competition, and the Balance of Power', *Texas National Security Review*, vol.1, no.3, May.

Hruschka, J., 2012. *How Books Came to America: The Rise of the American Book Trade*, Pennsylvania State University Press, Pennsylvania.

Huntington, S.P., 1978. 'Trade, Technology and Leverage: Economic Diplomacy', *Foreign Policy*, no.32, pp.63–106.

Huntington, S.P., 1993. 'Why International Primacy Matters', *International Security*, vol.17, no.4, pp.68–83.

Huntington, S.P., 2004. 'Dead Souls: The Denationalization of the American Elite', *The National Interest*, 1 March.

Hurrell, A., 1995. 'Explaining the Resurgence of Regionalism in World Politics', *Review of International Studies*, vol.21, no.4, pp.331–58.

Hurrell, A., 2007. *On Global Order*, Oxford University Press, Oxford.

IFR, 2018. 'Robot Density Rises Globally', *International Federation of Robotics*, 7 February.

Ikenberry, G.J., 2008. 'The Rise of China and the Future of the West: Can the Liberal System Survive?' *Foreign Affairs*, vol.87, no.1, pp.23–37.

Irwin, D.A., 1989. 'Political Economy and Peel's Repeal of the Corn Laws', *Economics & Politics*, vol.1, no.1, pp.41–59.

Isaac, W. and Dixon, A., 2017. 'Why Big-data Analysis of Police Activity Is Inherently Biased', *The Conversation*, 10 May.

Ivanov, I., 2015. 'The Sunset of Greater Europe', Speech at the 20th Annual International Conference of the Baltic Forum 'The US, the EU and Russia – the New Reality', *Riga*, 12 September.

Ivanov, I., 2018. 'Russia, China and the New World Order', *Russian International Affairs Council*, 19 June.

Jackson, J.E., 2018. *One Nation Under Drones: Legality, Morality, and Utility of Unmanned Combat Systems*, Naval Institute Press, Annapolis.

Jervis, R., 1978. 'Cooperation under the Security Dilemma', *World Politics*, vol.30, no.2, pp.167–214.

Jervis, R., 1989. *The Meaning of the Nuclear Revolution: Statecraft and the Prospect of Armageddon*, Cornell University Press, London.

Jung, C.G., 2014. *The Spiritual Problem of Modern Man: Modern Man in Search of a Soul*, Routledge, London.

Kaczynski, T., 1995. 'Industrial Society and Its Future', *Washington Post*, 19 September. Kaku, M., 2018, Author interview with Michio Kaku at the Astana Economic Forum, Kazakhstan, 17 May.

Kania, E.B., 2017. *Battlefield Singularity: Artificial Intelligence, Military Revolution, and China's Future Military Power*, Center for a New American Security, Washington DC, 28 November.

Karaganov, S., 2018. 'The New Cold War and the Emerging Greater

Eurasia', *Journal of Eurasian Studies*, vol.9, no.2, pp.85–93.

Keating, D., 2012. 'Commissioner Urges EU to Face Down Russia on Energy', *Europeanvoice*, 11 October.

Keller, D., 1992. 'Should Europe Provide Selective Assistance for Key Industries?' *Intereconomics*, vol.27, no.3, pp.111–17.

Keller, W., 2010. 'International Trade, Foreign Direct Investment, and Technology Spillovers', in B.H. Hall and N. Rosenberg (eds.), *Handbook of the Economics of Innovation*, Elsevier, Amsterdam, pp.793–829.

Kennan, G., 1948. 'Report by the Policy Planning Staff', *US Department of State*, 24 February.

Kennan, G., 2014. *The Kennan Diaries*, W. W. Norton, New York.

Kessler R.C., Aguilar-Gaxiola, S., Alonso, J., Chatterji, S., Lee, S., Ormel, J., Üstün, T.B. and Wang, P.S., 2009. 'The Global Burden of Mental Disorders: An Update from the WHO World Mental Health (WMH) Surveys', *Epidemiology and Psychiatric Sciences*, vol.18, no.1, pp.23–33.

Keynes, J.M., 2016. *Essays in Persuasion*, Palgrave Macmillan, London.

Kindleberger, C.P., 1973. *The World in Depression, 1929–1939*, Allen Lane, London.

Kindleberger, C.P., 1986. *The World in Depression, 1929–1939*, University of California Press, California.

Kissinger, H., 2015. *World Order*, Penguin Books, New York.

Kissinger, H., 2018. 'How the Enlightenment Ends', *The Atlantic*, June.

Krasner, S.D., 1999. *Sovereignty: Organized Hypocrisy*, Princeton University Press, Princeton.

Krugman, P., 2018. 'Transaction Costs and Tethers: Why I'm a Crypto Sceptic', *The New York Times*, 31 July.

Kreft, H., 2006. 'China's Quest for Energy', *Policy Review*, vol.139, pp.61–71.

Kreiss, D., 2016. *Prototype Politics: Technology-intensive Campaigning and the Data of Democracy*, Oxford University Press, Oxford.

Lash, C., 1979. *The Culture of Narcissism: American Life in an Age of Diminishing Expectations*, W. W. Norton, New York.

Lavrov, S., 2007. 'Spiegel Interview with Russian Foreign Minister Sergey Lavrov: "Everyone Ought to Stop Demonizing Russia"', *Der Spiegel*, 7 February.

Lawton, T., 1999. *European Industrial Policy and Competitiveness: Concepts and Instruments*, Macmillan, New York.

Lazonick, W., 2009. *Sustainable Prosperity in the New Economy?: Business Organization and High-tech Employment in the United States*, WE Upjohn Institute for Employment Research Kalamazoo, Michigan.

Le Corre, P. and Sepulchre, A., 2016. *China's Offensive in Europe*, Brookings Institution Press, Washington.

Lee, K.F., 2018. *AI Superpowers: China, Silicon Valley, and the New World Order*, Houghton Mifflin, Boston.

Leontief, W., 1983. 'Technological Advance, Economic Growth, and the Distribution of Income', *Population and Development Review*, vol.9, no.3, pp.403–10.

Leontiev, K., 2014 [1885]. *East, Russia and the Slavs [Vostok, Rossiya i slavyanstvo]*, Respublika, Moscow.

Letzter, R., 2016. 'Our Healthy Future: How Technology and Public Health Efforts Will Transform and Extend People's Lives in the Next Ten Years', *Business Insider*, 11 November.

Lieber, K.A., 2000. 'Grasping the Technological Peace: The Offense-defense Balance and International Security', *International Security*, vol.25, no.1, pp.71–104.

Lieber, K.A. and Press, D.G., 2006. 'The Rise of US Nuclear Primacy', *Foreign Affairs*, vol.85, no.2, pp.42–54.

Lieberman, M.B. and Montgomery, D.B., 1988. 'First-mover Advantages', *Strategic Management Journal*, vol.9, pp.41–58.

Lipson, H. and Kurman, M., 2013. *Fabricated: The New World of 3D Printing*, John Wiley & Sons, New York.

Lipton, A., Shrier, D. and Pentland, A., 2016. 'Digital Banking Manifesto: The End of Banks?' *Massachusetts Institute of Technology*, pp.1–20. https://www.getsmarter.com/ blog/wp-content/uploads/2017/07/mit_digital_bank_manifesto_report.pdf.

List, F., 1827. *Outlines of American Political Economy*, Samuel Parker, Philadelphia. List, F., 1885. *The National System of Political Economy*, Longmans, Green & Company, London.

Lockie, A., 2019. Russian Media Threatens Europe with 200-megaton Nuclear 'Doomsday' Device, *Business Insider*, 14 January.

Lorot, P., 1999. *Introduction a la Geoeconomie*, Economica, Paris.

Lukin, A., 2018. *China and Russia: The New Rapprochement*, John Wiley & Sons, New York.

Luttwak, E.N., 1990. 'From Geopolitics to Geo-economics: Logic of Conflict, Grammar of Commerce', *The National Interest*, vol.20, pp.17–23.

Luttwak, E.N., 1993. 'Why Fascism Is the Wave of the Future', *London Review of Books*, vol.16, no.7, pp.3–6.

Luttwak, E.N., 2010. *Endangered American Dream*, Simon and Schuster, New York. Lv, A. and Luo, T., 2018. 'Authoritarian Practices in the Digital Age| Asymmetrical Power between Internet Giants and Users in China', *International Journal of Communication*, vol.12, pp.3877–95.

Lynn-Jones, S.M., 1995. 'Offense-defense Theory and Its Critics', *Security Studies*, vol.4, no.4, pp.660–91.

MacCarthy, M., 2019. 'Would Breaking Up Digital Platforms Enhance Free Speech?' *Forbes*, 19 June.

MacDonald, F., 2007. 'Anti-Astropolitik – Outer Space and the Orbit of Geography', *Progress in Human Geography*, vol.31, no.5, pp.592–615.

Mackinder, H.J., 1904. 'The Geographical Pivot of History', *The Geographical Journal*, vol.170, no.4, pp.421–44.

Mallet, V., 2019. 'Abide by US Sanctions on Iran or Drop the Dollar, Mnuchin Says', *Financial Times*, 18 July.

Mandiant Report, 2013. 'Exposing One of China's Cyber Espionage Units'.

Mankiya, J., Lund, S., Chui, M., Bughin, J., Woetzel, J., Batra, P., Ko, R. and Sanghvi, S., 2017. 'Jobs Lost, Jobs Gained: What the Future of Work Will Mean for Jobs, Skills, and Wages', *McKinsey Global Institute,* 28 November.

Mann, M., 2005. *The Dark Side of Democracy: Explaining Ethnic Cleansing*, Cambridge University Press, Cambridge.

Marx, K., 1867 [1887]. *Capital: A Critique of Political Economy*, Progress Publishers, Moscow.

Marx, K., 1971. *On Revolution (Vol 1)*, McGraw-Hill, New York.

Marx, K., 2008. *The 18th Brumaire of Louis Bonaparte*. Wildside Press LLC, Maryland. Mason, P., 2015. *Postcapitalism: A Guide to Our Future*, Macmillan, New York

May, C. and Sell, S., 2005. *Intellectual Property Rights: A Critical History*, Lynne Rienner Press, Boulder.

Mazzucato, M., 2018. *The Entrepreneurial State: Debunking Public vs. Private Sector Myths*, Penguin, London.

McBride, S. and Vance, A., 2019. 'Apple, Google, and Facebook Are Raiding Animal Research Labs', *Bloomberg*, 18 June.

McBride, W.M., 2000. *Technological Change and the United States Navy, 1865–1945* (vol. 27). The Johns Hopkins University Press, Baltimore.

McCarthy, D.R., 2017. *Technology and World Politics: An introduction*,

Routledge, London.

McCormick, J.P., 1999. *Carl Schmitt's Critique of Liberalism: Against Politics as Technology*. Cambridge University Press, Cambridge.

McKeown, T.J., 1989. 'The Politics of Corn Law Repeal and Theories of Commercial Policy', *British Journal of Political Science*, vol.19, no.3, pp.353–80.

McKinsey 2018. 'China's Fast Climb Up the Value Chain', *McKinsey Quarterly*, May. McKune, S. and Ahmed, S., 2018. 'Authoritarian Practices in the Digital Age – The Contestation and Shaping of Cyber Norms through China's Internet Sovereignty Agenda', *International Journal of Communication*, vol.12, pp.*3835–55*.

McLuhan, M., 1969. *The Gutenberg Galaxy: The Making of Typographic Man*, Toronto University Press, Toronto.

McManus, D., 1989. 'The Malta Summit: Bush's Personal Diplomacy Faces Tough Test at Summit', *LA Times*, 2 December.

McNamara, R.S., 1983. The Military Role of Nuclear Weapons: Perceptions and Misperceptions: Foreign Affairs, Fall. *Survival*, vol.25, no.6, pp.261–71.

Mearsheimer, J.J., 1990. 'Back to the Future: Instability in Europe after the Cold War', *International Security*, vol.15, no.1, pp.5–56.

Mearsheimer, J.J., 2009. 'Reckless States and Realism', *International Relations*, vol.23, no.2, pp.241–56.

Mearsheimer, J.J., 2014. 'Why the Ukraine Crisis Is the West's Fault: The Liberal Delusions That Provoked Putin', *Foreign Affairs*, vol.93, pp.1–12.

Mearsheimer, J.J., 2019. 'Bound to Fail: The Rise and Fall of the Liberal International Order', *International Security*, vol.43, no.4, pp.7–50.

Mearsheimer, J.J. and Walt, S.M., 2016. 'The Case for Offshore Balancing', *Foreign Affairs*, vol.95, no.4, pp.70–83.

Mellon, J. and Chalabi, A., 2017. *Juvenescence: Investing in the Age of*

Longevity, Fruitful Publications, Suffolk.

Metz, C., 2017. 'Teaching A.I. Systems to Behave Themselves', *The New York Times*, 13 August.

MIIT, 2017. 'Three-Year Action Plan to Promote the Development of New-Generational Artificial Intelligence Industry', Ministry of Industry and Information Technology, 12 December.

Milberg, W. and Winkler, D., 2013. *Outsourcing Economics: Global Value Chains in Capitalist Development*, Cambridge University Press, London.

Mill, J.S., 1869. *On Liberty*, Longmans, Green, Reader, and Dyer.

Mistreanu, S., 2018. 'Life Inside China's Social Credit Laboratory', *Foreign Policy*, 3 April, pp.1–9.

Mitrany, D., 1965. 'The Prospect of Integration: Federal or Functional', *Journal of Common Market Studies*, vol.4, no.2, pp.119–49.

Moisio, S., 2018. 'Towards Geopolitical Analysis of Geoeconomic Processes', *Geopolitics*, vol.23, no.1, pp.22–9.

Mott, W.H., 1997. *The Economic Basis of Peace: Linkages between Economic Growth and International Conflict*, Greenwood Publishing Group, Westport.

Moyer, J.W., 2014. 'Why Elon Musk Is Scared of Artificial Intelligence – and Terminators', *The Washington Post*, 18 November.

Muller, J. and Pandey E., 2019. 'Amazon's Autonomous Vehicles Bet Could Make Deliveries Even Cheaper', *Axios*, 20 February.

Muoio, D., 2016. 'This "Emotional" Robot Is Coming to the US – and It Wants to Live in Your Home', *Business Insider*, 28 July.

Murgia, M. and Yang, Y., 2019. 'Microsoft Worked with Chinese Military University on Artificial Intelligence', *Financial Times*, 10 May.

Murphy, M., 2017. 'Building the Hardware for the Next Generation of Artificial Intelligence', *MIT News*, 30 November.

Møller, B., 1995. *The Dictionary of Alternative Defence*, Lynne Rienner

Publishers, Boulder.

Nichols, T., 2017. *The Death of Expertise: The Campaign against Established Knowledge and Why It Matters*, Oxford University Press, New York.

Nietzsche, F., 1967. *The Will to Power*, Random House, New York.

Nietzsche, F., 1968. *Thus Spoke Zarathustra*, Penguin Books, London.

Norman, J., 2018. *Adam Smith: What He Thought, and why It Matters*, Penguin, UK.

O'Brien, P., 2017. Was the First Industrial Revolution a Conjuncture in the History of the World, LSE, Economic History Working Papers, No: 259/2017.

Obama, B., 2011. *International Strategy for Cyberspace: Prosperity, Security, and Openness in a Networked World*, White House, 29 May.

Obama, B., 2016. 'President Obama: "The TPP Would Let America, Not China, Lead the Way on Global Trade"', *The Washington Post*, 2 May.

Oracle, 2016. *Cloud: Opening Up the Road to Industry 4.0*, Oracle, California.

Padoa-Schioppa, T., 2004. *The Euro and Its Central Bank: Getting United after the Union*, MIT Press, Massachusetts.

Panzar, J.C. and Willig, R.D., 1981. 'Economies of Scope', *The American Economic Review*, vol.71, no.2, pp.268–72.

Papacharissi, Z., 2015. *Affective Publics: Sentiment, Technology, and Politics*. Oxford University Press, New York.

Pearlstein, S., 2018. *Can American Capitalism Survive?: Why Greed Is Not Good, Opportunity Is Not Equal, and Fairness Won't Make Us Poor*, St. Martin's Press, New York.

Peck, M., 2019. 'The Pentagon Wants a Robot Swarm Space Station', *The National Interest*, 14 July.

Perelman, M., 2003. *Steal This Idea: Intellectual Property and the Corporate Confiscation of Creativity*, Palgrave Macmillan, New York.

Perelman, M., 2006. *Railroading Economics: The Creation of the Free Market Mythology*, New York University Press, New York.

Perelman, M., 2012. 'The Power of Economics versus the Economics of Power', *Challenge*, vol.55, no.6, pp.53–66.

Peters, M.A., 2013. *Education, Science and Knowledge Capitalism: Creativity and the Promise of Openness*, Peter Lang, New York.

Piketty, T., 2015. *Capital in the Twenty-first century*, Harvard University Press, Cambridge. Polanyi, K., 1944. *The Great Transformation*, Beacon Press, Boston.

Prechel, H., 1997. 'Corporate Form and the State: Business Policy and Change from the Multidivisional to the Multilayered Subsidiary Form', *Sociological inquiry*, vol.67, no.2, pp.151–74.

Prechel, H., 2000. *Big Business and the State: Historical Transformation and Corporate Transformation, 1880s–1990s*, State University of New York Press, Albany.

Putin, V., 2012. 'Russia in a Changing World: Stable Priorities and New Opportunities', Meeting with Russian Ambassadors and Permanent Representatives in International Organisations, President of Russia, July.

Putnam, R. D., 2000. *Bowling Alone: The Collapse and Revival of American Community*, Simon & Schuster, New York.

Putnam, R.D., 2007. 'E pluribus Unum: Diversity and Community in the Twenty-first Century the 2006 Johan Skytte Prize Lecture', *Scandinavian Political Studies*, vol.30, no.2, pp.137–74.

PWC, 2018. 'UK Economic Outlook', *PWC*, July.

Quigley, C., 1979. *The Evolution of Civilizations: An Introduction to Historical Analysis*, Macmillan Company, New York.

Raza, W., 2007. 'European Union Trade Politics: Pursuit of Neo-Mercantilism in Different Flora', in W. Blaas and J. Becker (eds.), *Strategic Arena Switching in International Trade Negotiations*,

Ashgate, Hampshire, pp.67–96.

Reagan, R., 1975. Interview with 60 Minutes, *CBS*, 14 December.

Rettman, A., 2013. 'D'Estaing: Eurozone Should Shut Its Doors after Poland', *EUObserver*, 26 March.

Rettman, A., 2014. 'EU Chairman Blames Yanukovych for "destabilising" Ukraine', *EUObserver*, 27 January.

Ricardo, D., 1821. *On the Principles of Political Economy and Taxation*, John Murray, London.

Richter, F., 2019. 'China's Electric Vehicle Market Races Ahead', *Statista*, 14 January. Rifkin, J., 2016. 'The 2016 World Economic Forum Misfires with Its Fourth Industrial

Revolution Theme', *Industry Week*, 15 January.

Riley, J.P., 2013. *Napoleon and the World War of 1813: Lessons in Coalition Warfighting*, Routledge, New York.

Rodrik, D., 1997. 'Has Globalization Gone Too Far?' *California Management Review*, vol.39, no.3, pp.29–53.

Rodrik, D., 2011. *The Globalization Paradox: Democracy and the Future of the World Economy*, W. W. Norton, New York and London.

Rodrik, D., 2018. 'New Technologies, Global Value Chains, and the Developing Economies', *Pathways for Prosperity Commission Background Paper Series*; no. 1. Oxford. United Kingdom.

Rogers, E.M., 2010. *Diffusion of Innovations*, Simon and Schuster, New York.

Rorty, R., 1998. *Achieving our Country: Leftist thought in Twentieth-century America*, Harvard University Press, Cambridge.

Rose, G., 1998. 'Neoclassical Realism and Theories of Foreign Policy', *World Politics*, vol.51, no.1, pp.144–72.

Rosow, S.J., 2005. 'Beyond Democratic Idealism: Borders', Speed and Cosmopolitan Ethos, International Studies Association Annual Meeting, Hawaii, 1–5 March.

Ruggie, J.G., 1982. 'International Regimes, Transactions, and Change: Embedded Liberalism in the Postwar Economic Order', *International Organization*, vol.36, no.2, pp.379–415.

Rumley, D., 2005. 'The Geopolitics of Asia-Pacific Regionalism in the 21st Century', *The Otemon Journal of Australian Studies*, 31, pp.5–27.

Russell, S.J. and Norvig, P., 1995. *Artificial Intelligence: A Modern Approach*, Prentice Hall, Englewood.

Russian Federation, 2013. Concept of the Foreign Policy of the Russian Federation, 12 February.

Rüstow, A., 1949 [2009]. *Die Religion der Marktwirtschaft*, LIT Verlag, Münster. Sagan, C., 1996. *Demon-Haunted World: Science as a Candle in the Dark*, Ballantine Books, New York.

Sage, D., 2016. *How Outer Space Made America: Geography, Organization and the Cosmic Sublime*, Routledge, London.

Sakwa, R., 2008. *Putin: Russia's Choice*, Routledge, London.

Sakwa, R., 2016. 'How the Eurasian Elites Envisage the Role of the EEU in Global Perspective', *European Politics and Society*, vol.17, pp.4–22.

Sanger, D.E. and Perlroth, N., 2019. 'U.S. Escalates Online Attacks on Russia's Power Grid', *The New York Times*, 15 June.

Santarelli, E. and Pesciarelli, E., 1990. 'The Emergence of a Vision: The Development of Schumpeter's Theory of Entrepreneurship', *History of Political Economy*, vol.22, no.4, pp.677–96.

Sberbank, 2018. Sberbank strategy 2020.

Scalingi, P.L., 1992. 'US Intelligence in an Age of Uncertainty: Refocusing to Meet the Challenge', *Washington Quarterly*, vol.15, no.1, pp.145–56.

Schaake, M., 2019. Microsoft, Alibaba and Others Are Setting Norms Online, but That's Not Automatically a Good Thing, Bloomberg, 17 January.

Scharre, P., 2018. *Army of None: Autonomous Weapons and the Future of War*, W. W. Norton, New York.

Sheahan, F., 2012. 'Clinton Challenges "Soviet" Plans for Europe', *The Irish Independent*, 7 December.

Schelling, T.C., 1980. *The Strategy of Conflict*, Harvard University Press, London. Schmoller, G., 1897. *The Mercantile System and Its Historical Significance*, Macmillan, London.

Schumpeter, J., 1942. *Creative Destruction – Capitalism, Socialism and Democracy* (vol. 825), Harper and Brothers, New York City.

Schwab, K., 2016. 'The Fourth Industrial Revolution: What It Means and How to Respond', in G. Rose (ed.), *The Fourth Industrial Revolution: A Davos Reader*. Foreign Affairs, 12 December, pp.3–11.

Schwab, K., 2018. *Shaping the Fourth Industrial Revolution*, World Economic Forum, Geneva.

Schwab, K. and Malleret, T., 2020. *COVID-19: The Great Reset*, World Economic Forum, Geneva.

Schwartz, S.I., 2018. *No One at the Wheel: Driverless Cars and the Road of the Future*, Hachette, London.

SCS, 2014. 'State Council Notice Concerning Issuance of the Planning Outline for the Construction of a Social Credit System (2014–2020)', China State Council, GF No. (2014) 21, 14 June.

Segal, A.M., 2014. 'Cyberspace: The New Strategic Realm in US–China Relations', *Strategic Analysis*, vol. 38, no.4, pp.577–81.

Sell, S.K., 2003. *Private Power, Public Law: The Globalization of Intellectual Property Rights*, Cambridge University Press, Cambridge.

Semmel, B., 1970. *The Rise of Free Trade Imperialism*, Cambridge University Press, Cambridge.

Serfati, C., 2008. 'Financial Dimensions of Transnational Corporations, Global Value Chain and Technological Innovation', *Journal of Innovation Economics* 2, pp.35–61.

Shadlen, K., 2005. 'Policy Space for Development in the WTO and Beyond: The Case of Intellectual Property Rights', Global Development and Environment Institute Working Paper No. 05–06, Tufts University.

Shane, S. and Blinder, A., 2018. 'Secret Experiment in Alabama Senate Race Imitated Russian Tactics', *The New York Times*, 19 December.

Shiping, T., 2010. 'Offence-defence Theory: Towards a Definitive Understanding', *The Chinese Journal of International Politics*, vol.3, no.2, pp.213–60.

Sil, R. and Katzenstein, P.J., 2010. 'Analytic Eclecticism in the Study of World Politics: Reconfiguring Problems and Mechanisms Across Research Traditions', *Perspectives on Politics*, vol.8, no.2, pp.411–31.

Singer, P., 2002. *One World: Ethics Of Globalisation*, Yale University Press, New Haven. Singer, P., 2009. *Wired for War: The Robotics Revolution and Conflict in the 21st century*, Penguin Books, London.

Singer, P. and Friedman, A., 2014. *Cybersecurity: What Everyone Needs to Know*, Oxford University Press, Oxford.

Skolnikoff, E.B., 1994. *The Elusive Transformation: Science, Technology, and the Evolution of International Politics*, Princeton University Press, Princeton.

Smith, A., 2006. *The Theory of Moral Sentiments*, Dover Publications, New York. Smith, N.R., 2018. 'Can Neoclassical Realism Become a Genuine Theory of International Relations?' *The Journal of Politics*, vol.80, no.2, pp.742–9.

Smith, N.R., and Dumieński, Z., 2018. 'Rise of Cryptocurrencies Could Curb American Power', *The Conversation*, 29 March.

Snyder, G., 1961. Deterrence and Defense: Toward a Theory of National Security, Princeton University Press, Princeton.

Sombart, W., 1913. *Krieg und kapitalismus*, Duncker&Humblot, Leipzig.

Sorhun, E., 2014. *Regional Economic Integration and the Global Financial*

System, IGI Global, Hershey.

Sorokin, P.A., 1941. *The Crisis of Our Age*, E.P. Dutton, New York.

Spengler, O., 1991 [1921]. *The Decline of the West*, Oxford Paperbacks, Oxford. Spengler, O., 1932. *Man and Technics*. Alfred A. Knopf, Inc, New York.

Spilotro, T., 2019. 'Privacy: Bitcoin Is Freedom Because It's Permissionless', *NewsBTC*, 2 July.

Spolaore, E., 2013. 'What Is European Integration Really About? A Political Guide for Economists', *Journal of Economic Perspectives*, vol.27, no.3: 125–44.

Spykman, N.J., 1942. *America's Strategy in World Politics: The United States and the Balance of Power*, Transaction Publishers, New Brunswick.

Spykman, N.J., 1966. *America's Strategy in World Politics: The United States and the Balance of Power*, Harcourt, Brace, and Co., New York.

Statista, 2018. 'Number of Facebook Employees From 2007 to 2017 (full-time)', and 'Number of Ford Employees from FY 2011 to FY 2017 (in 1,000s)', *Statista.com*.

Steuart, J., 1770. *An Inquiry into the Principles of Political Economy*, J.J. Tourneisen, Dublin. Stiegler, B., 2018. *Automatic Society: The Future of Work*, John Wiley & Sons, New Jersey. Stiglitz, J., 2016. *The Euro: And its Threat to the Future of Europe*, Penguin Books, London. Stiglitz, J., 2019. *People, Power, and Profits: Progressive Capitalism for an Age of Discontent*, Penguin, London.

Stockhammer, E., 2014. 'The Euro Crisis and Contradictions of Neoliberalism in Europe', *Post Keynesian Economics Study Group*, Working Paper 1401, pp.1–18.

Streitfeld, D., 2017. '"The Internet Is Broken": @ev Is Trying to Salvage It', *The New York Times*, 20 May.

Summers, L., 2014. 'Lawrence H. Summers on the Economic Challenge of the Future: Jobs', *The Wall Street Journal*, 7 July.

Sussman, G. and Krader, S., 2008. 'Template Revolutions: Marketing US Regime Change in Eastern Europe', *Westminster Papers in Communication & Culture*, vol.5, no.3, pp.91–112.

Szabo, S.F., 2015. *Germany, Russia, and the Rise of Geo-Economics*, Bloomsbury Publishing, London.

Tanaka F., Cicourel A., Movellan J.R., 2007. 'Socialization between Toddlers and Robots at an Early Childhood Education Centre'. *Proceedings of the National Academy of Sciences (PNAS)*, San Diego, vol.104, no.46, pp.17954–8.

Taylor, M.Z., 2016. *The Politics of Innovation: Why Some Countries Are Better than Others at Science and Technology*, Oxford University Press, New York.

Teece, D.J., 1980. 'Economies of Scope and the Scope of the Enterprise', *Journal of Economic Behavior & Organization*, vol.1, no.3, pp.223–47.

Temin, P., 2018. *The Vanishing Middle Class: Prejudice and Power in a Dual Economy*, MIT Press, Cambridge.

Tepper, J., 2018. *The Myth of Capitalism: Monopolies and the Death of Competition*, John Wiley & Sons, New Jersey.

Terazono, E., 2018. 'The Billion-dollar Agritech Start-ups Disrupting Farming',

Financial Times, 10 December.

Terzi, G., 2013. 'Preface', in A. Sandre (ed.), *Twitter for Diplomats, DiploFoundation and IstitutoDiplomatico*, Diplo, Belgrade, pp.7–8.

Thirsk, J., 1967. 'Enclosing and Engrossing', *The Agrarian History of England and Wales*, 4, pp.1500–640.

Thompson, N., 2018. 'Emmanuel Macron Talks to Wired about France's AI Strategy', *Wired*, 31 March.

Toynbee, J.A., 1946. *Study of History*, Oxford University Press, Oxford.

Tönnies, F., 1957 [1887]. *Community and Society*, Dover Publications, New York. Trotsky, L., 1934. 'Nationalism and Economic Life', *Foreign Affairs*, vol.12, pp.396–402. Tsygankov, A., 2006. *Russia's Foreign Policy: Change and Continuity in National Identity*, Rowman & Littlefield Publishers, New York.

Tsygankov, A.P., 2009. *Russophobia*, Palgrave Macmillan, New York.

Turner, F.J., 2008 [1893]. *The Significance of the Frontier in American History*, Penguin Books, London.

Tyler, P.E., 1992. 'US Strategy Plan Calls for Insuring No Rivals Develop', *The New York Times*, 8 March.

US State Department, 1945. 'Memorandum by the Under Secretary of State (Acheson) to the Secretary of State', *US State Department*, 9 October.

US Senate, 2018. 'Hearing to Receive Testimony on the Department of Defense Budget Posture in Review of the Defense Authorization Request for Fiscal Year 2019 and the Future Years Defense Program', in *United States Senate: Committee on Armed Services*, Washington, DC, 26 April. https://www.armed-services.senate.gov/imo/ media/ doc/18-44_04-26-18.pdf.

US Treasury, 2013. 'Report to Congress on International Economic and Exchange Rate Policies', *US Department of the Treasury Office of International Affairs*, 30 October.

Vaidhyanathan, S., 2018. *Antisocial Media: How Facebook Disconnects us and Undermines Democracy*, Oxford University Press, New York.

Van Evera, S., 1998. 'Offense', *Defense, and the Causes of War, International Security*, vol.22, no.4, pp.5–43.

Van Tyne, C.H., 1927. *England and America*, Cambridge University Press, New York. Varian, H., 2018. *Artificial Intelligence, Economics, and Industrial Organization* (No. w24839), National Bureau of Economic Research, Cambridge.

Vaughan, A., 2016. 'Google Uses AI to Cut Data Centre Energy Use by 15%', *The Guardian*, 20 July.

Vico, G., 2002 [1725]. *Scienzanuova, The First New Science*, translated by Leon Pompa, Cambridge University Press, Cambridge.

Vilanova, P., 2013. 'The Fragmentation of Political Science and "Methodological Pluralism": Regionalism and Geopolitics', *Geopolitica(s)*, vol.4, no.1, pp.11–33.

Walt, S. M., 1998. 'International Relations: One World, Many Theories', *Foreign Policy*, no.110, pp.29–46.

Waltz, K.N., 1970. 'The Myth of Interdependence', in C.P. Kindleberger (ed.), The International Corporation, MIT Press, Cambridge, pp. 205–23.

Waltz, K.N., 1979. *Theory of International Politics*, Addison-Wesley Publishing Company, Massachusetts.

Waltz, K.N., 1988. 'The Origins of War in Neorealist Theory', *The Journal of Interdisciplinary History*, vol.18, no.4, pp.615–28.

Waltz, K.N., 1990. 'Nuclear Myths and Political Realities', *American Political Science Review*, vol.84, no.3, pp.730–45.

Waltz, K.N., 1993. 'The Emerging Structure of International Politics', *International Security*, vol.18, no.2, pp.44–79.

Waltz, K.N., 2000. 'Structural Realism after the Cold War', *International Security*, vol.25, no.1, pp.5–41.

Ward, S., 2012. *Neoliberalism and the Global Restructuring of Knowledge and Education*, Routledge Press, London.

Weber, M., 1924. *GesammelteAufsditzezurSoziologie und Sozialpolitik*, Mohr, Tübingen. Weber, M., 1958. *The Protestant Ethic and the Spirit of Capitalism*, Scribner, New York. Webster, G. et al., 2017. *Full Translation: China's 'New Generation Artificial Intelligence Development Plan'*, New America, 1 August (Webster, G. et al. RogierCreemers, Paul Triolo and Elsa Kania).

Weller, C., 2016. 'Obama Just Warned Congress about Robots Taking Over Jobs That Pay Less than $20 an Hour', *Business Insider*, 10 March.

White, D., 2016. 'Read Hillary Clinton's Speech Touting "American Exceptionalism"', *Time*, 31 August.

White House, 1988. 'National Security Strategy of the United States', *White House*, April. White House, 2002. 'The National Security Strategy of the United States of America',

White House, September.

White House, 2006. 'US National Space Policy', *White House*, 31 August.

White House, 2019. Remarks by Vice President Pence at the 2019 Munich Security Conference, Munich, Germany, 16 February.

Whiteley, P., 2007. 'The Era of Prosperity is Upon Us', *China Daily*, 19 October. Wiebe, R.H., 1967. *The Search for Order, 1877–1920*, Hill and Wang, New York.

Wiener, N., 1950. *The Human Use of Human Beings: Cybernetics and Society*, Houghton Mifflin, Boston.

Williams, M., 2018. 'EU vs Fake News: The Truth about Brussels' Fight Against Disinformation', *Channel 4 News*, 18 December.

Williams, M.C. and Neumann, I.B., 2000. 'From Alliance to Security Community: NATO', *Russia, and the Power of Identity, Millennium-Journal of International Studies*, vol.29, no.2, pp.357–87.

Williams, W.A., 2011. *The Contours of American History*, Verso Books, New York.

Winkler, R., 2017. 'Elon Musk Launches Neuralink to Connect Brains with Computers', *The Wall Street Journal*, 27 March.

Wolfsfeld, G., Segev, E. and Sheafer, T., 2013. 'Social Media and the Arab Spring: Politics Comes First', *The International Journal of Press/Politics*, vol.18, no.2, pp.115–37.

Woolley, S.C. and Howard, P.N., 2016. 'Social Media, Revolution, and the Rise of the Political Bot', in P. Robinson, P. Seib and R. Frohlich (eds.), *Routledge Handbook of Media, Conflict and Security*, Taylor & Francis., Routledge, New York, pp.282–92.

World Bank, 2018. 'Competing in the Digital Age: Policy Implications for the Russian Federation', *World Bank*, September.

Yang, A., 2018. *The War on Normal People: The Truth about America's Disappearing Jobs and Why Universal Basic Income Is Our Future*, Hachette, UK.

Zhan, J. et al., 2019. 'Modelling Face Memory Reveals Task-generalizable Representations', *Nature Human Behaviour*, vol.3, no.8, 17 June (Jiayu Zhan, Oliver G. B. Garrod, Nicola van Rijsbergen, and Philippe G. Schyns).

Zhavoronkov et al., 2018. 'Artificial Intelligence for Aging and Longevity Research: Recent Advances and Perspectives', *Ageing Research Reviews* (A. Zhavoronkov, P. Mamoshina, Q. Vanhaelen, M. Scheibye-Knudsen, A. Moskalev and A. Aliper).

Zielonka, J., 2008. 'Europe as a Global Actor: Empire by Example?' *International Affairs*, vol.84, no.3, pp.471–84.

Zuboff, S., 2019. *The Age of Surveillance Capitalism: The Fight for the Future at the New Frontier of Power*, Profile Books, New York.

Zuckerberg, M., 2018. 'Protecting Democracy Is an Arms Race. Here's How Facebook Can Help', *The Washington Times*, 4 September.